국어 교사를 위한 논증 교육론

설득 목적의 논증부터 합리성 탐구 목적의 논증까지

국어 교사를 위한 논증 교육론

설득 목적의 논증부터 합리성 탐구 목적의 논증까지

2023년 2월 20일 초판 1쇄 펴냄
2024년 2월 1일 초판 2쇄 펴냄

지은이 서영진

편집 이소영·장윤혁
디자인 김진운
본문조판 아바 프레이즈
마케팅 김현주

펴낸이 윤철호
펴낸곳 ㈜사회평론아카데미
등록번호 2013-000247(2013년 8월 23일)
전화 02-326-1545
팩스 02-326-1626
주소 03993 서울특별시 마포구 월드컵북로6길 56
이메일 academy@sapyoung.com
홈페이지 www.sapyoung.com

ISBN 979-11-6707-099-9 93710

국어 교사를 위한 논증 교육론

설득 목적의 논증부터 합리성 탐구 목적의 논증까지

서영진 지음

사회평론아카데미

머리말

　현대 사회는 수많은 가치와 문화가 충돌하고 공존하는 다원화 사회이다. 현대인들은 다양성의 존중을 외치면서도 서로에 대한 이해가 부족하거나 공존할 수 없는 이해관계의 대립으로 갈등하게 될 때가 많다. 이러한 상황에서 갈등을 효율적으로 조율하고 개인과 사회의 발전을 도모하기 위해서는 무엇보다 합리적으로 소통하는 것이 필요하다. 의사소통 과정에서 합리성이 요구될 때 이상적인 방법으로 선택되는 소통 양식 중 하나는 논증이다.

　논증이라 하면 상호 대립적 논쟁을 떠올리는 경우가 많다. 우리가 일상의 매 순간에서 접해 왔던 논증들, 예를 들면 광고, 선거 후보자의 홍보 연설, 신문의 칼럼이나 시사 평론, 사업 및 정책 제안이나 협상, TV 토론과 같이, 다양한 매체를 통해 독자로서, 청자로서, 필자로서, 화자로서 수없이 경험한 논증들이 다소 대립적이거나 승자와 패자를 나누는 방식이었기 때문이다. 토론 잘하는 사람이라 하면, 타인의 목소리에 귀를 닫은 채로 자신의 주장만을 강요하는 논박의 달인을 떠올리는 것도 논증에 대한 편견과 무관하지 않다.

　하지만 논증은 설득에 성공한 승자와 설득당한 패자를 가리는 싸움이 아니다. 논증 참여자들은 자신의 입장을 논리적으로 펼치고 이에 대한 상대의 이의 제기와 논박에 대응하는 과정에서 자신의 관점을 더욱 뚜렷하게 뒷받침하기 위한 이유와 근거를 마련할 수 있고, 상대의 주장에 녹아 있는 관점과 근거를 확인함으로써 문제를 더 깊이 이해하게 된다. 비록 설득한 자와 설득당한 자가 나뉘더라도, 논증 행위는 서로의 차이점을 깨닫는 계기를 만들고 논증하는 사안에 대해 통찰할 수 있는 기회를 제공하며, 나아가 발전적인 대안을 탐구하게 한다는 점에서 양측 모두에게 건설적이고, 발전적이며, 생산적인 소통이다.

즉 논증은 참여자들이 서로의 다양성을 존중하면서 상호 협력하여 까다로운 문제에 대해 합리적인 해법을 찾으려고 할 때 가장 유용하고 이상적인 방법으로 선택되는 소통 양식이다. 논증을 통한 합리적인 의사소통과 비판적 사고 능력은 민주주의 사회의 성숙한 시민으로서 사회 구성원이 갖추어야 할 중요한 능력이자 기본 소양으로, 사회적 소통의 실천 주체로 성장해야 할 학습자가 습득해야 하는 중요한 능력이다. 이에 논증은 학교 국어 교육에서 중요한 교육 내용으로 다루어져야 하며 체계적으로 교육되어야 한다.

이 책은 필자가 국어 교육의 관점에서 논증에 대한 접근 관점을 재구조화하고 논증 교육을 위한 교육 내용을 체계화하고자 했던 박사학위 논문과 이후 지속적으로 수행한 논증 교육에 대한 연구 성과들을 종합한 것이다. 논증에 대한 논리학적 접근, 수사학적 접근, 화용·대화론적 접근 관점에서 축적된 연구 성과들을 토대로 논증에 대한 기초적인 개념이나 원리를 설명하였으며, 학생들의 논증적 소통 방식과 현재 국어 교육의 논증 교육에 대한 비판적 분석을 바탕으로 논증 교육에서 다루어야 할 기능이나 전략, 태도 등을 제시함으로써, 논증 능력 신장에 기여할 수 있는 국어 교육 내용과 방안에 대해 독자들과 함께 고민해 보고자 하였다.

필자가 논증 교육 연구를 시작했을 당시, 논증 교육 연구들은 주로 설득 목적의 논증을 중심으로 전개되고 있었다. 하지만 필자를 비롯한 다수의 연구자들이 논증 교육에 관심을 가지면서 최근의 논증 교육 연구들은 논증 결과물의 형식 논리학적 타당성을 점검하는 것을 넘어 논증적 소통 행위의 맥락성과 대화성에 관심을 가지기 시작했다. 그럼에도 불구하고 아직 학교 국어 교육에서 논증 교육은 텍스트의 논리 전개 방식이 연역인지 귀납인지를 구분하고 논증 결과물의 논리 관계나 구조를 분석하는 정도에 그치고 있다. 논증을 비판적으로 이해하기 위한 평가 기준들도 주장의 정당성을 입증하기 위한 메시지의 구성 요소들이 갖추어야 할 요건을 중심으로 설명되고 있다.

이 책에서는 논증 메시지의 논증 구조 분석에 치중하던 기존의 논리학적 관점의 논증 교육에서 탈피하여, 논증의 대화적 본질과 탐구적 본질에도 관심을 가지려고 한다. 이에 논증 행위의 소통 특성으로서 상호 교섭성에 주목하며, 논증적 상호 교섭 능력을 신장하는 데 필요한 교육 내용 요소를 구체적으로 제시하고 논증 교육의 방법을 안내한다.

이 책은 국어 수업 시간 중에 논증 교육을 실천하려는 국어 교사나 국어 교육의 관점에서 논증에 대해 공부해 보고 싶은 국어 교사에게 유용할 것이다. 현직 국어 교사뿐만 아니라 논증 교육에 대한 지식을 갖추어야 하는 국어과 예비 교사나 초보 연구자에게도 유용할 것이다. 또한 민주 시민의 주요 자질로서 사회적 담론 형성에 직접 참여하고 합리적인 의사 결정 능력을 가르치는 데 관심이 있는 사회 교사에게도 도움이 될 것이다. 아무쪼록 이 책이 국어 교육에서 논증 교육을 실천하는 데 나름의 방향성을 제시할 수 있기를 바라며, 부족한 점은 독자들과 소통하며 계속 다듬어지고 보완되기를 바란다.

여러모로 부족한 점이 많은 필자의 단상들을 켜켜이 쌓아 올리는 듯한 마음으로 논증 교육 연구를 이어 왔고, 그 결과를 정리하며 조심스럽게 책을 낸다. 이 책이 만들어지기까지 많은 도움을 주신 사회평론아카데미 출판사의 선생님들께 감사드린다.

또한 책을 내는 이 자리를 빌려 스승님과 가족들에게도 감사의 마음을 전한다. 늘 따뜻한 배려와 격려를 아끼지 않으시고 힘이 되어 주시는 전은주 교수님, 못난 딸을 위해 갖은 희생을 마다하지 않으시고 딸의 영광을 기도해 주시는 부모님, 묵묵히 변함없는 지지를 보내 주는 남편, 온종일 엄마 품에서 넘치는 사랑을 받아야 할 어린 나이인데도 대견하게 자기 할 일을 알아서 잘하는 딸과 아들(속이 깊고 지혜로운 딸, 용감하고 귀여운 아들)에게, 이 자리를 빌려 미안하고 고마운 마음을 전한다. 모두들 건강하시기를 바라며.

2023년 1월
서영진

차례

I

논증의 기초

들어가며

　한국 사회는 범사회적 문제에 대해 공적 결정을 내려야 하는 상황에서 적지 않은 어려움을 겪는다. 사회 문제에 대해 자기가 선호하는 관점이나 입장에서는 예리한 논리를 펼치려고 하지만, 다른 사람의 입장에 대해서는 공격적이고 조롱 섞인 말과 글을 뱉는다. 이해관계를 앞세워 정보를 조작하거나 왜곡하기도 한다. 자신의 신념이나 판단에 부합하거나 알고 싶은 정보에는 주목하지만, 믿고 싶지 않은 정보는 무시하거나 외면하는 확증 편향을 보이기도 한다. 공동체의 문제에 대한 관심은 높아졌지만, 통찰력과 합리적 사유 능력은 점점 떨어지고 있는 것이다. 이러한 상황에서 주체적으로 판단하고 합리적으로 행동하기 위해서는 논증 능력이 필수적으로 요청된다.

　I장에서는 논증이란 무엇인지, 논증이기 위해서 갖추어야 할 형식과 논증이 추구하는 목적을 중심으로 논증의 개념을 살핀다. 또한 논증이 추론, 인과적 설명, 설득과 다른 점을 확인하며 논증의 성격에 대해서도 생각해 본다. 그리고 오늘날의 사회에서 논증을 바탕으로 생각하고 소통하는 것이 인간 능력의 발달에 어떤 긍정적인 영향을 미치는지 논증의 교육적 가치를 짚어 본다.

　한편 현대의 논증 이론이 학제적 성격을 띠고 있는 만큼 논증에 대한 접근 관점에 따라 논증을 어떻게 이해하고 연구하는지 살펴본다. 논증에 대한 이론적 접근 관점을 크게 논리학적 관점, 수사학적 관점, 화용·대화론적 관점으로 나누어 알아보고, 논증 이론의 발달에 따른 주요 연구 성과를 개관하여, II장과 III장을 이해하기 위한 토대를 마련한다.

1. 논증의 개념과 성격

과거에는 논증이라는 용어를 접하면 전제와 결론으로 이루어진 명제들의 집합을 떠올리는 경우가 많았다. 이것은 논리학적 관점의 정의이다. 논리학자들은 전제와 결론 사이에 올바른 정당화 관계가 성립하는지에 관심을 갖는다. 즉 논리학자들은 논증 메시지에 포함된 전제와 결론 간의 형식적 구조를 분석하는 데 집중하며, 전제와 결론 사이에 지지 관계, 귀결 관계, 함의 관계가 있는지를 확인하여 논증인 것과 논증이 아닌 것을 구별한다.

하지만 일상적 장면에서 누군가 논증을 시도할 때, 전제에 해당하는 명제와 결론에 해당하는 명제 사이에 엄격한 논리적 관계의 성립 여부를 검토하는 절차를 거치면서까지 논증을 시도하지 않는다. 또한 타인이 자신을 상대로 논증을 시도할 때 논증 메시지에서 전제에 해당하는 명제와 결론에 해당하는 명제를 찾고, 둘 간의 지지 관계를 논리학적으로 분석하는 일은 드물다.

일상적 장면에서 접하는 논증은 타인을 향해 자신의 주장이 옳거나 상대의 주장보다 자신의 주장이 비교 우위에 있다는 것을 입증하고, 상대를 이성적으로 설득하기 위한 목적에서 시도된다. 나아가 보다 합리적인 대안을 모색하고자 대상의 본질을 다양한 관점에서 검토하며 건전한 회의를 제기하고자 할 때도 논증이 시도된다. 일상적 논증은 논리학적 분석을 위해 시도되는 것이 아니라, 상대를 설득하거나 보다 합리적인 결정을 하겠다는 논증자의 의도나 목적, 타인과 상호작용하겠다는 사회성, 이성의 규준에 따르겠다는 결심에서 비롯되는 것이다.

이에 따라 최근의 논증 연구들은 논증적 사고의 산출물로서 진술된 언어 구조에서 명제 간의 논리적 관계를 밝히는 것보다는 논증의 양식을 기반으로 하는 소통 과정이나 사고 과정에 주목하고 있다. 사고력과 의사소통 능력 발달을 추구하는 국어 교육의 성격을 고려할 때, 국어 교육에서 논증을 교육할 때도 추상화되고 형식화된 논리 관계보다는 비판적이고 합리적으로 사고하고 논증적 소통 행위를 효과적으로 수행하는 능력을 키우는 데 관심을 가져야 할 것이다.

국어 교육의 관점에서 논증을 정의할 때, 참고할 만한 논증 정의들로는 다음과 같은 것들이 있다.

논증이란 합리적인 판단에 앞서 어떤 입장을 정당화하려는 의도로 일련의 명제들을 제시함으로써, 논박의 여지가 있는 그 입장을 청자 또는 독자가 수용할 가능성을 증대시키는 언어적·사회적 추론 행위이다.

van Eemeren et al.(1996: 5)

논증이란 사회적 맥락에서 특정한 입장을 합리적으로 정당화하기 위해 생각을 선택하고 조직하는 것을 의미한다.

Ziegelmuller & Kay(1997: 5)

논증이라는 용어는 일련의 주장을 가리키는데, 이 주장들 가운데 일부는 결론 격인 주장에 대한 근거로서 제시된다. 근거는 독자나 청자가 결론을 수용하도록 설득하려는 목적으로 제시된다.

Fisher(2000/2010: 235)

논증이란 한 사람이 어떤 주장을 이성적으로 수용할 만하다고 보여 주기 위해서 제시하는 일단의 주장이다. 전형적으로, 사람들은 자신의 주장을 다른 사람들이 받아들이도록 설득하려고 시도하면서 논증을 제시한다. 논증이란 결론을 정당화하기 위해 근거를 대는 시도의 산물이다.

Govier(2001: 3)

논증이란 논증 행위에서 추출된 담화나 문자의 한 종류인데, 이런 담화나 문자를 통해 논증하려는 사람은 다른 사람에게 근거를 제시함으로써 자신의 주장이 옳다는 것을 설득하고자 한다.

Johnson(2000: 12)

이상의 논의를 통해서 알 수 있듯이 논증은 언어 사용 목적 측면과 형식적 측면에서 여타의 소통 양식과 차별화되는 특성을 가진다.

언어 사용 목적 측면에서 논증은 상대방에게 자기주장의 수용 가능성을 증대하기 위해 자신의 주장을 정당화하거나 합리적으로 입증하려는 언어 활동이다. 논증은 항상 반박의 여지가 있는 입장을 선택하기 때문에 자신과 견해가 다른 상대방과 상호작용하며 그 과정에서 자신의 입장을 취소할 수도 있다는 점에서 사회적이며 대화적이라고 할 수 있다. Crosswhite(1996/2001)도 논증을 하나의 담화 행위라고 보았는데, 담화 행위로서의 논증은 주장하기, 찬성하기, 반대하기 혹은 주장하는 행위와 여기에 도전하는 행위, 그리고 주장을 수정하는 행위와 주장을 옹호하는 행위로 이루어진다고 보았다. 그렇기 때문에 논증은 주장의 정당성을 확보하는 행위적 측면, 표현과 이해라는 언어적인 측면, 그리고 상대방을 고려해야 하는 사회적 측면을 동시에 갖게 된다.

형식적 측면에서 논증은 충분히 납득할 수 있을 만한 타당하고 합리적인 이유와 근거가 주장을 뒷받침하고 있어야 한다. 논증을 잘하기 위해서는 무엇보다도 쟁점을 명확하게 파악하여 그에 대한 자신의 입장을 주장으로 세우고 그에 알맞은 이유와 근거를 찾아, 자신의 주장을 논리적으로 펼쳐야 한다. 추론이 이유와 근거를 활용하여 결론을 얻는 활동이라면, 논증은 주어진 결론에 대해 합리적인 이유와 근거를 모색하는 활동으로, 논증은 추론과 역의 관계에 있다고 할 수 있다.

요컨대, 논증이란 한 담론 공동체 속에서 주장을 뒷받침하는 이유와 근거를 대며 자기주장의 정당성을 입증함으로써 수용 가능성을 높여 상대를 설득하고 합리성을 추구하려는 언어 행위이다.

Q. 추리와 논증은 어떻게 다른가?

추리와 논증은 'p → q'와 'p ← q'와의 차이로 표현할 수 있다. 전제 p에서 결론 q로 진행하는 것은 추리이다. 반면에 q에서 p로 진행하는 것은 논증이다. 추리는 주어진 전제들로부터 도출될 수 있는 결론이 무엇인가에 주목하는 사고 과정이라면, 논증은 이유나 근거가 무엇인가에 주목하는 사고 과정이라 할 수 있다. 추리와 논증을 구성하는 메시지의 세부 내용에는 차이가 없을 수도 있지만, 화자가 주목하는 시각이나 강조하는 바에 차이가 있다고 할 수 있다.

Q. 논증과 설명은 어떻게 다른가?

논증을 전제와 결론의 집합으로 정의하는 방식은 넓은 정의이며, 논증을 타인을 향해 자신의 주장이 옳다는 것을 이성적으로 설득하기 위해 이유와 근거를 통해 주장을 정당화하는 행위로 정의하는 방식은 좁은 정의라고 할 수 있다.

넓은 정의는 내포가 좁은 만큼 외연이 넓고, 좁은 정의는 논증의 내포가 늘어나는 만큼 외연이 감소한다. 이에 전제와 결론 간에 지지, 귀결, 함의 관계를 갖는 것을 논증으로 보는 경우, 즉 논증을 넓게 정의하면 설명하는 논증이나 설명하는 데 사용하는 진술을 정당화하는 논증도 논증에 포함된다. 하지만 이유나 근거를 통해서 주장을 정당화하여 상대방에게 자기주장의 수용 가능성을 높이려는 언어 행위를 논증으로 보는 경우, 즉 논증을 좁게 정의하면 논증과 설명은 구분되며, 설명은 논증과 다른 것이 된다.

논증을 전제와 결론의 구조로만 이해하는 넓은 개념과 달리, 이성적 설득 기능까지 고려하는 좁은 개념에 따르면, 설명은 설명일 뿐 논증이 아니다. 가정을 도입하고 이로부터 어떤 귀결이 나오는지 살피는 일은 논리적 상상일 뿐 논증이 아니며, 상상된 논증, 가정적 논증, 인위적으로 구성된 논증은 논증이 아니다. 탐정의 추리도 논증이 아니다(박준호, 2004: 158).

여기서는 논증을 좁게 정의하므로 논증과 설명, 특히 논증과 쉽게 혼동되는 인과적 설명을 구분한다. 인과적 설명이 논증과 혼동되는 까닭은 인과적 설명에서 원인에 해당하는 명제가 논증의 이유처럼 '왜냐하면~이기 때문이다.'라는 표현 형식을 취하고 있기 때문이다. 하지만 둘은 구분된다.

인과적 설명은 주어진 결과나 현상이 왜 그렇게 되었는지 상대방에게 인과 관계를 이해시키기 위해 원인을 설명하는 것이 목적이고, 논증은 상대방이 자신의 주장을 왜 수용해야 하는지 훌륭한 이유와 근거를 제시하여 주장을 입증하는 것이 목적이다. 참여자 모두가 해당 명제를 의심할 여지가 없이 이미 일어난 사실이나 참이라고 추정하는 상황에서, 무언가를 이해하지 못해 의문을 제기하는 사람에게 익숙하고 이미 이해할 수 있는 명제와 이해하지 못하는 명제를 관련짓는 것은 설명이다. 논의되고 있는 명제가 논쟁의 대상이어서 한쪽은 그 명제를 참이라고 생각하고 다른 한쪽에서는 그 명제가 참이라는 것을 의심하거나 거짓이라고 생각하는 경우, 그 명제를 참이라고 생각하는 쪽이 다른 쪽에게 자신의 생각이 옳다는 것을 증명하는 것은 논증이다.

그래서 논증에서는 결론에 해당하는 주장하는 바를 정당화하기 위해서 주장보다 더 신빙성이 있는 명제를 끌어들어야 한다. 반면 설명에서는 설명하고자 하는 것이 이미 사실인 상황에서 그것을 설명할 수 있는 이유를 제시하는 방식이기 때문에 설명하고자 하는 대상이 설명하는 이유보다 더 신빙성이 있다. 다만, 복잡한 쟁점에 대해 논증할 때는 설명과 논증이 함께 나타날 수 있다.

Q. 논증과 설득은 어떤 관계인가?

논증은 설득과 혼동되기도 한다. 의사소통 기능을 바탕으로 텍스트의 유형을 분류할 때 논증 텍스트는 호소 또는 지시의 기능을 지닌다. 호소나 지시의 세부 기능은 설득, 명령, 요구, 호소, 광고, 충고, 제안, 신청, 청원, 부탁 등 다양하게 설명될 수 있는데, 변화시키고자 하는 대상과 상황이 전제되며 변화시키고자 하는 생산자의 의도가 존재한다는 공통점이 있다. 즉 생산자는 수용자가 자신의 의도를 잘 이해하고 수용하여 변화되기를 기대하며 이를 성취하기 위한 최적의 방법으로 논증 구조를 선택하여 전개된 텍스트가 논증 텍스트이다(홍기찬, 2008: 120). 즉 논증은 어떤 입장을 정당화하려는 의도에서 출발하여 자신의 입장에 대한 수용 가능성을 높여서 상대방으로 하여금 논증하는 사안에 대한 태도나 행동의 변화를 시도한다는 점에서 설득이라는 목적을 추구한다.

하지만 모든 설득 목적의 소통 행위가 논증의 방법을 취하지는 않는다. 논증은 설득의 목적을 달성하기 위해 언어에 기반한 가장 합리적인 방법을 추구할 때 의도적으로 선택되는 것이다. 상호 일치되지 않는 견해나 이해관계의 대립 상황에서 상대방이 자신의 견해를 수용하도록 가장 적절한, 수용 가능성을 높이기 위한 언어적 장치를 사용해야 해야 하므로 논증은 주장과 이유, 근거 사이에 타당성, 논리성, 합리성이 필요하다.

광고, 선전, 홍보 등은 설득을 목적으로 하지만 타당한 이유와 근거라는 언어적 수단을 활용하지 않을 수도 있다. 일부 광고, 선전, 홍보 등은 과장이나 의도적인 오류, 비방도 포함하며 감각적인 수단을 사용하여 이미지의 변화를 꾀하기도 한다. Aristoteles의 수사학을 빌리자면, 로고스에 의한 설득, 에토스에 의한 설득, 파토스에 의한 설득 중에서 논증은 로고스에 의한 설득이라 할 수 있다.

2. 논증의 가치

　4차 산업혁명 시대를 살아가는 인재에게 요구되는 핵심 역량 논의에서 빠지지 않고 등장하는 역량은 의사소통 역량이다. 개인이 자신의 의사를 표현하고 상대방을 설득하여 갈등을 해소하는 일상적 담화에서부터 국가 공동체 간에 제기되는 세계적 문제에 대해 합의를 도출해 내는 외교적 담화에 이르기까지 의사소통 역량이 필요하지 않은 데가 없다.

　더욱이 다양한 이해관계로 도처에서 갈등이 발생하는 현대 사회에서는 다양성을 존중하는 가운데 갈등을 효율적으로 조율하고 개인과 사회의 발전을 도모하는 능력이 필수적인데, 이때는 일반적으로 납득할 수 있을 만한 합리성을 제시하는 것이 무엇보다 중요하다. 여기서 합리적이라는 것은 어떤 행위나 주장이 타당성을 지닌다는 것이다. 어떤 행위나 주장이 타당성을 지닌다는 것은, 행위 주체의 주장이나 행위가 받아들여질 수 있을 만한 이유와 근거를 제시할 수 있다는 것이다.

　결국 합리적 태도를 추구하는 사람들은 적극적으로 논증을 시도한다. 왜냐하면 논증이란 자신의 주장이 타당하다는 것을 상대에게 알리고 상대의 주장도 함께 검토하며 비판적으로 성찰하고 논의하는 대화의 방법으로 그 행위 자체가 합리성을 내포하기 때문이다. 합리적 발언의 합리성이 이유 및 근거의 제시 가능성에 있다면 합리적 태도를 취하는 사람의 합리성은 자신을 비판에 노출하고, 필요하면 논증에 참여하려는 자세에 있다.

　논증의 궁극적 목적은 설득에 성공한 승자와 설득당한 패자로 나누는 것이 아니다. 논증 참여자들은 상대의 이의 제기와 논박에 대응하는 과정에서 자신의 관점을 보다 뚜렷하게 뒷받침하기 위한 이유와 근거를 마련할 수 있고, 상대방의 주장에 녹아 있는 관점과 근거를 이해하게 됨으로 써, 문제를 더 깊이 이해하게 된다. 비록 설득한 자와 설득당한 자가 나뉘 더라도, 논증 행위는 서로 차이점을 깨닫는 계기를 만들고 논증하는 사안 에 대해 통찰할 수 있는 기회를 제공한다. 나아가 발전적인 대안을 탐구하 게 한다는 점에서 양측 모두에게 건설적이고, 발전적이며, 생산적인 소통 이 된다.

즉 논증은 참여자들이 서로의 다양성을 존중하면서 상호 협력하여 까 다로운 문제에 대해 합리적인 해법을 찾으려고 할 때 가장 유용하고 이상 적인 방법으로 선택되는 소통 양식이다. 논증을 통한 합리적인 의사소통 과 비판적 사고 능력은 민주주의 사회의 성숙한 시민으로서 사회 구성원 이 갖추어야 할 중요한 능력이며 기본 소양이자, 사회적 소통의 실천 주체 로 성장할 학습자가 습득해야 할 중요한 능력이다.

의사소통 역량을 함양하는 교육의 목표가 단순히 말을 잘하고 글을 잘 쓸 수 있는 능력을 신장시키는 것이 아니라 더 잘 생각하고, 더 잘 추론 하고, 더 잘 판단하여, 보다 합리적으로 문제를 해결할 수 있도록 하는 총 체적인 사유 능력의 신장까지를 고려하고 있다는 측면에서도 논증의 교 육적 가치는 거듭 확인할 수 있다.

논증의 교육적 가치를 항목별로 정리하면 다음과 같다.

1) 의사소통 능력 발달

논증을 바탕으로 한 소통은 기본적으로 말하기와 듣기라는 언어 활동 을 통해 전개된다. 이에 논증은 타인의 주장을 경청하고 자신의 주장을 정 확하게 표현하는 의사소통 능력을 길러 준다. 무엇보다 논증은 의사소통 능력의 다양한 스펙트럼 중에서도 고급스러운 의사소통 능력의 발달에 기여한다. 의사소통 능력은 일상적인 경험이나 느낌을 자유롭게 나누는 친구와의 대화 능력에서부터 자신의 생각을 논리적으로 조직하고 상대방의 동의를 얻고 상대방의 행동 변화를 이끌어 내는 연설 능력까지 다양하다. 논증은 그중에서도 설득 목적의 소통 상황에 참여하여 설득 목적을 효과적으로 달성하고 상대방의 입장에 비판적으로 대응할 수 있는 능력을 길러줌으로써 고차원적 의사소통 능력 발달에 기여한다.

2) 합리적인 문제 해결 및 의사 결정 능력 발달

우리는 살아가면서 개인적으로 그리고 사회적으로 다양한 의사 결정의 순간에 직면하고, 올바른 판단이나 선택을 하기 위해 고민한다. 물건 구입을 위한 선택, 여행지에 대한 선택, 약속 시간에 대한 선택과 같이 사소한 것부터 진로 결정을 위한 선택, 사업 투자를 위한 선택, 국회의원 선출을 위한 선택 등 중대한 선택의 장면에서 얼마나 현명한 결정을 하느냐에 따라 한 개인의 인생과 한 사회의 미래가 결정된다. 그 과정에서 때로는 독단적 결정을 내리기도 하고, 남의 생각을 무작정 따르기도 하고, 어떤 강요나 강압에 못 이겨 불가피한 결정을 내리기도 하고, 선동에 혹해서 비합리적인 결정을 내리기도 한다. 하지만 논증을 시도하게 되면 다양한 선택지를 앞에 두고 각각의 선택을 뒷받침하는 이유를 비교 검토한 후에 가장 합리적인 의사 결정을 할 수 있다. 우리는 끊임없이 변화하고 불확실한 사회를 살아가고 있다. 이때 논증적 소통은 우리가 처한 불확실성을 최소화하면서 올바른 의사 결정을 할 수 있도록 돕는다.

3) 비판적 사고력 발달

현대 사회에서 중요한 것은 많이 '아는 것'이 아니라 이미 아는 것들을 어떻게 재구성하고 '활용할 것'인가이다. 이를 위해서는 상대방이 제시한 정보를 비판적으로 수용하고 자신이 주장하려는 바를 논리적으로 표현해야 한다. 이때 다양한 이유 및 근거, 추론을 분석하고 판단하기 위해서는 비판적 사고력이 필요하다. 비판적 사고력이란 언어와 논리에 대한 이해를 바탕으로 어떤 생각을 분석하고 평가하는 것이며, 쟁점에 대해 가능한 모든 관점과 입장을 검토하고 종합적으로 이해할 수 있는 능력을 포함한다. 논증은 주장을 뒷받침하는 이유나 근거의 타당성, 신뢰성, 공정성 등을 판단하고 그 우열을 따지는 과정을 필수적으로 수반한다는 점에서 그 자체로 비판적 사고를 배우기 위한 매우 좋은 방법이다.

4) 다양한 입장을 숙고하고 탐구하는 능력 발달

논증은 논란의 여지가 있는 사안에 대해 각자의 관점을 공유하여 다양한 관점을 접하게 함으로써 사안에 대한 이해의 지평을 넓혀 준다. 사안에 대한 갈등 상황에서 출발하기 때문에 의견의 대립이 존재할 수밖에 없더라도 다양한 관점이 가진 장점과 단점을 분석하며 변증법적 숙의의 과정을 거치게 한다. 그 과정에서 상대방이 보지 못한 면을 보여 주고 자신이 볼 수 없었던 면을 깨닫게 하여 각자의 모순이나 결점을 보완할 수 있다. 나아가 보다 타당하고 합리적으로 대안을 탐색하도록 유도한다. 즉 논증은 확증 편향에서 벗어나 다면적 추론을 촉진함으로써 다양한 입장을 변증법적으로 검토하고 통합할 수 있게 해 준다.

이는 일정한 학습 주제를 탐구하는 교과 학습에서도 중요한 사고 기능이다. 논증은 추론 행위에 기반을 두고 있는데 추론의 대상은 모든 지식에 적용되므로 논증을 통해 숙의하고 탐구하는 능력은 범교과적 학습 도구가 될 수 있다.

5) 문화적 다원성을 존중하는 태도와 개방적 태도 발달

논증적 소통을 한다는 것은 자신의 입장에 내재된 잠재적 약점을 의식하면서 더 나은 대안을 찾으려고 하고, 타인의 의견을 경청하는 태도를 견지하는 것이다. 또한 상대방의 의견을 무조건 폄하하거나 무시하는 것이 아니라 생각과 관점의 교환을 통해서 타인으로부터 배우려는 태도를 갖는 것이다. 합리적인 이유와 근거를 제시하며 사려 깊은 참된 논증을 시도한다면 상대방은 입장을 바꿔서 생각해 보려고 할 것이고, 나아가 타인의 생각을 인정할 수도 있다. 즉 논증적 소통은 사고의 교환을 통해서 타인으로부터 배우고자 하는 개방성을 확보하는 통로가 된다. 이처럼 논증은 다양성의 존중을 추구하므로, 민주 시민이 갖추어야 할 기본적 소양을 함양하는 데도 기여한다.

6) 기타

논증을 바탕으로 생각하고 소통하는 것의 효과는 다양하다. 사회적 쟁점이나 현안에 대한 관심과 분석 능력 신장, 주제에 대한 탐구 및 조사 능력 신장, 리더십의 함양, 공동체의 민주적 소통 문화 정착 등 다양하다.

이에 논증 교육의 중요성에 대한 공감대는 국어 교과뿐만 아니라 범교과적으로 형성되고 있다.

논증 활동은 모든 학문 탐구와 지식에 적용되는 추론 행위이자, 언어를 부리는 언어 활동이자, 사람과 언어와 맥락이 상호작용하는 사회적 행위라는 점에서 현대인이 갖추어야 할 보편적 교양이다.

국어 교육의 목표라고 일컬어지는 의사소통 역량을 함양한다는 것은 단순히 의사소통 기능을 갖추는 것만을 의미하지 않는다. 텍스트는 물론이고 텍스트를 둘러싼 맥락까지 깊이 있게 추론하고, 비판적으로 판단하여, 더욱 합리적으로 문제를 해결하는 총체적인 사유 능력과 추론 능력의 신장까지 포함하는 것이다. 이에 논증은 의사소통 역량, 비판적 사고 역량, 정보 처리 역량, 문제 해결 역량을 추구하는 국어 교육에서 필수적으로 다루어야 하며 정규 교육과정 안에서 체계적으로 교육되어야 한다.

3. 논증에 대한 접근 관점과 논증 이론의 발달

논증 연구는 Aristoteles의 고대 수사학에서부터 시작되었다. 그러나 논증에 대한 연구를 중심으로 하던 고대 수사학이 중세 르네상스 이후 시적 기능을 중시하는 문체 연구로 재편되면서, 논증과 밀접한 관련이 있었던 논거 발견술이나 논거 배열술 등은 수사학을 떠나 변론술에, 그리고 다시 논리학에 편입되었다. 이후 수사학은 문체 연구로, 문체 연구는 다시 은유에 대한 연구 중심으로 대폭 축소되었다. 즉 언어 연구의 핵심 축이 내용 중심에서 표현 중심으로 바뀌면서 논증의 수사학은 문체의 수사학으로 대체되었다. 그러는 동안 논증 연구는 현대 사상의 주류에서 벗어나 있었다.

하지만 1900년대 중반 이후 화용론 연구가 시작되면서 수사학은 형식과 표현 중심의 수사법 연구에서 의미와 논리 중심의 논증 연구로 다시 태어나, 현대적 의미의 논증 연구가 시작되었다(홍종화, 2006: 398). 현대의 논증 연구는 다양한 관점에서 시도되고 있다. 전제와 결론의 관계나 추론 형식의 타당성에 관심을 갖는 형식 논리학, 수용 가능한 논리의 생산에 관심을 갖고 기호나 탈맥락화된 명제가 아닌 일상적 논증의 논리를 분석하고 평가하는 비형식 논리학, 청중의 동의를 이끌어 내거나 청중들의 인식 및 가치 체계에 부응하는 논증 기법에 주목하는 수사학, 공동체 구성원 간 의견의 차이를 해소하고 합리성을 추구하는 소통 과정이나 비판적 토의의 단계에서 지켜야 할 대화론적 규칙에 주목하는 화용·대화론 등 논증 연구의 관점은 다양하다.

형식 논리학의 영향력이 강했던 때는 논증 행위가 일어나는 상황 맥락을 배제한 채, 논증의 형식적 구조나 형식적 타당성을 강조하였다. 하지만 이러한 개념은 실제 언어생활에서 일어나는 논증적 사고와 활동에 대한 설명을 가로막았으며, 논증을 의사소통 과정과 분리하는 한계를 드러냈다. 이에 대한 비판과 반성으로 Toulmin(1958)을 비롯한 비형식 논리학자들은 상황 맥락을 고려한 논증 활동과 합리적 설득으로서 논증 활동에 관심을 가지기 시작했다. 특히 Perelman & Olbrechts-Tyteca(1958)에 의해 수사학에 대한 현대적 재조명이 이루어지면서 논증 활동이 발생하는 맥락과 논증 활동에 참여하는 청중과 청중의 동의를 구하는 방법에 대해서도 관심을 가지게 되었다. 이후 Walton(1989; 1996; 2006/2008), van Eemeren & Grootendorst(1992), van Eemeren et al.(1996), Breton(1996), Keinpointer(1992) 등이 합리성을 추구하는 소통 과정으로서 논증의 대화적 측면에 주목하면서 일상생활에서 일어나는 논증의 다양한 특성과 유형을 설명할 수 있는 기반을 마련하였다.

여기서는 논증 이론을 국어 교육의 맥락에 알맞게 수용하기 위해서, 논증에 대한 접근 관점(논리학, 수사학, 화용·대화론)과 논증 이론의 발달에 따른 주요 연구 성과를 살펴본다.

1) 논리학적 관점

형식 논리학에서 논증은 귀결 관계, 지지 관계, 함의 관계를 맺는 전제와 결론의 집합으로 이루어진 언어 구조물이다. 이에 형식 논리학에서 좋은 논증이란 전제가 옳다면 결론도 반드시 옳은 추론이다. 전제가 결론을 함축하는 상황에서 전제가 참이라면 결론이 거짓일 수는 없다고 보는 것이다. 즉 좋은 논증은 연역적 논리에 맞는 올바른 논증이며, 이러한 연역적 올바름을 타당성이라고 한다(박준호, 2004: 158). 결국 타당한 논증은 형식 덕분에 타당한 것이 된다.

　형식 논리학은 일상적으로 쓰이는 말들이 모호하거나 여러 가지로 해석될 가능성도 있으며 비유적으로 표현되기도 하여 제대로 평가하기 어렵다고 본다. 그래서 이러한 어려움을 피하고자 의미를 제거하고 논리 구조 형식을 인공적인 기호로 표현하여 논증을 분석한다. 이에 형식 논리학은 철학보다 수학에 가까운 학문으로 보이기도 한다. 비록 수학적 기호를 사용하지 않고 일상 언어를 다루더라도 그 일상 언어는 내용이 거세된 형식화된 언어로(최훈, 2006: 35), 형식 논리학에서는 명제들의 형식적인 논리 관계만으로 논증의 타당성을 평가한다.

　이에 반해 비형식 논리학자들은 논증을 전제와 결론을 갖춘 논리 구조라고 정의하는 것은 논증의 특성을 제대로 드러내지 못한다고 본다. 이들은 논증을 타인을 향해 자신의 주장이 옳다는 것을 이성적으로 설득하려는 목적으로 근거를 통해 주장을 정당화하는 행위로 규정한다(박준호, 2004: 155-157). 비형식 논리학은 현실과 유리된 논증보다 자연스럽게 발생한, 일상의 평범한 언어 행위의 맥락 안에서 논증을 이해하려고 하고, 일상적 추론을 기호로 형식화하지 않고 그 자체로 분석하고 평가한다(최훈, 2006: 35).

　형식 논리학에서는 논증을 연역적으로 올바른 논증과 그렇지 않은 논증 중 하나라고 보지만, 비형식 논리학에서는 일상의 논증을 둘로 나누는 것이 아니라 정도의 차이에 따라 다양할 수 있다고 본다. 굳이 연역이 아닌 방식으로도 정당화에 충분히 성공할 수 있기에, 형식적 타당성만으로 논증의 올바름을 평가하는 연역주의를 거부한다. 이에 Govier, Johnson 등 비형식 논리학자들은 연역적 타당성과는 별도로 귀납적 올바름도 성립한다는 것을 보여 주었고, 다른 유형의 논증도 존재한다는 것을 보이고자 하였다.

특히 Toulmin(1958)은 논증이 사용되는 구체적인 맥락에 주목함으로써 형식 논리학의 불충분함을 비판하고, 논증을 평가하는 보편적인 기준이 있다는 전제, 그 기준이 논리의 형식화에 의해 제공된다는 것을 거부하였다. 논증의 타당성을 결정하는 데는 그것이 어떤 분야의 논증인지와는 무관하게 적용될 수 있는 기준도 있을 수 있지만, 가변적인 요소가 존재할 수 있다고 보았다. 그리고 모든 분야에 똑같이 적용되는 자질을 '분야 불변적'이라 불렀으며, 분야에 따라 다르게 결정되는 자질을 '분야 의존적'이라 하였다. 다만, 분야 의존적 성격을 고려하면서도 다양한 논증 영역 전체에 공통으로 적용할 수 있는 방식, 즉 논증 평가에 대한 보편적 기준을 찾아보고자 논증에 관여하는 요소들 간의 구조를 밝혔다. 그것이 널리 알려진 Toulmin의 논증 모형이다.

비형식 논리학자들은 형식 논리학이 강조하는 건전성 기준에 대해서도 문제를 제기한다. 모든 논증의 전제가 진리인지 아닌지를 판별하는 것은 어렵다는 것이다. 특히 가치와 관련된 문제는 진리치를 평가하기 어려워 도덕이나 법률을 다루는 논증에서는 전제의 진리성 기준을 적용하기 어렵다.[1] 이에 비형식 논리학자들은 형식성과 진리성 조건을 요구하는 건전한 논증의 완고함을 완화하는 방법의 대안으로 전제와 결론의 관련성, 전제의 충분성, 전제의 수용 가능성을 제시한다(박준호, 2004: 167).

요컨대, 형식 논리학과 비형식 논리학은 모두 논증의 언어적 결과물에 관심을 갖는다는 점에서는 공통적이다. 하지만 논증을 평가하는 기준에 대한 입장에서는 차이를 보인다. 형식 논리학은 논리적 함축 관계에 있는 전제와 결론의 형식적 타당성을 평가하지만, 비형식 논리학은 관련성,

....

1 논증은 엄밀한 의미에서 진리의 문제를 다루고 있다고 보기 어렵다(홍종화, 2006: 403). 애초에 진리 여부를 명확하게 판단할 수 있는 문제라면 논증이 필요하지 않았을 것이다.

충분성, 수용 가능성을 바탕으로 전제가 결론을 지지하는 강도를 평가한다. 다만, 형식 논리학이든 비형식 논리학이든 논증이 전개되는 맥락, 특히 청중을 고려하지 못했다는 점에서는 한계가 있다. 비형식 논리학의 경우는 논리적 함축에 대한 요구가 지나치게 형식적이고 엄격하다는 지적에 대한 대안으로 관련성 준거를 제시하기는 했지만, 명제적 관련성만을 고려했다는 점에서도 한계가 있다(민병곤, 2004: 28)

2) 수사학적 관점

논리학의 관심이 논증의 올바름에 있다면, 수사학의 관심은 논증으로 상대방을 어떻게 설득할 수 있는가에 있다. 수사학은 공동체 구성원들에게 내면화된 지식과 신념 체계에 효과적인 논증 유형이나 기법, 청중에게 영향력 있는 논증의 성격 등을 연구함으로써 논증의 수용 가능성, 성공 가능성을 높이고자 한다. Perelman & Olbrechts-Tyteca(1958)가 청중을 가장 중요한 개념으로 다루고 다양한 논증 도식을 제시한 것도 이러한 맥락에서 이해할 수 있다.

Perelman은 고전 수사학의 중요한 목표 중 하나였던 '논증' 또는 '설득'에 대한 논의를 현대적으로 재해석하여 '논증의 수사학'을 부활시키며, '신수사학'이라 칭하였다. 현대 논증 연구의 부활이라고 일컬어지는 『신수사학: 논증에 대한 고찰 The New Rhetoric: A Tratise on Argumenta-tion』(Perelman & Olbrechts-Tyteca, 1958)이 이 시기에 출간된 것은 당시의 시대적 영향이 크다. 1950년대라는 냉전 시기에 행해지던 공산당의 담화는 굉장히 폭력적이었다. Perelman은 공산주의가 이전의 전체주의적 담화를 답습하고 있다고 보고, 민주주의를 실행하는 데 '정의'라는 개념을 생각하게 하기 위해서는 논증이 필요하다고 보았다. 이처럼 전쟁 중에 시작된 논증 연구의 부활은 나치나 스탈린의 전체주의적 담화를 거부하고, 합리적이고 민주적인 담화 양식을 구축하고자 했던 데에서 그 근원을 찾아볼 수 있다(장인봉, 2006: 240).

다만, Perelman에 의해 1958년 신수사학이 등장하기는 했어도 1960년대까지 '일반 수사학'은 논증을 배제하고 은유, 환유 등 문체 연구에 집중하고 있었다. 게다가 Saussure 이후 제기된 통합축, 계열축의 구분을 은유, 환유 해석에 연결하는 연구에 치중하여 언어학 기초들이 수사화되는 경향이 생겨나, Perelman의 신수사학은 당시에는 주목받지 못했다. 하지만 1990년대 들어서면서 언어학자, 담화분석가 등이 신수사학에서 많은 시사점을 얻으면서 본격적인 부활을 맞이하게 되었다.

Perelman은 논증을 이해함에 있어 청중의 심리와 청중이 처한 사회적 환경을 고려해야 한다고 주장하였다. Perelman의 신수사학은 주체의 간섭을 외면하는 순수한 논리적 추론의 영역에서 전개되는 연역적 추론과 구분되는, 화자와 청자의 역학적 상호작용을 바탕으로 청자를 지적으로 혹은 정서적으로 설득하려는 담론을 연구한다. 그에게 논증이란 '제시하는 의견에 청중이 동의하도록 이끄는 추론 기술'이며, 청중은 '화자가 자신의 논증으로 영향을 끼치고자 하는 사람들의 총체'이다. 그는 논증의 언어적 측면에서 논증 담화를 분석하기보다는 논증의 기초가 되는 사고의 도식과 연결 유형에 관심을 가졌다. 그는 논증 기법을 다양한 유형의 연결로 간주하는데, 그 연결 유형에 따라 크게 연합 기법과 분리 기법으로 나누었다. 즉 다양한 요소들 간의 연결 관계를 만들어서 설득하는 논증과 혼합되거나 연합된 요소들을 분리하면서 설득하는 논증으로 구분했다.

수사학에서 논증 평가의 척도는 청중이다. 수사학에서 좋은 논증이란 청중의 기대에 부합하는 방법으로 논증하여 청중에게 수용 가능성이 높은 논증이며, 청중을 잘못 분석하여 효과적으로 설득하지 못한 것은 나쁜 논증이다. 하지만 청중은 매우 복잡하고 가변적이며 불투명한 존재라는 점에서, 청중을 기준으로 논증을 평가하면, 청중의 수만큼이나 각자가 생각하는 합리성이 다양하게 존재하여 보편적인 평가 기준을 설정하기 어렵다. 이에 신수사학에서는 특수 청중과 보편 청중을 구분하여 보편 청중을 기준으로 논증을 평가하도록 한다. 보편 청중의 공허함과 적용 불가능성에 대한 비판도 있지만, 보편 청중의 구성 방식을 고려하면 보편 청중은 구체적 보편성을 갖는다. 즉 집단의 합의 너머에 존재하는 초월적인 추상물이 아니라 개별 집단 또는 여러 집단이 공유하는 공통 감각으로 어느 정도 역사적, 문화적 한정성을 갖기에(이재기, 2012: 179), 그 집단의 속성에 비추어 좋은 논증에 대한 평가 기준을 구체화할 수 있다는 것이다.

신수사학은 논증적 의사소통의 보편소들에 대한 목록을 만들고 분류하는 데 몰두하면서, 언어적 기능 작용들을 직접적으로 다루지는 않았다고 비판받기도 한다(Amossy, 2000/2003). 하지만 청중의 중요성, 논증적 상호작용 등과 관련하여 담화 분석에 핵심적인 틀을 제공해 주고, 수사학, 논리학, 심리학, 사회학, 담화 언어학 등 다양한 학문 분야에 길을 열어 주었다는 점에서 재평가되고 있다.

3) 화용·대화론적 관점

논리학의 관심이 논증의 올바름에 있다면, 수사학의 관심은 상대방을 설득하는 데 있으며, 화용·대화론의 관심은 의사소통 참여자들이 의견의 차이를 해소하며 합의에 도달할 수 있도록 하는 대화 규칙에 있다. 화용·대화론에서 좋은 논증은 합리적인 소통 규칙을 지키는 논증이다.

화용·대화론적 관점을 대표하는 van Eemeren & Grootendorst (1992)는 논증 행위를 '의견의 차이를 해소하기 위한 언어의 사용을 특징으로 하는 담화 양식'이라고 정의한다. 논증 행위의 목적을 의견 차이의 해소라고 보고, 의견의 차이를 해소하기 위한 비판적 토의의 화행을 연구하여 '대면-시작-논증-결론'으로 단계화하였다. '대면' 단계에서는 서로 의견이 다르다는 것을 확인한다. 한쪽의 입장이 제시되고 그에 대한 이의가 제기된다. '시작' 단계에서는 양쪽의 입장 차이를 확인하고 공통의 인식 기반을 확인한다. 한쪽의 의견을 제시하거나 반박하며, 명확한 토론 규칙을 정한다. '논증' 단계에서는 참여자들이 각자의 주장을 주고받는다. 자신의 주장을 지지하거나 상대방의 주장에 반론을 제기하는 이유와 근거들을 제시한다. '결론' 단계에서는 제시된 입장을 유지하거나 철회하거나 포기함으로써 입장 차이를 좁혀 마무리한다. 그리고 van Eemeren & Grootendorst(1992)는 각 단계의 논증 진행(move)에서 준수해야 할 10가지 소통 규칙을 제시하였다. 그 규칙은 논증 참여자들이 합리성 추구라는 목적 달성을 위해 상호 협력적으로 소통하는 방법이라 할 수 있다.[2]

van Eemeren & Grootendorst(1992)는 비판적 토의 규칙들을 위반하는 논증은 비판적 토의의 목표 실현을 방해하고 위협하는 것으로, 오류라고 보았다. 이들은 논증 개념에서 합의 추구를 내세우며, 규범에 기초한 논증적 소통의 윤리학을 정립하고자 했다는 점에서 Grice(1975)의 협력의 원리, 대화의 격률에 영향을 받았다고 할 수 있다.

한편 Walton(1989; 1996)은 논증을 결론과 전제의 유기적 결합이라고 정의하는 것은 논증을 제한적으로 이해하는 것이라고 비판한다. 논증은 주장을 할 때뿐만 아니라 상대의 주장을 반박하거나 의문을 제기하는 데

....
2   10가지 규칙의 구체적인 내용은 III장에서 확인.

도 사용될 수 있기 때문이다. 결국 Walton은 논증의 기본적 성격은 정당화에 있지 않고, 대화적 상황에서 논증이 어떻게 사용되는가에 따라 달라진다고 보았다. Walton에게 논증이란 대화가 오고 가는 상황에서 사용된 명제들의 모음으로, 개인적 분쟁, 공적 토론, 공동 연구, 협상, 정보 탐색, 연구 행위 등 논증이 사용된 모든 대화가 논증 연구의 범위에 포함된다고 보았다.

　　van Eemeren & Grootendorst(1992)와 마찬가지로, Walton(2006/2008)도 논증이 사용되는 모든 대화를 '대면-시작-논증-종료' 네 가지 단계로 설명하고 논증 대화의 일반 규칙을 제시하였다. 논증 대화는 논증하고자 하는 것과 관련되어야 한다는 관련성의 규칙, 논증 참여자는 질문에 대답할 의무가 있다는 협동의 규칙, 불필요한 것은 덧붙이지 말고 의견 교환에 필요한 정보를 모두 주어야 한다는 정보성의 규칙이 있다. Walton에게 좋은 논증은 대화의 목적에 부합하고 협동적이며 정보를 공유하는 책임감 있는 논증이다. 관련성·협동성·정보성을 위반하며 합리적 대화를 방해하고 논증 참여자 중 한쪽이 다른 한쪽을 굴복하게 만들거나 현혹하는 것은 오류이다.

　　비판적 토의의 규칙은 논증 담화를 재구성하고 논증 행위를 평가하기 위한 준거가 되며, 논증적 소통에 참여하는 이들에게 실천적 지침이 될 수 있다. 다만 비판적 토의에 참여하는 이들의 지식 수준의 차이, 사회·문화적 맥락 등에 따라 비판적 토의 규칙을 준수하는 것 자체가 어려울 수도 있다는 점이 한계로 지적된다.

참고문헌

민병곤(2004). 논증 교육의 내용 연구: 6, 8, 10학년 학습자의 작문 및 토론 분석을
　　바탕으로. 서울대학교 박사학위 논문.

박준호(2004). 비형식 논리학의 논증과 논증 평가 개념. 범한철학, 34(3), 151-175.

이재기(2012). 신수사학적 관점에 따른 논증 텍스트 평가 기준. 청람어문교육, 46, 163-
　　192.

장인봉(2006). 오늘날 서구의 논증 연구. 수사학, 4, 239-268.

최훈(2006). 오류 연구의 최근 동향. 한국수사학회 월례학술발표회 자료집, 5, 33-46.

홍기찬(2008). 텍스트 유형 분류와 논증 텍스트: 개정 국어과 교육 과정을 중심으로.
　　청람어문교육, 37, 115-142.

홍종화(2006). 의사소통과 논증. 프랑스학연구, 37, 395-411.

Amossy, R.(2000). 장인봉 역(2003). *L'argumentation dans le discours.* 담화 속의
　　논증: 정치 담화, 사상 문학, 허구. 서울: 동문선.

Breton, P.(1996). *L'argumentation dans la communication.* Paris: La Découverte.

Crosswhite, J.(1996). 오형엽 역(2001). *he rhetoric of reason: writing and
　　the attractions of argument.* 이성의 수사학: 글쓰기와 논증의 매력. 서울:
　　고려대학교출판부.

Fisher, A.(2001). 최원배 역(2010). *Critical thinking: an introduction.* 피셔의 비판적
　　사고. 서울: 서광사.

Govier, T.(2001). *The philosophy of argument.* VA: Vale Press.

Grice, H. P.(1975). Logic and conversation. *Syntax and semantics, 3*, 41-58.

Johnson, R. H.(2000). *Manifest rationality: a pragmatic theory of argument.* NJ:
　　Lawrence Erlbaum Associates, Publishers.

Kienpointner, M.(1992). How to classify arguments. In F. H. van Eemeren, R.
　　Grootendorst, J. A. Blair, & C. A. Willard(eds). *Argumentation illuminated.*
　　178-188. Amsterdam: Amsterdam University Press.

Perelman, C. & Olbrechts-Tyteca, L.(1958). *La nouvelle rhétorique: Traité de
　　l'argumentation.* Paris: Presses universitaires de France.

Toulmin, S. E.(1958). *The use of argument.* Cambridge: Cambridge University Press.

van Eemeren, F. H. & Grootendorst, R.(1992). *Argumentation, communication, and fallacies: a pragma-dialectical perspective.* NJ: Lawrence Erlbaum Associates.

van Eemeren, F. H., Grootendorst, R., Henkemans, F. S., Blair, J. A., Johnson, R. H., Knabbe, E. C. W., Plantin, C., Walton, D. N., Willard, C. A., Woods, J., & Zrefsky, D.(1996). *Fundamentals of argumentation theory : a handbook of historical backgrounds and contemporary development.* NJ: Lawrence Erlbaum Associates.

Walton, D. N.(1989). *Informal logic: A handbook for critical argumentation.* Cambridge: Cambridge University Press.

Walton, D. N.(1996). *Argumentation schemes for presumptive reasoning.* Mahwah, NJ: Lawrence Erlbaum Associates.

Walton, D. N.(2006). 권기대 역(2008). *Fundamentals of critical argumentation.* 논리의 숲 논술의 꽃. 서울: 베가북스.

Ziegelmueller, G. & Kay, J.(1997). *Argumentation: inquiry & advocacy.* Boston, MA: Allyn and Bacon.

II

주장의 정당화와 설득을 위한 논증

들어가며

II장에서는 논리학과 수사학의 연구 성과를 바탕으로, 논증의 내용 구성과 구조, 논증 도식, 논증의 평가와 관련된 기초 개념, 원리, 방법 등을 살펴본다. 이들 내용은 자신의 주장을 정당화하고 상대방을 설득하는 과정에서, 즉 설득적 논증 메시지를 구성하고 평가하는 데 관여하는 요소들이다.

논증에 대한 논리학의 연구 성과 중에 국어 교육의 맥락에서 논증을 교육하는 데 주목할 만한 것으로는 논증적 사고의 결과물로서 논증 메시지를 구성하는 요소에 대한 연구, 작은 단위들의 논증이 모여 더 큰 단위의 논증으로 확장을 이해하는 데 도움을 주는 논증 구조에 대한 연구, 좋은 논증을 구성하기 위한 요건으로서 논증 평가 기준에 대한 연구들이 있다. 논증의 내용 구성과 조직은 논증 기반의 의사소통에서 내용을 구성하고 조직하는 방법, 상대방 논증을 분석하는 방법 등을 안내한다. 논증에 대한 평가 기준은 논증의 합리성을 평가하는 잣대를 제공하며 자신의 논증을 조망할 수 있도록 해 준다.

논증에 대한 수사학의 연구 성과 중에 국어 교육의 맥락에서 논증을 교육하는 데 주목할 만한 것으로는 청중에게 수용 가능성이 높은, 공동체 구성원들의 사고 방식이나 신념 체계에 효과적인 논증 유형, 즉 논증 도식에 대한 연구가 있다. 담화 공동체에서 상대를 설득할 때 관습적으로 활용하는 주장과 이유의 관계 맺음 방식으로서 논증 도식을 학습하면, 주장을 뒷받침하기 위해 제시하는 이유나 근거들을 논리적이고 체계적으로 배열하여 주장을 효과적으로 입증하고 수용 가능성을 높일 수 있다.

1. 논증의 내용 구성과 구조

1) 논증의 내용 구성

논증의 내용 구성에 대한 이해를 돕기 위해, 가장 널리 알려진 Toulmin(1958)의 논증 모형과 최근 논증 교육에서 주목받고 있는 Williams & Colomb(2007) 논증 모형을 살펴본다. 그리고 두 모형의 공통점과 차이점을 비교 분석하여, 국어 교육 맥락에서 논증을 교육할 때 활용할 수 있는 논증의 내용 구성 모형을 제시한다.

(1) Toulmin(1958)의 논증 구조

Toulmin은 형식 논리학이 일상적 장면의 논증을 설명하는 데 드러낸 한계를 극복하기 위해 출현한 비형식 논리학을 대표하는 학자이다. 일상 언어의 논증에 대한 이론을 정립한 Toulmin(1958)의 논증 구조는 근거로부터 주장이 도출되는 과정을 보여 준다. 『논증의 활용(The Use of Argument)』(Toulmin, 1958)에서 제시된 논증 구조는 [그림 2-1]과 같다.

Toulmin은 논증의 주요 구성 요소를 '주장(claim)', '근거(data)', '추론 규칙(warrant)'으로 제시하였다. '주장'은 사안에 대한 논증자의 태도와 입장이 반영된 것으로 논증을 통해 도달하고자 하는 결론이다. 주장을 펼치기 위해서는 그 주장을 뒷받침하기 위한 두 가지 요소가 필요하다. '근거'는 주장으로 나아가기 위한 출발점이 되는 것으로, 주장이 기초하고 있는 자료나 정보이다. '추론 규칙'은 근거에서 주장으로 나아가는 과정에서 근거와 주장이 어떻게 관계를 맺게 되는지, 근거가 주장을 어떻게 지지하는지를 설명하는 규칙으로, 근거에서 주장으로의 이행이 적절하고 정당하다

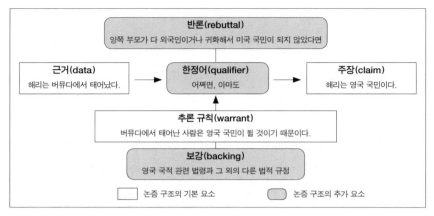

[그림 2-1] Toulmin(1958)의 논증 구조

는 것을 보여 준다. 주장과 근거를 이어 주는 일반적인 원리나 추론을 위한 인식의 기반이라고 할 수 있다.[1]

이는 Aristoteles의 삼단 논법의 구성 요소인 대전제, 소전제, 결론을 대신하는 것으로 이해할 수 있다. '주장'은 삼단 논법의 결론에 해당하는 논증 요소로, 논증을 통해 최종적으로 표현하고자 하는 의견이다. '근거'는 삼단 논법의 소전제에 해당하는 논증 요소로, 주장을 뒷받침하는 자료인 증거나 사실을 가리킨다. '추론 규칙'은 삼단 논법의 대전제에 해당하

....

1 '추론 규칙'은 논증자가 제시한 근거가 주장을 정당화하는 기제로, 주장과 근거의 연결이 제대로 되었는지를 설명하는 것이다. 하지만 일상의 논증에서 추론 규칙은 감추어진 경우가 많다. 으레 그러려니 생각하고 넘어가는 것이다. 그래서 굳이 추론 규칙이 필요한가에 대한 의구심을 가질 수도 있다. 일상의 논증에서는 근거가 충분히 제시되거나 근거에 대한 설명이 충분할 경우 굳이 추론 규칙이 필요 없을 수도 있다. 그러나 상대 논증에 대한 비판과 반박의 많은 부분이 바로 주장과 근거의 연결 고리가 제대로 되었는지를 밝히는 것과 관련된다는 점에서 추론 규칙에 대한 고려가 필요하다. 추론 규칙은 논증자와 상대를 연결하기 위한 시도로, 추론 규칙이 공유되지 않거나 추론 규칙에 대한 관점 차이가 있을 때 상대는 질문을 하거나 주장에 동의하지 않게 된다. 이에 논증자와 상대 사이에 공통적인 배경지식을 형성하는 추론 규칙은 별도로 필요할 수도 있다.

는 논증 요소로, 근거가 주장을 어떻게 설명하는지를 보여 주고 주장과 근거를 논리적으로 연결해 준다.

'주장', '근거', '추론 규칙'이 기본 요소라면, 논증자는 더 좋은 추론과 건전한 논증을 위해 주장, 근거, 추론 규칙을 뒷받침할 수 있는 '보강(backing)', '반론(rebuttal)', '한정어(qualifier)'라는 요소를 추가할 수도 있다. '보강'은 추론 규칙의 권위가 수용되지 않을 때, 즉 추론 규칙을 왜 수용해야 하는지에 대한 답변을 대비해야 하는 상황이 발생할 때, 추론 규칙을 강화하기 위해 추가 정보를 제공하는 것이다. '반론'은 논증의 권위가 인정되지 않아 논증을 약화시키려는 시도나 논증에 대해 제기되는 반론에 대한 인식, 주장을 성립시키는 데 제기될 수 있는 예외 조건에 대한 고려이다. '한정어'는 논증의 한계를 극복하는 또 다른 방법으로, 지나치게 단정적으로 주장하여 상대로부터 거부당할 가능성을 배제하는 것이다. 일상의 논증은 필연성의 문제를 다루기보다 개연성(probability)의 문제를 다루기 때문에 모든 현상을 필연적인 진리로 설명할 수 없다. 이에 주장의 강도와 한계를 제시하여 주장에 대한 반감 형성을 사전에 차단하는 것이다. '한정어'는 '단'이라든지, '아마도' '…하지 않는 한', '대부분', '대개', '거의', '많은', '일반적으로' 등과 같은 양상 한정사를 활용하여 확실성(certainty)에서부터 가능성(possibility)에 이르기까지 다양하게 제시될 수 있다. '보강', '반론', '한정어'는 주장에 대한 예외 조건이나 주장에 반대되는 조건적 명제를 제시하여 주장에 대한 안전 장치를 만들고 동시에 주장에 방해가 되는 조건들을 원천적으로 차단하는 역할을 한다.[2]

Toulmin의 논증 구조는 비형식적이고 실제적인 논증에서 설득 담화

----

2 형식 논리학에서 논증 평가의 기준으로 삼은 타당성과 건전성을 Toulmin의 논증 모델에 적용하면, '추론 규칙'을 통해 타당성을 확보하고, '보강'을 통해 건전성을 확보한다고 볼 수 있다.

의 구조나 조직적 특성을 잘 보여 준다. Toulmin의 논증 구조에서 주요 요소인 '주장', '근거', '추론 규칙'을 평가하는 것은 쓰기 텍스트의 총체적인 쓰기 점수를 가장 잘 예측한다고 보고되었다(Knudson, 1992). 즉 Toulmin의 논증 구조는 논증 분석과 교육에 기여한 바가 크다.

하지만 실제 담화나 텍스트의 논증 구조를 분석하는 것은 쉽지 않다. 대부분의 논증은 하나 이상의 근거를 가지고 있고 주장도 여러 단계에 걸쳐서 점진적으로 구축된다. 즉 단순 구조의 논증들이 복잡하게 얽힌 연쇄적이고 복합적인 형태를 띠는데, Toulmin의 모형은 확장된 논증 구조를 설명하는 데에 무리가 있다.[3] 또한 Toulmin의 논증 요소들은 논증 메시지의 구성 요소를 분석하는 데 유익하게 활용될 수는 있지만, 여섯 가지의 논증 요소가 모두 들어가는 논증은 학습자의 수준을 넘어서는 것이라 보고, 교수·학습 현장에서의 활용성이 떨어진다는 의견도 있다(유봉현, 2010: 89). 이에 Toulmin의 논증 모형이 실제 논증을 이해하는 데 효과적인지에 대한 재검토가 필요하다.

Toulmin에게 '반론'은 근거가 주장을 정당화하지 못하는 구체적인 상황이나 조건을 미리 제시함으로써 주장이 정당하게 받아들여질 수 있는 영역이나 조건을 제한하는 것이다. 하지만 이와 같은 조작적 정의는 '반론'이 가진 본래의 의미를 좁게 해석하는 것이다. 보통 '반론'은 반대 의견에 직면할 경우를 대비하여 주장에 대한 예외 조건을 두는 것이 아니라, 주장을 뒷받침하는 이유나 근거의 정당성, 논리의 타당성, 문제를 정의하는 방식 등에 대한 이의 제기나 반박 행위 전반을 가리키는 것이다.

---

3 이러한 문제에 대한 응답으로 논증의 연쇄와 확장을 염두에 두고 논증의 구조 유형을 제시하는 논의도 전개되었다. 논증의 연쇄 개념에 대해서는 '논증의 형식 구조'에서 자세히 살펴보도록 한다.

'한정어'는 주장 앞에 붙어서 그 확실성의 정도를 한정해 주는 수식어로서, 일종의 수사적 장치이다. 논증자가 명제를 대하는 태도를 드러내는 메타적인 요소로 주장에 대한 태도만을 표명하는 것뿐 아니라 근거 자료 또는 정당화의 이유에 대한 태도를 표명하는 데에도 사용되는 수사적 장치인데, 이는 생략 가능하다. '반론'은 예외적인 경우를 명시적으로 제시한 것이라면, '한정어'는 예외가 있을 수 있음을 감안하여 주장이 미칠 수 있는 범위를 한정한 것에 지나지 않으므로 그 성격에 큰 차이가 없어 별도로 구별할 필요가 없을 수도 있다.

'보강'은 추론 규칙을 뒷받침하는 근거를 의미하는데, 그것은 최상위 논증으로 나아가기 위한 하위 논증의 성격을 가질 뿐, 논증에서 궁극적으로 입증하고자 하는 주장의 정당화에 직접적으로 관계하는 것이 아니므로 생략 가능하다. '반론'은 논증의 특정 부분에 대해서 도전이 발생할 수 있음을 염두에 두어 사용하는 것이고, '보강'은 상대방이 논증의 논리 규칙에 대해 정당성을 의심하는 경우를 고려하여 사용하는 것이다.

결국 '반론', '보강', '한정어'와 같은 추가적인 요소는 논증 메시지를 구성하는 요소가 아니라, 구체적인 담화 상황에서 벌어지는 논증 '행위'와 관련되는 화용적 수행의 맥락을 고려할 때 포함될 수 있는 요소이다. 논증 메시지 구성을 위한 필수적인 요소와 논증의 정당성을 높이기 위해 전략적으로 활용하는 수사적 장치로서의 논증 구성의 방법은 구분할 필요가 있다.

(2) Williams & Colomb(2007)의 논증 구조

Williams & Colomb(2007)은 논증 메시지를 구성할 때는 다음과 같은 질문에 대한 답을 제시할 수 있어야 한다고 보았다.

○ 무엇을 주장하려고 하는가?

○ 주장을 뒷받침하기 위해 어떤 이유를 제시할 수 있는가?

○ 그 이유들이 타당하다는 근거가 있는가? 어떤 사실에 기초하여 그런 이유를 제시하는가?

○ 그렇게 주장하는 논리는 무엇인가? 어떤 원칙 때문에 그러한 이유가 주장을 뒷받침하는 것이 정당화되는가?

○ ~한 경우에 대해서는 생각해 보았는가? 다른 견해를 인식하고 있는가? 상대방이 ~라고 반대하면 어떻게 대응할 것인가?

Williams & Colomb(2007)은 위 질문에 대한 답에 해당하는 요소들이 논증의 내용 구조를 이루는 구성 요소라고 보았으며, 이를 [그림 2-2]와 같이 구조화하였다.

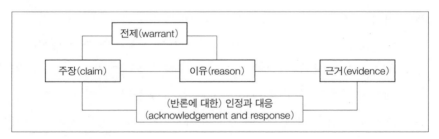

[그림 2-2] Williams & Colomb(2007)의 논증 구조

'주장'과 '이유'가 논증의 기본적인 틀이라면, '근거', '전제'는 논리성을 증명하라는 요구에 대한 응답이다. 어떤 논증이든 타당성을 확보하기 위해서는 두 개의 닻이 놓여 있어야 한다. 하나는 타당한 '근거'이며, 또 다른 하나는 '전제'이다. '근거'는 논증을 사실에 닻을 내리도록 하는 요소이다. '전제'는 이유와 주장을 이어 주는 일반 원칙으로, 정당성을 부여하

는 추론 원칙을 진술하는 것이다. 전제는 논증이 논리에 닻을 내리도록 하는 요소이다. 주장은 이유로 뒷받침하고, 이유는 근거로 뒷받침하고, 전제는 이유와 주장, 또는 근거와 이유를 연결해 준다. 하지만 네 가지 요소만으로 모든 논증이 성공할 수 없다. 상대방은 논증자와 다르게 생각할 확률이 높기 때문이다. 이에 상대가 제기할 수 있는 다른 생각을 미리 고려하여 대응하는 요소까지 포함하는 것이 효과적이다. 이에 '(반론에 대한) 인정과 대응'이 필요하며, 이는 독자나 청자 등 수용자의 관점에서 논증을 바라보는 효과를 지닌다.

(3) Toulmin(1958)과 Williams & Colomb(2007)의 논증 구조 비교

논증 구조의 핵심적인 요소는 주장, 이유 또는 근거인데, Toulmin(1958)은 이 둘의 관계를 '근거(data) → 주장(claim)'으로, 즉 근거에서 주장으로 나아가는 화살표로 연결하였다. 하지만 Williams & Colomb(2007)은 실제의 논증적 말하기나 글쓰기에서 '근거'가 가장 먼저 제시되는 논증은 드물다고 보았다. 일반적인 논증은 논증자가 논란이 되는 문제나 상황에 대한 자신의 입장을 먼저 주장하고, 그 후에 주장을 뒷받침하는 이유나 근거, 전제를 제시하게 된다. 즉 어떤 문제에 대해 논증할때, 우리는 근거로부터 시작하는 것이 아니라 그 문제에 대한 해결책으로서 주장을 먼저 생각한다. 해결책을 찾아야겠다는 동기의 유발과 함께 주장이 시작되는 것이다. 그리고 사실을 바탕으로 가설로서의 주장이 옳은지 그른지가 입증될 수 있기를 기대하며 근거들을 찾아 나선다. 이러한 귀추적 사고의 흐름은 Toulmin의 모델로는 표현할 수 없는 추론 형태이다(Williams & Colomb, 2007). 즉 Williams & Colomb(2007)은 Toulmin의 방향은 실제로 논증을 구성하고 표현하는 인지 처리 과정과 괴리가 있다고 본 것이다. 이에 Williams & Colomb(2007)은 귀추적 사고를 반영하

여, 하나의 주장(claim)을 만들고, 이유(reason)로 그 주장을 뒷받침하고, 근거(evidence)로 그 이유를 지지하고, 다른 관점들을 인식하고 그에 반응하여(acknowledge and respond), 그렇게 추론하는 원리(warrant)를 설명하는 방식의 논증 구조를 제안하였다.

근거가 논증 구조의 필수 요소라는 점은 Toulmin(1958)과 Williams & Colomb(2007)에서 공통으로 확인된다. 하지만 Williams & Colomb(2007)은 근거와 이유 사이에 존재하는 상호 배타적이면서도 상호 보완적 기능을 엄밀히 구분했다는 점에서 차이가 있다. Toulmin(1958)이 주장을 뒷받침하는 것으로 근거만 언급하는 데 반해, Williams & Colomb(2007)는 이유와 근거를 구분한다. 이유는 설득의 논리적 구조를 마련하는 것이고, 근거는 논증의 구조가 구축될 수 있는 현실적 토대를 가리킨다. 이유와 근거를 구분하는 것은 논증이 갖추어야 할 최소한의 형식적 요건을 상세화해 주는 것을 넘어서, 보다 설득력을 확보한 논증을 마련하도록 해 준다.

주장을 하면서도 왜 그러한 주장을 하는지 이유를 밝히지 않은 채 근거로 통계 자료만 제시하면 주장과 근거의 논리적 연결 고리를 찾기 어렵고, 왜 그러한 생각을 했는지 이유만 제시하면 현실성과 구체성이 없어 설득력이 떨어진다. 주장을 뒷받침하는 충분히 수용 가능한 논증자의 생각인 이유와 객관적인 자료인 근거를 구분하게 되면, 논증자가 논증 메시지를 구성하는 인지적 사고 흐름에 부합하여 논리적 사고를 유도할 수 있고, 자신의 생각으로 내용을 생성하는 경험을 할 수 있다. 또한 객관적인 자료를 활용하도록 하면 주장을 뒷받침하는 강도도 강해지고 자료 활용 능력도 신장할 수 있다.

Williams & Colomb(2007)의 '이유(reason)'와 Toulmin(1958)의 '추론 규칙(warrant)'은 주장과 근거 사이에 놓인다는 점에서 유사한 역할

을 하는 것으로 오해될 수 있지만, Williams & Colomb(2007)의 '이유'
는 Toulmin(1958)의 '추론 규칙'이 아니다. Toulmin(1958)의 '추론 규칙'
은 Williams & Colomb(2007)에서도 '전제'로 별도로 존재한다. Toul-
min(1958)에서 '추론 규칙'은 '주장'과 '근거'를 연결 짓는 논리적 구성물
을 가리키는 것으로, 형식 논리학의 일반적인 삼단 논법에서 대전제의 역
할을 하는 '전제(premise)'에 상응한다. 'warrant'의 번역어로는 '보장', '추
론 규칙'이 널리 쓰이고 있다. 하지만 'warrant'가 수행하고 있는 기능을
좀 더 효과적으로 표현하기 위해서는 '전제'라고 하는 것이 해당 용어의
역할을 쉽게 이해할 수 있다.

　　Toulmin(1958)과 Williams & Colomb(2007)의 논증 구조에서 공
통적으로 확인되는 요소는 반론과 관련된 것이다. Toulmin(1958)은 '반
론(rebuttal)'을 주장을 정당화시키지 못하는 구체적인 상황이나 조건
을 미리 제시하는 것으로 반론을 좁게 해석하기는 했지만, Williams &
Colomb(2007)과 마찬가지로 논증의 특정 부분에 대해서 도전이 발생할
수 있음을 염두에 두었다. 즉 Tolmin(1958)의 '반론'은 Williams & Co-
lomb(2007)의 '(반론에 대한) 인정과 대응'과 유사한 역할을 하는 것으로
이해할 수 있다. 다만 Toulmin(1958)은 비형식 논리학의 관점에서 일상
논증의 구조를 밝히려고 했음에도 불구하고, 산출물로서 논증의 메시지를
구성하는 요소만 분석하지 않고 논증의 소통 행위 과정에서 고려해야 하
는 반론 요소를 논증 구조에 포함했다는 점에서 오류를 일으켰다는 지적
을 받기도 한다. 하지만 실제 소통 과정에서 논증을 효과적으로 운용하며
상대방과 적극적으로 소통하는 방법을 가르쳐야 하는 국어 교육의 관점
에서 바라보면, 상대방이 제기할 수 있는 반론을 고려하여 이에 대응하는
요소까지 포함한 것은 적절했다고 볼 수 있다.

　　한편 Toulmin(1958)은 반론을 대비하기 위해 '보강', '한정어' 요소를

별도 제시하는 데 반해, Williams & Colomb(2007)은 이들 요소를 별도로 구분하지 않았다. 일상의 논증적 소통 과정에서 상대방의 논증 시도에 대해 제기할 수 있는 다양한 반응은 어느 한 요소에 대해서만 국한되지도 않고, 어느 하나의 방향으로만 국한되지도 않는다. 주장, 근거, 전제, 이유 등 모든 요소에 대해 다양한 의문과 반론이 제기될 수 있다고 본 것이다.

(4) 논증 교육을 위한 논증의 내용 구조

Toulmin(1958)의 논증 구조와 Williams & Colomb(2007)의 논증 구조에 대한 이해를 바탕으로, 논증을 구성해 가는 인지 처리 과정과 논증 메시지를 구성하는 요소들의 관계를 고려하여, 논증 교육에 효과적인 논증의 내용 구조를 재구성하여 도식화하면 [그림 2-3]과 같다.

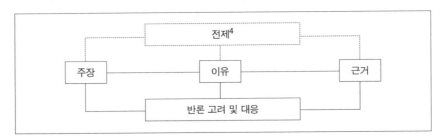

[그림 2-3] 논증 교육을 위한 논증의 내용 구조 모형

[그림 2-3]은 Toulmin(1958) 논증 모형을 구성하는 요소들 중 그 역할이 미미하여 굳이 필요하지 않거나 학습의 효율성을 떨어뜨리는 것들은

----

4 전제가 점선으로 표시된 것은 보편적 상황에 대한 믿음이나 가치를 수신자와 공유하고 있다면 전제를 별도로 진술하지 않아도 되기 때문이다. 그리고 전제는 주장과 이유 사이에서만 요구되는 것이 아니라, 이유와 근거 사이에도 근거가 이유를 뒷받침하게 되는 추론 규칙으로서 전제가 잠재되어 있을 수 있으므로 주장에서부터 근거까지를 관통하는 것으로 볼 수 있다.

삭제하여 논증의 내용 구조를 재구성한 것이다. 이 모형은 논증 메시지 구성 과정에서 기계적으로 대입되어야 할 것이 아니라, 구조적으로 유연하게 변용할 수 있는 것으로 확장과 축소의 과정을 거칠 수 있다.

　어떠한 의사소통 행위가 논증이기 위해서는 논증 행위를 통해 전달되는 메시지는 충분히 납득할 수 있을 만한 타당하고 합리적인 '이유'가 '주장'을 논리적으로 뒷받침하고 있어야 한다. '주장'이란 논증을 시도하는 생산자가 상대방에게 수용되기를 바라는 견해이다. '이유'는 주장을 견고하고 확실하게 뒷받침할 수 있는 널리 통용되는 사실이나 믿음, 일반적으로 진실 또는 진리라고 수용될 수 있는 진술, 이미 입증되어 굳게 확립된 결론이다. 어떠한 주장이든지 단순한 단언이 되지 않기 위해서는 주장과 함께 그것을 뒷받침하는 이유가 제시되어야 하므로 이유와 주장은 논증 메시지의 핵심이 된다. 또한 어떠한 사실에 기초하여 그런 이유를 내세우는지, 이유를 뒷받침하는 객관적으로 관찰 가능하며 실재하는 사실이나 정보 등을 '근거'로 제시하면 설득력을 강화할 수 있다.

　논증의 구성 요소나 논증 구조에 대한 논의들 중에는 '근거'와 '이유'를 별도로 구분하지 않는 경우도 있다. '근거'가 곧 '이유'라고 보거나 '근거'의 하위 유형을 사실 근거와 의견 근거로 나누어 이유를 의견 근거로 분류하는 경우도 있다. 하지만 근거와 이유는 다르다. 근거는 주장을 뒷받침하는 내용이라고 판단되는, 논증자의 믿음과는 상관없이 세계에 실제로 존재하는 객관적인 사실, 가공되지 않은 중립적인 자료이다. 이유는 객관적인 사실이 의미하는 바가 무엇이며 그것이 어떻게 주장과 연결되는지 설명하는 것, 즉 근거에 대한 해석으로 논증자의 논리적 의식에 기반을 둔 판단이다. 논증의 외부에 존재하는 객관적인 사실인 근거만으로는 주장이 어떻게 뒷받침되는지 알 수 없다. 논증 밖에 존재하는 객관적 사실인 근거가 무엇을 의미하는지, 근거에서 어떠한 정보에 주목하여야 하는지, 어떻게 해서 근거가 주장을 뒷받침하게 되는지 설명해 주는 이유가 있어야 논증의 논리와 구성이 탄탄해진다. 하나의 주장과 여러 이유만으로 구성된 논증은 내용이 빈약해 보이고, 하나의 주장과 수치나 인용구와 같이 가공하지 않은 근거만으로 이루어진 논증은 이해하기 힘들다. 이유가 있어야 논증의 논리와 구성을 제대로 이해할 수 있고, 근거가 있어야 이유의 토대가 현실에 기반하고 있음을 알 수 있다. 예를 들어 다음과 같은 논증 메시지를 살펴보자.

---

a. 매일 아침 사과를 먹어야 한다.

b. 사과는 건강에 좋기 때문이다.

c. 사과에는 각종 비타민, 수용성 식이섬유인 펙틴, 항산화 물질인 안토시아닌 등 다양한 영양 성분이 함유되어 있다.

---

a는 상대방에게 수용되기를 바라는 주장이다. b는 주장을 뒷받침하는 이유로서 이미 널리 통용되고 일반적으로 진실이라고 알려져서 쉽게 수용될 수 있는 것이다. a와 b를 통해 논증 메시지의 기초적인 요건이 갖추어졌다고 볼 수 있다. 하지만 실제로 존재하는 객관적인 사실인 c가 근거로 제시됨으로써 b를 뒷받침한다.

한편 상대방의 요구에 의해 이유와 주장의 연결이 합리적이고 이성적이며 논리적이라는 것을 별도로 설명해야 할 수 있다. 즉 이유로부터 주장이 도출되는 과정에 정당성을 부여하는, 보편적 상황에서 도출되는 보편적 결론으로서, 이유와 주장을 이어주는 일반적인 법칙이나 추론의 원칙인 '전제'가 요구될 수 있다. 앞선 사례에서 숨은 전제는 '인간은 인체에 필요한 영양소를 섭취함으로써 건강을 유지할 수 있다.'라는 것으로 b가 a를 뒷받침할 수 있는 보편적인 추론 규칙이 된다.

보통의 경우 전제는 논증 참여자 모두 보편적인 규칙으로 받아들일 수 있는 것이라서 굳이 명시적으로 밝히지 않아도 충분히 짐작하여 주장과 이유의 연결이 합리적이라고 수긍할 수 있다. 보편적 상황에 대한 믿음이나 가치를 수신자와 공유하고 있다면 전제를 별도로 진술하지 않아도 되기 때문이다. 하지만 논증 참여자들이 공유하고 있는 전제가 아니라 논증자가 주장을 이끌어 내기 위해 진리임 직한 것으로 가정한 것이 전제가 될 수도 있다. 이때는 전제를 명시적으로 밝힐 필요가 있으며, 전제가 상대방에게 수용되지 않고 그 자체로 논쟁 가능성이 있을 때는 전제부터 논증해야 한다.

　　한편 '주장', '이유', '근거', '전제' 네 가지 요소만으로 모든 논증이 성공할 수는 없다. 어떠한 논증이든지 논증을 받아들이는 입장에 있는 사람은 논증을 시도하는 사람의 입장이 아니라 자신의 입장에서 비판적으로 판단하기 때문이다. 논증자가 제시한 이유와 근거에서 전혀 다른 새로운 결론을 이끌어 낼 수도 있고, 생각하지 못했던 이유나 근거를 찾아내어 반대의 입장을 내세우려고 할 수도 있다. 이때 상대방으로부터 제기될 반론 가능성까지 예측할 수 있다면 보다 설득력을 강화할 수 있다. 이에 논증 메시지 구성에는 '반론 고려 및 대응'의 요소도 적극적으로 활용하는 것이 효과적이다.

주장: 매일 아침 사과를 먹어야 한다.
(전제: 인간은 인체에 필요한 영양소를 섭취함으로써 건강을 유지할 수 있다.)
이유: 사과는 건강에 좋기 때문이다.
근거: 사과에는 각종 비타민, 수용성 식이섬유인 펙틴, 항산화 물질인 안토시아닌 등 다양한 영양 성분이 함유되어 있다.

이와 같은 논증을 접한 수용자들은 다음과 같이 반응할 수 있다.

○ 사과에는 당분이 포함되어 있어 자주 먹게 되면 당분이 지방으로 축적될
  수 있고, 당뇨가 있을 경우 혈당을 높일 수도 있다.
○ 사과에 산이 많아 위의 산도를 높이고, 식이 섬유가 장운동을 활발히 하여
  수면을 방해할 수도 있다.
○ 매일 섭취했을 때 어떤 효과가 나타나는지 과학적 검증 결과가 충분한지
  의문이다.

상대방이 제기할 수 있는 비판적 질문이나 반론을 미리 고려해서 이
에 대한 대응을 함께 제시하게 된다면 주장의 수용 가능성은 좀 더 높아
진다.

Q. 주장/생각/의견, 근거/이유/까닭/논거는 어떻게 다른가?

논증에 대해 교육을 할 때, 유사하거나 동일한 대상을 가리키는 용어가 다양하게 혼재되어 있어 학습자를 혼란스럽게 하거나 불필요한 의구심을 불러일으키는 경우가 있다.

예컨대 주장과 관련해서는 '생각이나 의견', '의견이나 주장', '주장' 등의 용어가 사용되고, 근거와 관련해서는 '까닭', '이유', '근거', '논거' 등의 용어가 사용되어 혼란스럽고 각각의 차이가 모호하다는 지적이 제기되어 왔다(박영목·김세곤, 2005; 이선숙·이삼형, 2011; 송지언, 2015; 양경희·박재현, 2016). 유사한 개념으로 사용되는 용어이지만, 맥락에 따라 별도의 용어를 사용하면서 각 용어의 변별점에 대한 해설이나 안내가 없어서 혼란스러운 것이다.

'까닭', '이유', '근거', '논거'는 위계적으로 사용되는 것처럼 보인다는 분석도 있다(송지언, 2015). '까닭'은 초등 1-2학년군에서만, '이유'는 초등단계에서만 사용되며, '근거'는 중학교부터 주로 사용되며, '논거'는 쓰기 영역에서는 고등학교에 가서야 쓰인다는 것이다(송지언, 2015: 305).

하지만 국어과 교육과정 내에서는 그 나름의 위계성이 인정되어 암묵적으로 통용되더라도, 각 개념에 대한 정의와 변별이 일반적으로 통용되지 않고 있다면 독자의 입장에서는 불필요한 의문을 가질 수도 있어 각 용어의 개념을 구체화하고 가장 적확한 용어를 일관되게 사용할 필요가 있다. 이에 '주장'과 관련된 용어로 '생각', '의견', '주장'이 어떻게 다른지, '근거'와 관련된 용어로 '근거', '이유', '까닭', '논거'가 어떻게 다른지 정리하면 다음과 같다.

　　○ '주장'과 유사한 용어들의 의미[5]

　'주장'과 관련된 용어로는 '생각', '의견', '주장'이 있다.

　'생각'은 '사람이 머리를 써서 사물을 헤아리고 판단하는 작용, 어떤 일에 대한 의견이나 느낌을 가짐. 또는 그 의견이나 느낌'(표준국어대사전)으로, 국어 교육에서 생각이란 학습자의 머릿속에 존재하는 다양한 느낌, 심상 등을 언어로 표현한 것이다.

　'의견'은 '어떤 대상에 대하여 가지는 생각'(표준국어대사전), '어떤 주제에 관련해 제시된 견해나 판단'(철학사전)이다. 생각은 의견보다 포괄적이며, 의견은 특정 대상에 대한 것으로 구체적이라는 점에서 의견은 특수성과 구체성 측면에서 생각보다 초점화된 것이라 할 수 있다.

　'주장'은 '자기 의견이나 주의를 굳게 내세움. 또는 그런 의견이나 주의'(표준국어대사전), '논증되어야 할 판단의 논제 또는 주장'(철학대사전)이라고 정의된다. 박영목·김세곤(2005: 31)은 주장을 '다른 사람으로부터 동의나 찬성 여부를 받아야 하는 의견'이라고 정의한다. 즉 주장은 찬성 또는 반대라는 특정한 방향성을 가지고 논의할 만한 가치가 있는 정련되고 초점화된 의견이라 할 수 있다.

　　생각, 의견, 주장의 개념 차이를 방향성, 설득력, 지속력 측면에서 살핀 논의도 있다. 이선숙(2010: 17-20)은 생각은 의견과 주장에 비해 방향이 없거나 낮고, 의견은 두 가지 이상의 방향성을 가지며, 주장은 의견의 방향성이 하나로 결정된 것이라고 하였다. 설득력은 주장으로 갈수록 높

5　이 내용은 양경희·박재현(2016)의 「설득 관련 용어의 교육적 재개념화와 교육 내용의 체계화 방안: 논증 요소를 중심으로」를 참조하여 정리한 것임을 밝혀 둔다.

고, 지속력도 주장으로 갈수록 높다. 다만 설득력은 독자나 청자에 의해 결정되는 것으로 주장 자체가 설득력이 높다고 할 수 없다. 양경희·박재현(2016: 105)은 주장의 속성을 논쟁 가능성, 수용 가능성, 정당화 가능성이라 보았다. 즉 주장은 '찬성 혹은 반대라는 분명한 입장을 지닌 견해로, 찬성과 반대의 입장이 논쟁할 만한 성격이어야 하고, 현실적으로 수용할 수 있는 것이어야 하며, 이유와 근거를 통해 정당화될 수 있는 진술'이어야 한다.

  ○ '근거'와 유사한 용어들의 의미[6]
  '근거'와 관련된 용어로는 '까닭', '이유', '근거', '논거'가 있다.
  '까닭'은 초등학교 1-2학년군에서 생각을 뒷받침하는 명제를 가리키는 용어로 사용되었는데, '이유'라는 용어로 대체해도 그 의미가 크게 달라지지는 않는다. '이유'는 초등학교 고학년에도 꾸준히 사용되는 용어로, 까닭과 이유는 거의 동의어로 사용된다.
  '논거'는 사전적으로 '어떤 이론이나 논리, 논설 따위의 근거'를 의미한다. 제7차 고등학교 국어과 교육과정을 비롯하여 후속 교육과정에서는 '논거는 증거 자료이다. 증거 자료에는 통계, 사례, 실례 등의 사실적 증거와 정황적 증거 및 전문가의 의견, 관찰자의 증언 등의 의견적 증거 자료가 있다.'라고 안내한다. 논술에서는 논거라는 용어를 주로 사용하기도 하지만 필자의 주장을 뒷받침하는 논거의 본질적 성격이 근거와 다르지 않으므로 논거와 근거는 한 가지로 통일하여 사용하는 것이 효율적이다.
  표준국어대사전에 따르면, 이유는 '어떤 결론이나 결과에 이른 까닭

---

6 이 내용은 양경희·박재현(2016)의 「설득 관련 용어의 교육적 재개념화와 교육 내용의 체계화 방안: 논증 요소를 중심으로」를 참조하여 정리한 것임을 밝혀 둔다.

이나 근거'이고, 근거는 '어떤 일이나 의논, 의견에 그 근본이 됨. 또는 그런 까닭'이라고 정의되어, 쉽게 구분되지 않는다. 철학사전에서는 '근거 = 이유'이고 '이유≒근거'라고 하여 동일 또는 유사 개념으로 사용하고 있어 이 둘의 의미 관계를 구분하기 쉽지 않다.

하지만 최근 국어 교육 연구에서는 이유와 근거를 배타적으로 구분하고 각각에 독립적인 역할을 부여하자는 논의가 축적되고 있다. Williams & Colomb(2007)을 시작으로, 서영진(2012a; 2014; 2022), 장성민(2015), 송지언(2015), 양경희·박재현(2016) 등에서는 이유와 근거를 구별한다. 이유는 필자가 무엇 때문에 그런 생각을 하는지 밝히는 것이고, 근거는 이유를 뒷받침하는 정보를 보고하는 것으로 필자가 내적으로 생각한 것이 아니라 외부에 존재하는 객관적인 정보를 인용해 오는 것이다. 이유와 근거를 구분하는 것은 논증의 내적 논리를 강화하여 견고한 논증을 구성할 수 있도록 도와주고 자료 활용 능력을 함양하는 데도 기여한다.

2) 논증의 형식 구조

일상생활에서 전개되는 논증적 소통은 작은 단위의 하나의 논증만으로 완성되지 않는다. 논증적 소통은 국지적이고 개별적이며 독립적인 단일 논증으로 그치지 않고, 단일 논증들이 복잡하게 얽히며 연쇄적으로 이어지는 복합 논증으로 발전한다. 상대의 신념이나 태도, 행동을 변화시키고자 한 쪽에서 최초 발의를 하면, 다른 쪽에서는 대안적 주장이나 반대 논증을 시도하며 논증은 매우 복잡한 양상으로 전개되고 변화한다. '주장'을 뒷받침하기 위해 내세운 '이유'와 '전제'가 상대방에게 쉽게 받아들여지지 않으면, '이유'나 '전제'부터 논증하고, '이유'나 '전제'를 정당화하기 위한 논증이 성공하면 궁극적인 '주장'에 대한 논증이 이어진다.

결국 논증적 소통 행위는 국지적 차원의 논증들이 연속되며 서로 얽혀 가는 가운데 궁극적으로 설득하고자 하는 최후의 핵심적인 주장을 향해 나아가는 확장적 논증이다. 국지적 차원의 개별 논증에서 입증되는 하위 주장은 전체적 차원의 논증을 정당화하기 위한 기반으로서, 최종의 핵심적 주장을 증명하거나 정당화시키는 이유나 근거로 작용한다. 이러한 과정에서 개별 단위 논증들은 사슬처럼 연쇄적으로 길게 이어지게 된다.

논증의 연쇄 개념은 거시 논증이나 확장적 논증 행위를 설명하는 데 유용하게 활용된다. 어떤 명제가 최상위 명제이며, 그것을 뒷받침하는 명제들은 무엇이고, 또 어떤 전제가 감추어져 있는지 쉽게 분석할 수 있다.

논증의 연쇄에 따라 복합적이고 다층적으로 확장되는 논증은 몇 가지 기본 구조의 조합으로 구성된다. 논증의 기본 구조 유형은 연구자마다 다양하게 제시하고 있다.

van Eemeren & Grootendorst(1992)는 논증 구조의 유형을 '단순(simple) 구조', '다중(multiple) 구조', '대등적 합성(co-ordinative) 구조',

'종속적 합성(subordinative) 구조'로 설명하였다. 박준호(2001)는 '단독 지지', '협동 지지', '수렴 지지', '발산 지지'로, Inch & Warnick(2010)은 '단순(simple) 구조', '복합(complex) 구조', '연쇄(chain) 구조', '합성(compound) 구조'로 분류하였다. 연구자들이 제시한 유형의 명칭은 상이하나, 그 속성은 비슷하다. 다만 원래의 용어나 번역된 용어들에 개별 유형의 특징을 뚜렷하게 변별하지 못하고 그 함의를 충분히 드러내지 못하고 있다. 예를 들어 둘 이상의 이유가 독립적으로 하나의 주장을 지지하느냐, 둘 이상의 이유가 서로 협력하여 주장을 지지하느냐를 구분하는 용어들에 혼란스러운 면이 있다. 화학에서 '혼합'은 두 가지 이상의 물질이 화학적인 결합을 하지 아니하고 한데 섞이는 것으로, 둘 이상의 이유들이 개별 독립성을 유지하면서 주장을 지지하는 것을 표현하기에 적절할 것이다. 반면 '합성'은 두 가지 이상의 물질이 화학적 결합 반응을 거쳐 새로운 하나의 물질을 만드는 것으로, 둘 이상의 이유들이 협력하여 주장을 지지하는 것을 표현하기에 적절할 것이다. 하지만 일상적 소통에서 전개되는 논증의 구조를 화학적으로 논의하는 것은 부적절할 수 있다. 다만 혼합적 성격을 가진 구조가 확산 구조와 대비된다는 점, 합성적 성격을 가진 구조가 '둘 이상의 사물이나 사람이 서로 관계를 맺어 하나가 됨'이라는 '결합'의 일상적 의미로 환원된다는 점을 고려하면 각각을 '수렴'과 '결합'이라는 용어로 정리할 수는 있을 것이다.

기존 논의를 토대로 논증의 기본 구조를 다이어그램으로 제시하면 다음과 같다. [그림 2-4]에서 C는 주장(claim) 또는 상위 주장을 의미하며, R은 이유(reason) 또는 하위 주장들을 의미한다.

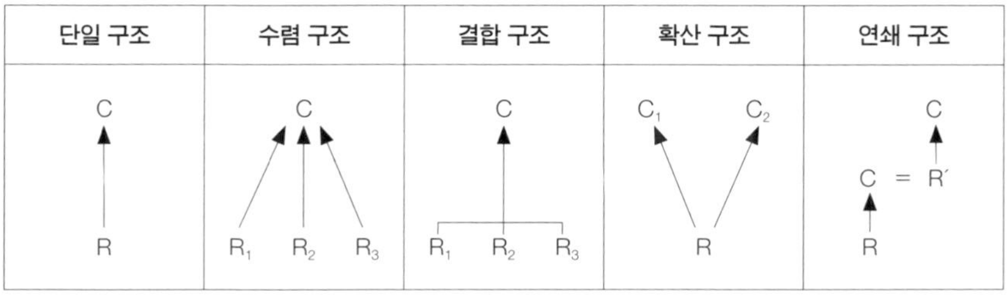

단일 구조	수렴 구조	결합 구조	확산 구조	연쇄 구조
C ↑ R	C ↑↑↑ R_1 R_2 R_3	C ↑ R_1 R_2 R_3	C_1 C_2 ↖↗ R	C ↑ $C = R'$ ↑ R

[그림 2-4] 논증의 기본 구조 유형

　　단일 구조는 주장을 뒷받침하기 위해 단 한 개의 이유만 제시하는 유형으로 가장 단순한 구조이다. 주장을 도출하기 위해서 표면적으로 제시된 이유뿐 아니라 표현되지 않고 가정된 이유도 있을 수 있다. 그러나 명시적으로 제시된 논증만 놓고 볼 때, 하나의 주장과 하나의 이유로 구성된 논증은 단일 구조를 가진 논증이라 할 수 있다. 예를 들어 다음의 논증은 단일 구조를 가진 논증이다.

> 정부는 권총 소지 제한 제도를 폐지해야 한다. 권총 소지 금지는 자기방어 권리를 위반한다.

　　수렴 구조는 둘 이상의 이유가 제시되고 각 이유가 개별적으로 주장을 뒷받침하는 유형이다. 각각의 이유는 결합되지 않고 독립적으로 작용하며, 각각의 이유만으로도 논증을 완성할 수 있지만 둘 이상의 개별 논증을 합쳐 논증의 강도를 강화한 것이라 할 수 있다. 예를 들어 다음의 논증은 수렴 구조를 가진 논증이다.

> 철수는 강의실에 빈자리가 많은데도 강의 시간마다 내 옆에 와서 앉는다. 철
> 수는 나와 마주칠 때마다 나에게 미소를 보내며 이야기를 하고 싶어 한다. 철
> 수는 늦은 시간이 아닌데도 불구하고 나를 집까지 바래다주려고 한다. 철수
> 는 다른 사람에게는 보여 주지 않던 강의 노트를 나에게만 보여 준다. 철수는
> 나에게 호감이 있다.

결합 구조는 둘 이상의 이유가 서로 함께 연결되어 협력함으로써 하
나의 주장을 뒷받침할 수 있게 되는 유형이다. 둘 이상의 이유가 제시된다
는 점에서 수렴 구조와 유사하다. 하지만 수렴 구조에서는 이유 하나를 생
략하더라도 논증이 성립하는 데 반해, 결합 구조에서는 이유들이 상호 의
존하고 있어 이유 중 하나를 생략하게 되면 결론을 뒷받침하는 힘이 약해
져서 논증이 성립하지 못할 수도 있다. 즉 이유들이 각각 독립적으로 주장
을 지지하는 것이 아니라 서로 의존하며 결합해야만 주장을 뒷받침할 수
있다. 예를 들어 다음의 논증은 결합 구조를 가진 논증이다.

> 철수는 똑똑한 아기이다. 대부분의 아기들은 돌이 훨씬 지나서도 문장으로
> 말을 하지 못한다. 철수는 이제 갓 돌을 지났는데 벌써 문장으로 자신의 생각
> 을 표현한다.

확산 구조는 하나의 이유가 둘 이상의 다른 주장을 지지하는 구조이
다. 이는 수렴 구조와 형태가 반대이다. 수렴 구조를 가진 논증이 여러 이
유가 하나의 주장을 동시에 지지한다면, 확산 구조는 하나의 이유가 여러
가지 주장을 동시에 지지하는 구조를 가진다. 예를 들어 다음의 논증은 확
산 구조를 가진 논증이다.

지구 온난화의 속도가 빨라지고 있다는 연구 보고가 다수 발표되고 있다. 결국 북극 빙하가 녹아 없어지고, 한반도가 아열대 기후가 될 것이며, 폭우나 폭염 등의 이상 기후가 자주 관측될 것이다.

연쇄 구조는 최소 두 개의 단일 구조 논증으로 구성되는데, 하나의 논증에서 확립된 주장이 최종의 주장을 위한 이유가 되는 구조이다. 즉 하나의 이유에 의해 뒷받침된 단일 논증의 주장이 두 번째 단일 논증의 이유로 기능하며 연쇄적으로 연결되는 방식이다. 예를 들어 다음의 논증은 연쇄 구조를 가진 논증이다.

인간은 적으로부터 스스로를 방어할 권리를 갖고 있다. 그러므로 개인이 자기 방어권을 행사하기 위해 무기를 소지하는 것을 허용해야 한다. 따라서 무기 소지를 금지하는 정책은 옳지 않다.

현실에서 접하는 실제 논증 텍스트나 논증 담화는 국지적인 단위 논증으로 구성되지 않는다. 현실의 논증은 여러 가지 형태의 논증이 다양하게 얽히고 유연하게 확장된다. 서로 연결되며 복잡한 구조를 가진다. 다음과 같이 단일 구조, 수렴 구조, 결합 구조, 확산 구조, 연쇄 구조 등의 단순 논증들이 복합적으로 얽힌 복합 논증의 형태로 나타난다.

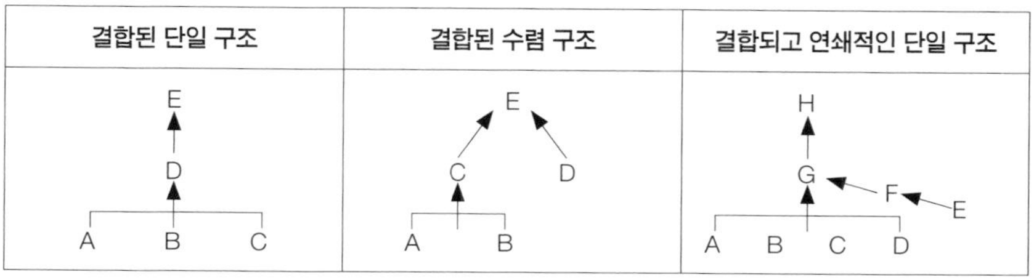

결합된 단일 구조	결합된 수렴 구조	결합되고 연쇄적인 단일 구조

[그림 2-5] 논증의 복합 구조 사례

예를 들면 결합 구조의 결론이 단일 구조의 논증으로 확장될 수도 있고, 결합 구조의 결론과 또 다른 이유가 수렴되어 새로운 결론을 지지하는 방식으로 전개될 수도 있으며, 결합 구조 논증의 결론과 연쇄 구조의 결론이 단일 구조의 논증을 뒷받침하는 이유로 기능하게 될 수도 있다. 하지만 일차적으로 대부분의 논증은 기본 구조를 토대로 거시 논증, 확장 논증으로 발전한다고 할 수 있다.

　　논증 구조에 대한 학습은 학습자들이 자신의 주장을 구조적으로 개진하는 데 도움을 주고, 상대방의 반박을 방어하기 위해 거쳐야 할 전제 추론 과정을 가시화함으로써 논증이 보다 체계적으로 진행될 수 있도록 도와준다. 또한 자신의 논증을 분석하여 자신의 논증을 발전시키고, 반대되는 주장을 예상할 수 있도록 해 주며, 상대방의 논증 구조를 분석할 수 있는 틀을 제공한다.

2. 논증 도식

1) 논증 도식의 개념과 역할

논증을 가르치는 방법은 다양한데, 그중 하나는 이유와 주장을 연결하는 방식으로서 논리적 추론 유형을 가르치는 것이다. 활용 범위가 넓고 전이 가능성이 높은 추론 유형을 학습하고 그것을 새로운 논증 담화나 논증 텍스트 상황에 적용해 보는 방법이다.

Inch & Warnick(2010)도 논리적 추론 유형을 아는 것은 비판적인 논증자가 되는 방법이라고 하였다. 추론 유형을 익히면, 그 유형별로 상대방 논증을 평가하는 기준과 본인 논증의 약점을 미리 파악할 때 유의해야 할 점을 구체화할 수 있으며, 논증에 대해 제기될 반론들도 예측할 수 있다.

이유와 주장이 연결되는 추론 방식은 논증 도식이라고도 불린다. 논증 도식이란, 이유로 진술된 것과 주장으로 진술된 것 간의 관계를 표상하는 관습적인 방식이다(van Eemeren & Grootendorst, 1992: 96). 논증자는 자신의 주장에 대한 이유와 근거를 대며 자신의 주장이 이성적인 사람이라면 받아들여질 만하다는 것을 입증하려고 한다. 이때 논증자는 관습적으로 널리 사용되어 상대방에게 수용 가능성이 높은 논리적 추론 유형을 사용하는 것이 그것을 사용하지 않는 것보다 주장의 정당성을 좀 더 쉽게 확보하고 상대방을 좀 더 쉽게 설득할 수 있는 장치라고 생각하고, 특정한 논증 도식을 사용하게 된다.

논증 도식은 이유와 주장 간의 관계 맺음 유형을 의미하기 때문에 논증의 유형(type of argumentation)과 동의어로 이해되기도 한다. 하지만 논증 도식은 단순한 논증 유형이 아니다. 논증 도식은 기존의 논증 행위에서 관습적으로 널리 쓰이면서 논증의 성공 가능성을 높이는 데 활용되어 왔다는 점에서, 논증을 생산하고 수용하기 위한 일정하고 구체적인 인식 틀이 될 수 있다.

도식(scheme)이란 외부의 환경에 적응하도록 환경을 조작하는 감각적·행동적·인지적 지식과 기술을 통틀어 이른다. 즉 우리가 접하는 현상이나 사물, 사람 및 사건 등과 관련되는 기억 속에 조직화되어 있는 보편적인 지식 구조이다. 도식에 담긴 구체적인 정보는 새롭게 접하는 외부의 자극을 이해하고 해석하는 데 중요한 기초 자료로 활용된다. 또한 도식은 어떤 대상에 대해 기존에 지니고 있는 지식과 불일치하거나 모순되는 정보를 여과하는 기능을 담당하기도 하며, 다양한 방식으로 해석될 수 있는 모호한 정보를 접했을 때 불확실성을 해소하는 기능을 수행하기도 한다.

도식의 일반적인 기능과 마찬가지로, 이유와 주장의 관계 맺음 방식도 논증 행위를 수행하는 데 요구되는 기초적이고 보편적인 지식과 기술, 전략이 될 수 있다. 그래서 논증 유형으로 명명할 수도 있지만, 굳이 논증 도식이라고 표현하는 것이다. 논증 도식은 이유나 근거들을 어떠한 논리로 주장과 연결하고 논증 내용을 어떻게 조직해야 할지, 개별 발화 속에서 전개되는 다양한 논증들을 이해하고 평가할 때 어떻게 접근해야 할지 안내하는 역할을 한다. 즉 논증 도식은 일종의 인지 도식으로서, 논증을 구성하는 도구이자, 논증을 발견하는 도구이며, 논증을 평가하는 도구로, 논증적 소통의 전략이 된다.

논증자는 논증적 의사소통을 시도할 때 특정한 논증 도식을 사용하여 주장과 이유를 진술한다. 상대방을 설득하려고 할 때 자신의 논증이 상대로부터 평가받게 될 것임을 예상하고 상대방이 이해하기 쉽도록 상대에게 익숙한 논증 도식을 선택해서 사용한다. 논증 도식을 사용하는 것이 그렇지 않은 것보다 주장의 정당성을 쉽게 획득할 수 있을 것이라고 생각하는 것이다. 그래서 논증자는 자신의 주장을 뒷받침하기 위해 의식적이든 무의식적이든 그 주장에 적합한 관습적인 방식을 선택하고 사용한다. 논증 도식별로 논증 구성을 위한 내용 개요나 형식 개요를 제공한다면 이유나 근거를 어떻게 조직해야 하는지, 어떠한 논리 규칙에 의해 이유나 근거로부터 주장을 이끌어 내는지 안내할 수 있다.

한편 논증의 수용 여부를 결정해야 하는 상대방은 논증자가 어떠한 논증 도식을 어떻게 사용했는지에 착안하여 논증의 설득성과 논증의 합리성을 평가할 수 있다. 일상의 대화나 일반적인 토론의 경우 생략과 비약, 과장을 위한 수사적 표현이 혼재되어 있어 좋은 논증과 그렇지 못한 논증을 구분하기가 쉽지 않다. 하지만 논증 도식을 분석하면 논증자가 논증을 전개하기 위해 어떠한 사고 과정을 거쳤는지 파악할 수 있고, 주장과 이유의 관계, 이유와 이유의 관계, 근거와 근거의 관계 등이 분명하게 드러나게 되어, 논증의 논리적 타당성과 적절성을 효율적으로 평가할 수 있다. 상대의 논증에 대해 반론을 하기 위해 검토해야 할 요소들도 논증 도식에 따라 달라진다. 자신의 주장을 어떠한 논증 도식에 담아냈느냐에 따라 상대방이 가질 수 있는 비판적 의문이 다르며 이에 따라 반론의 양상이 결정되므로, 상대의 주장을 반론하기 위해서는 의식적이든 무의식적이든 논증 도식에 대한 인식이 선행되어야 한다.

요컨대 논증 도식은 논증적 상호 교섭의 핵심을 이루는 주장과 이유의 연결 관계를 표상하는 관습으로서, 논증 도식에 대한 인식과 활용은 논증을 생성하고 조직하며 발견하며 평가하는 데 기여할 수 있다. 그러므로 학습자들이 논증 도식을 내면화·자동화하여 능숙하게 활용할 수 있게 된다면 논증에 대한 인지적 부담을 줄이고 논증 담화 및 논증 텍스트 운용 능력을 효과적으로 제고할 수 있을 것이다. 이에 과거의 논증 교육은 추상적인 추론 규칙을 습득하는 데 집중해 왔던 반면, 최근 논증 교육 연구들은 다양한 수사적 상황에서 적절한 논증 도식을 선택하여 운용할 수 있는 실제적인 능력을 기르는 방향으로 논증 교육 내용을 구체화하기 위해 노력하고 있다.

2) 논증 도식에 대한 분류 방식

일상의 논증 행위에서 나타나는 논증 도식을 설명하고 그 유형을 분류하려는 시도는 학자마다 다양하게 전개되었다. 논증 도식은 수사학적 관점에 따른 분류 방식, 화용·대화론적 관점에 따른 분류 방식, 수사학과 화용·대화론적 관점을 포괄하는 통합적 관점에 따른 분류 방식 등 다양하게 분류할 수 있다. 여기서는 각 관점을 대표하는 Perelman & Olbrechts-Tyteca(1958), van Eemeren & Grootendorst(1992), Kien-

[표 2-1] 논증 도식 분류에 대한 대표적 논의

Perelman & Olbrechts-Tyteca(1958)	van Eemeren & Grootendorst(1992)	Kienpointner(1992)
1. 결합의 형식 　1.1 유사 논리적 논증 　　비양립성, 동일성, 정의, 　　정당성, 추이성, 비교 　1.2 현실의 구조에 기반한 논증 　　연속 결합, 공존 결합 　1.3 현실의 구조를 형성하는 논증 　　예시, 모델, 유추, 예증, 은유 2. 분리의 형식 　2.1 개념의 분리	1. 징후 논증 2. 유추 논증 3. 인과 논증	1. 보장을 사용하는 도식 　포함 도식, 비교 도식, 　대당 관계 도식, 인과 　도식 2. 보장을 만드는 도식 　귀납적 예시 도식, 　설명적 예시 도식 3. 유추 도식 4. 권위 도식

pointner(1992)의 논증 도식 분류 체계를 살핀다. 그리고 Breton(1996), 이광모·이황직·서정혁(2006), Walton et al.(2010) 등의 논증 도식 분류 방식도 추가로 살펴본다.

(1) Perelman & Olbrechts-Tyteca(1958)의 논증 도식

신수사학의 대표적 저작인 Perelman & Olbrechts-Tyteca(1958)의 『신수사학: 논증에 대한 고찰La nouvelle rhétorique: Traité de l'argumentation』은 논증의 분류를 시도한 초기의 연구로, 논증을 연구하는 대부분의 학자들은 이 분류의 틀을 따르고 있다. Perelman은 전제와 결론의 논리적 관계나 형식적 타당성보다 사람들의 지지를 유도하거나 증대해 주는 논증 기술을 기준으로 논증 도식을 나눈다.

Perelman & Olbrechts-Tyteca(1958)는 청중의 지지를 이끌기 위해 전제들을 활용하는 방식을 '결합의 형식'과 '분리의 형식'으로 나눈다. 결합의 형식은 떨어져 있다고 생각되던 요소들을 하나로 모아서 주장을 뒷받침하는 방식이다. 분리의 형식은 본래 하나로 취급되던 것을 분류하고 분해함으로써 또는 기존에 합의되고 통용되던 요소들과 얽혀 있던 것들을 개별 요소로 분리해 냄으로써 주로 특정 주장을 거부하게끔 하는 방식이다.

예를 들어 '책을 읽는 것이 좋다. 왜냐하면 책에서 많은 것을 배울 수 있기 때문이다.'는 결합에 의한 논증이다. 여기서는 책과 배움이 결합됨으로써 좋음이라는 결과를 이끌어 낸다. 반면 '지구의 기원에 관한 지질학적 조사를 토대로 성경의 창조설을 부인하는 것은 잘못이다. 왜냐하면 성경의 창조설에서 말하는 진리는 지질학적 조사를 통해 밝혀진 사실들과는 차원이 다르기 때문이다.'는 분리에 의한 논증이다. 분리에 의한 논증은 상대의 의견을 반박하기 위해 주로 사용되는데, 한 덩어리였던 진리를 두 종류의 진리, 즉 종교적 진리와 과학적 사실로 분리함으로써 지질학과 창조설의 충돌을 피하려고 한다(배식한, 2011: 156).

결합의 형식을 취하는 논증은 다시 '유사 논리적 논증', '현실의 구조에 기반을 둔 논증', '현실의 구조를 형성하는 논증'으로 나뉜다.

'유사 논리적 논증'들은 연역 논증의 형식을 갖춘 일상적 논증이다. 논리적이고 수학적인 접근 방식을 추구하며 형식 논리학의 삼단 논법, 타당한 연역 논증의 형식을 갖추고는 있지만, 일상적 논증 자체가 그런 형식을 온전하게 갖춘 것은 아니기 때문에 '유사(quasi)'라는 말을 붙인다. 유사 논리적 논거는 비양립성, 동일성, 정의, 정당성, 추이성, 비교 등을 바탕으로 한다.

'현실의 구조에 기반을 둔 논증'은 현실의 요소들 사이에 있는 결합 관계를 출발점으로 한다. 즉 현실을 이루는 요소들이 이미 연결되어 있는 경우로, 이미 인정된 상호 결합 관계가 논증의 토대가 되는 것이다. 동일 수준의 현상들을 관련짓는 연속 결합과 서로 다른 차원을 관련짓는 공존 결합이 있다. 연속 결합은 원인과 결과, 수단과 목적과 같은 인과 도식과 유사하며, 공존 결합은 확인된 징후를 통해 알려지지 않은 결론을 추론하는 추정 도식에 가깝다.

'현실의 구조를 형성하는 논증'은 새로운 연결을 구축해야 하는 경우이다. 알려진 개별 사례에서 출발하여 표본 사례, 모델, 또는 일반 원칙을 형성하는 경우의 논거이다. 여기에는 예시, 예증, 모델을 통한 논증이 있다. 예시는 개별적인 사실에서 출발하여 원리나 규칙을 이끌어 내는 귀납적 추론의 형태이고, 예증은 이미 원리나 규칙으로 굳어진 전형적이거나 대표적인 사례를 도입하거나 인용하여 기존에 성립된 규칙을 지지하는 것이다.

'분리의 형식'은 언어 속에서 또는 통용되는 전통 속에서 이전부터 서로 얽혀 결합되어 있던 요소를 개별적으로 분리해 내는 것이다.

(2) van Eemeren & Grootendorst(1992)의 논증 도식

van Eemeren & Grootendorst(1992:94)는 논증 도식이 논증 담화의 평가와 관련이 있다고 보고, 개개의 논증은 그 논증에 사용된 논증 도식에 의해 특성이 달라지고 그에 따라 평가 방식도 달라지므로 논증 도식에 대한 이해를 강조하였다. van Eemeren & Grootendorst(1992)는 화용·대화론적 관점에서 논증 도식을 연구하고 논증 도식을 '징후', '유추', '인과'의 세 가지 유형으로 구분하였다.

첫 번째 유형인 '징후 논증 도식'은 무엇이 다른 무엇의 징후라고 보는 것이다. 이유에 진술된 것이 주장에 진술된 것의 표현, 현상, 또는 그 밖의 징후라고 보는 것이다. 징후 도식은 이미 알려지고 확인 가능한 기호나 상징들을 바탕으로 알려지지 않고 확인되지 않은 잠정적인 결론을 추정해 가는 추정 도식과 유사하다. 징후 도식은 이유가 주장과 공존 관계에 있다. 여기에서 이유는 그것과 동시에 존재하고 있는 주장을 암시한다. 즉 이유에 진술된 것이 주장에 진술된 것의 상징, 현상, 자취, 기호 등의 '징후'라고 보는 것이다.

두 번째 유형인 '유추 논증 도식'은 이유에서 주장으로의 추론이 유사성이나 상관성에 의해 이루어지는 것이다. 이유가 주장과 서로 일치하거나 유사하거나 병치되거나 대응되는 등의 유사성이 있다고 봄으로써, 이유의 수용 가능성을 주장으로까지 전이시키려는 것이다. 이 유형의 논증은 이유와 주장 간에 '유추'의 관계가 존재한다고 본다.

세 번째 유형은 '인과 논증 도식'은 이유와 주장이 도구적 관계를 지니는 것이다. 이유로 진술된 것이 주장으로 진술된 것을 이끌어 내기 위한 도구, 방법, 수단 또는 다른 모종의 원인이 되는 것이다. 이 유형의 논증은

이유와 주장 간에 '인과' 관계가 존재한다고 본다.

(3) Kienpointner(1992)의 논증 도식

Kienpointner(1992)는 논리학, 화용·대화론, 수사학을 포괄하는 관점에서 논증 도식을 체계화하였다. Toulmin(1958)의 논증 모형을 기반으로, 이미 만들어진 보장(추론 규칙)을 사용하는 도식과 보장(추론 규칙)을 새롭게 만드는 도식으로 구분하고, 이와는 별개로 유추에 의한 도식과 권위에 의한 도식을 추가하여 크게 4개의 유형을 제시하였다.

첫 번째 유형은 '보장을 사용하는 도식'으로 여기에는 정의, 유·종 관계, 부분·전체 관계 등 포함 관계를 밝혀 주장을 뒷받침하는 '포함 도식', 동일성, 유사성, 차이 등을 밝혀 주장을 뒷받침하는 '비교 도식', 모순, 정반대, 불일치, 양립 불가 관계 등을 밝혀 주장을 뒷받침하는 '대당 관계 도식', 원인·결과, 행위·결과, 수단·목적 관계를 밝혀 주장을 뒷받침하는 '인과 도식'이 있다.

두 번째 유형은 '보장을 만드는 도식'으로, 이 유형은 한두 개의 사례를 이용하여 다음 논증에서 사용할 보장을 만들어 내는 논증이다. 여기에서는 보장을 귀납적으로 이끌어 내는, 즉 서로 관련된 유사한 사례들을 제시한 뒤 이를 근거로 보편적 명제를 이끌어 내는 '귀납적 예시 도식'과 개별적 사례들로부터 보장을 이끌어 내고 이를 바탕으로 결론을 도출해 내는, 즉 대표성 있는 사례를 제시하여 보편적 명제를 이끌어 내고 결론을 뒷받침하는 '설명적 예시 도식'이 있다.

세 번째 유형은 '유추 도식'으로, 어떤 일반적 보장이 포함되지 않는, 즉 전제로 사용되지도 않고 결론으로 만들어지지도 않는 사례별 논증이다. 잘 알려진 유사한 상황에 빗대어 주장을 뒷받침하는 방식이다

네 번째 유형은 '권위 도식'으로, 보장을 세우기 위해 권위자를 사용

하는 것으로, 다른 유형의 보장과는 달리 의미 관계가 훨씬 더 구체적이다. 영향력 있는 사람의 발언이나 신빙성 있는 자료 등에 기대어 주장을 뒷받침하는 방식이다.

(4) Breton(1996)의 논증 도식

Breton은 실제 의사소통에서 논증이 행해지는 상황을 고려하여 논증 도식을 제안하였다. 그에게 논증한다는 것은 이유나 근거를 구상하는 것 이상의 의미이다. 논증한다는 것은 의사소통하는 것이며 다른 사람에게 말을 거는 것이고, 상대를 설득할 수 있을 만한 훌륭한 이유를 제시하는 것이다. Breton(1996)은 수신자의 동의를 이끌어 내는 설득 기제로부터 논증 도식을 추출하였다. Breton(1996)은 전제가 수신자의 동의를 얻을 수 있는 근원은 공명, 호기심, 이익에 있다고 규정한다. 공명은 우리가 이미 세상에 대해 지니고 있는 관점, 즉 우리가 이미 알고 있고 익숙해져 있고 정상적인 것이라고 생각하는 것에 공감하는 것이다. 호기심은 우리의 내면에 있는 변화에 대한 욕구와 새로운 것에 대한 동경, 탐험에 대한 욕망을 자극하여 청중의 동의를 이끌어 내는 것이다. 이익이란 논증으로부터 기대할 수 있는 내적·외적 이익을 통해 수신자의 동의를 이끌어 내는 것이다(Breton, 1996: 41-42).

Breton은 동의를 유도하는 세 가지 근원을 바탕으로, 논증의 유형을 권위에 의한 논증, 공통 전제를 사용하는 논증, 프레임 재설정의 논증으로 나누었다.

'권위에 의한 논증'은 권위를 활용하여 수신자가 그들에게 제시된 것이 개연적이고 받아들일 만한 것이라고 판단하게 하는 것이다.

'공통 전제를 사용하는 논증'은 공동체가 함께 지니고 있는 공통의 견해나 가치, 믿음을 사용하여 논증하는 것이다. 공통으로 받아들여지는 견해는 너무 보편화되어 때로는 논증의 효용성을 떨어트리고 진부하게 느껴질 수도 있으나, 합의를 이끌어 내는 데 유용하다.

'프레임 재설정의 논증'은 가치의 변화를 꾀하는 논증이다. 권위나 공통 전제를 사용한 논거가 기존의 세계를 의미한다면, 프레임 재설정은 새로운 것, 다른 시각을 추구하며, 가치의 변화를 꾀한다. 이는 현실을 다른 각도에서 바라볼 수 있도록 하여 청중에게 새로움을 주며, 새로운 질서를 형성하게 한다. 다만 이 새로움은 전혀 동떨어진 새로움이 아니라 기존의 것과 관련성을 갖는 새로움으로, 재설정의 논거에는 '정의', '표현', '결합과 분리' 세 범주가 있다.

'정의'는 특정한 주장을 정당화하기 위해서 대상이 가지고 있는 여러 가지 개념 속성 중에서 주장을 뒷받침할 수 있는 속성을 하나 선택하고 그것의 개념을 창의적으로 재설정하는 것이다. 논증을 위한 일종의 조작적 정의라고 할 수 있다.

'표현'이란 표현법을 달리하여 설득력을 강화하는 것이다. 모든 논증은 선택된 사실과 가치를 특정한 언어로 그리고 그 중요도에 걸맞게 강조점을 두어 특별하게 표현한다. 서술 방법과 묘사 방법의 선택, 가치 판단이나 비중 부여 등은 선택된 몇몇 특성만을 분리하여 표현한다는 점에서 재설정의 논증으로 분류할 수 있다.

'결합'의 논증은 기존의 요소들을 새롭게 결합함으로써 새로운 현실을 창조하는 것으로, 결합을 통한 재조직은 세계에 대한 새로운 시각을 열어 주어 설득력을 발휘한다. 결합과 함께 현실을 재배치하는 논거는 분리의 논증이다. '분리'는 하나의 세계를 두 개로 구분하여 새로운 세계를 생성하게 하는 것이다. 제안된 어떤 견해가 받아들여지지 못하면 그 견해에 포함된 요소들을 분리하여 상대방에게 받아들여질 수 있는 것만이라도 수용되도록 하려는 것이다.

Breton(1996)의 논증 도식은 수신자의 동의를 이끌어 낼 수 있는 설득의 기제에 대한 고찰로부터 출발했다는 점, 유형을 분류할 때 최상위 분류 기준을 기존 세계의 질서를 바탕으로 하는 것과 새로운 세계의 질서를 바탕으로 하는 것으로 간결 명료화했다는 점에서 시사하는 바가 크다. 하지만 각 유형 간 층위가 위계적이지 못한 한계는 남아 있다. 권위에 의한 논증은 공통 전제의 논증 속에 포함될 가능성이 있으며, 프레임 재설정 논증의 하위 유형 중 표현법을 달리하는 것은 다른 하위 유형과 층위가 맞지 않다는 한계가 있다. 또한 권위에 의한 논증과 공통 전제를 사용한 논증은 공명이라는 설득 기제에 기반한 것이며, 프레임 재설정의 논증은 호기심에 기반한 것이라 할 수 있는데, 이익에 기반한 논증을 제시하지 못한 점도 아쉬움으로 남는다.

(5) 이광모 · 이황직 · 서정혁(2006)

이광모·이황직·서정혁(2006)은 논증에서 이유와 주장이 결합하는 방식을 크게 다섯 가지로 제시하고, 각각의 논증 방식이 어떤 영역에서 효율적으로 사용될 수 있는지 논의하였다.

첫 번째는 '일반화에 의한 논증'이다. 선택한 몇 개의 예를 일반화시켜 주장의 정당성을 제시하는 논증으로, 사회 과학을 포함한 대부분의 학문 영역에서 흔히 사용된다.

두 번째는 '원인과 결과에 의한 논증'이다. 이러한 형태의 논증은 자연 과학적 탐구에서 전형적으로 사용되는데, 자연 과학자들은 어떤 현상을 설명하면서 그 원인이 무엇인지 밝히는 것이 과학이 추구해야 할 일차적 노력이라고 생각하기 때문이다. 어떤 주장을 하면서 충분히 정당화된 상태의 원인을 제시하는 것은 그 주장의 신뢰성을 제공하기에 충분하다.

세 번째는 '유비에 의한 논증'이다. 이 논증은 비교되는 두 상황이 본질적으로 같은 특성을 갖기 때문에 하나의 상황 속에서 발견된 현상들은 다른 상황에서도 발견될 것이라는 전제 속에서 성립된다. 이와 같은 논증은 엄밀하게 원인을 밝혀야 하는 과학적 탐구에서 사용되기보다는 신학 혹은 문학 영역에서 많이 사용되는 형태의 논증이며, 일상적인 대화 속에서도 빈번히 사용된다.

네 번째는 '권위에 의한 논증'이다. 논리학의 관점을 엄격하게 적용한다면 권위에 근거한 논증은 '사람에 의한 논증'으로 오류로 간주될 수도 있다. 하지만 일상생활 속에서 전개되는 많은 논증들은 권위에 의거하고 있다. 신문 기사에 근거해서 어떤 주장을 하거나, 전문가의 견해에 의지하여 주장을 하거나, 여론에 기대어 주장을 하는 것들 모두 권위에 의한 논증이다. 이때 중요한 것은 그 논증이 얼마만큼 신뢰를 받고 있는 권위에 근거하고 있는가이다.

다섯 번째는 '표본에 의한 논증'이다. 이는 몇 가지 표본에 의거해서 자신의 주장을 정당화는 논증이다. 표본에 의한 논증에서 그 표본은 특정한 형태의 예가 될 수도 있고, 또는 사건을 예측 가능하게 하는 징후가 될 수도 있다.

이광모·이황직·서정혁(2006)의 논증 도식 분류는 지나치게 상세하고 복잡한 Perelman & Olbrechts-Tyteca(1958)의 분류 방식과 지나치게 간명한 van Eemeren & Grootendorst(1992)의 분류 방식 사이에서 중도적 수준을 유지하고 있다. 그러나 표본에 의한 논증은 일반화에 의한 논증이나 유비에 의한 논증 속에 포함될 수 있는 가능성이 있다는 점에서 고유성이 부족하다.

(6) Walton et al.(2010)

Walton et al.(2010)는 논증 도식에 대한 그간의 논의 역사를 두루 개관하며, 일상생활 속에서 전개되는 논증 상황을 비롯하여 법정 논증이나 과학적 추론 등의 전문적이고 특수한 상황까지 고려하여 거의 모든 논증 도식의 개요를 제시하고자 하였다. 이들은 비형식 논리학에서 다루어진 오류 유형, 상대의 감정·성격·지위·처지 따위에 호소하는 대인 논증까지를 논증 도식에 포함하여, 상위 종류 60개, 하위 종류 101개에 달하는 논증 도식을 제시하며 논증 도식의 개념을 확장하였다. 그리고 각 논증 도식의 개요와 비판적 의문 목록을 제시하였다.[7] 논증 도식별 번호는 널리 알려지고 중요하다고 생각되는 순서에 따라 붙여졌다.

중요하다고 판단된 논증 도식들 중에는 전문가의 의견에 기대는 논증 도식, 관습에 기대는 논증 도식, 유추에서 비롯된 논증 도식, 원인과의 상관관계에 의한 논증 도식, 긍정적인 결과에서 출발하는 논증 도식, 부정적인 결과에서 출발하는 논증 도식, 징후에서 비롯된 논증 도식 등이 있다. 각각의 논증 도식 중 일부는 다시 하위 유형을 나누어 놓았는데, 예를 들어 여론에 기대는 논증 도식은 알 만한 입장에서 비롯되는 논증, 전문가 의견에 의한 논증, 집단의 의결에 따른 논증, 고상함에 대한 호소를 통한 논증, 허영심에 대한 호소를 통한 논증, 관습에 의한 논증 등으로 나뉜다.

각각의 논증 도식마다 일정한 형식 개요를 제공하고, 해당 도식을 사

....

7 예를 들어 전문가의 의견에 기대는 도식의 경우, 다음과 같은 개요를 제시한다.

> 대전제: E는 A라는 문제가 포함된 S 분야의 전문가이다.
> 소전제: E는 A가 사실이라고 주장한다.
> 결   론: A는 사실이다.

그리고 비판적 질문을 제시한다.

> E는 전문가로서 얼마나 믿을 수 있나?
> E는 A가 포함된 분야의 전문가인가?
> A는 다른 전문 의견과 일치된 의견인가?
> E의 주장은 증거에 기초해 있는가?

용한 논증을 평가하기 위한 비판적 의문 목록을 제시한 것은 시사하는 바가 크다. Walton, Reed & Macagno(2010)가 제시한 논증 도식은 그 분류의 수준이 구체적이고, 논증의 내용적·형식적 틀로서 삼단 개요를 제공하고 있어, 상대방의 논증에 대한 비판적 이해와 평가는 물론이고, 자신의 논증을 보다 탄탄하게 구성하는 지침의 역할도 할 수 있다. 하지만 이 분류는 일정한 체계나 기준에 따라 개별 논증 도식을 유형화한 것이 아니다. 개별 논증 도식 개수가 많다 보니, 동일 층위에서 중복되는 논증도 있으며, 상위 층위와 하의 층위 간에 중복되는 논증도 있다.

(7) 기타

그 외 Brockriede & Ehninger(1960)는 논증을 현실의 구조에 근거한 논증(원인, 징후, 일반화, 상황의 상관관계, 유추, 분류), 권위에 의한 논증, 한 사람의 동기나 욕구에서 이끌어낸 논증으로 구분하였다. Fasol(1989)은 권위 논증, 인과 논증, 예시 논증, 귀납 논증, 연역 논증, 유추 논증을 제안하였다. Vines & Shaddix(1999)는 권위 논증, 반박 논증, 원인 논증, 모델 논증을, Freeley & Steinberg(2005)는 예에 의한 추론, 유추에 의한 추론, 인과 추론, 기호적 추론을 논증 유형으로 제시하였다.

한편 서영진(2011)은 논증적 소통 행위를 구성하는 요소로서 논증 메시지·논증 참여자·논증 맥락을 기반으로 논증 도식을 분류하였다. 메시지 내용의 내적 추론 관계로부터 논리적 정합성을 확보하여 설득하는 유형, 참여자의 심리에 기대어 설득하는 유형, 소통 행위 외부에 존재하는 상황 맥락에 기대어 설득하는 유형으로 나눈 후, 기존 논의에서 제안된 논증 도식들을 각 유형의 하위 종류로 제시하였다. 논증 메시지의 내적 추론 관계로부터 설득하는 유형으로는 연역에 의한 도식, 귀납에 의한 도식, 유비에 의한 도식, 인과에 의한 도식, 추정에 의한 도식을 제시하였다. 참여자의 심리에 기대는 유형으로는 기대감에 의한 도식을 제시하였고, 상황 맥락에 기대는 유형으로는 권위에 의한 도식을 제시하였다.

이후 서영진(2012b)은 TV 시사 토론 담화를 분석하여 한국의 의사소통 문화에서 관습적으로 널리 활용되고 있는 논증 도식을 유형화하였다. 주장과 이유의 관계 맺음 방식이나 이유가 주장을 정당화하는 방식이 유사한 것을 묶어서 일정하게 유형화한 결과, 귀납 도식, 연역 도식, 인과 도식, 기대감 도식, 권위 도식, 분리 도식, 유추 도식, 추정 도식으로 총 8개의 논증 도식을 추출하였다. 귀납 도식, 유사 연역 도식, 인과 도식, 권위 도식, 유추 도식, 분리 도식은 논증 도식의 유형에 대한 기존의 여러 논의를 통해서 이미 널리 알려져 온 것들이다. 하지만 추정에 의한 논증과 기대감에 의한 논증은 새롭게 확인된 도식이다. 추정 도식은 기존 논의에서 언급된 적이 없었지만, 적어도 TV 토론에서는 인과 논증, 권위 논증, 유추 논증보다 적극적으로 활용되고 있었다.

Q. 논증 도식에 대한 다양한 분류 방식 중 어떤 것을 선택해서
교육해야 하는가?

논증 도식에 대한 논의 중, 국어 교육의 논증 교육 연구에서 가장 널
리 원용되고 있는 것은 Kienpointner(1992)의 분류 방식이다.

Kienpointner(1992)의 분류 방식은 van Eemeren & Grootendorst
(1992)로 대표되는 화용·대화론의 분류가 지나치게 단순하여 모든 논증
도식을 포괄할 수 없다는 문제점, Perelman & Olbrechts-Tyteca(1958)
로 대표되는 신수사학의 분류 방식이 수사적 기법 측면에서 접근해 비체
계적이라는 문제점, 기존 논증 교육을 지배하고 있던 연역과 귀납으로 양
분되는 형식 논리학의 분류가 일상어에 적용될 때 생기는 문제점 등을 극
복할 수 있는, 포괄성과 설명력을 갖춘 것이라고 평가된다(민병곤, 2004:
64). 이에 민병곤(2004)이 Kienpointner(1992)의 논증 도식을 기준으로 6,
8, 10학년 학습자의 논술문과 토론 담화를 분석한 이후, 상당수의 연구들
이 Kienpointner(1992)의 논증 도식을 분석 기준으로 활용하였다(진영란,
2005; 김인애, 2007; 김현미, 2014; 권회경, 2008; 여정민, 2011 등). 국어 교육학
연구의 영향을 받는 한국어 교육 연구에서도 외국인 학습자의 논증 텍스
트를 분석하기 위한 기준으로 Kienpointner(1992)의 분류 방식에 기대는
경향이 강하다(채윤미, 2016; 이정현, 2018; 홍혜준, 2008 등).

하지만 Walton(1996: 46)에 따르면, Kienpointner(1992)의 분류는 추
상적 차원의 일반화에 의한 것으로, 구체적인 상황에 대입하기 어렵다.
Kienpointner의 분류를 기준으로 하여 학습자들이 생산한 논증 담화나

논증 텍스트의 논증 도식을 분류한 선행 연구들을 살펴보면 일부 도식의 사례는 나타나지 않은 것으로 보고되고 있다. 실제로 Kienpointner(1992)의 논증 도식을 토대로 학습자들이 생산한 논증 담화 및 논증 텍스트를 분석한 민병곤(2004)에 따르면, 학습자의 논증 텍스트를 분석한 결과, 포함 도식과 설명적 예시 도식은 사용되지 않았다. 김인애(2007) 역시 학습자의 논증 텍스트에서 사용된 도식을 확인한 결과, 포함 도식과 반대 도식은 사용되지 않았다. 6학년 학습자의 토론을 분석한 권회경(2008)에서도 포함 도식과 반대 도식은 사용되지 않았다. 이종철(2009)은 100여 편의 광고를 대상으로 논증 도식 양상을 살폈다. 광고 언어라는 특수성을 감안해야 하겠지만, 인과 도식, 귀납적 예시 도식, 권위 도식은 압도적으로 많이 사용되고, 설명적 예시 도식과 유추 도식은 매우 드물게 사용되며, 그 외 포함 도식, 비교 도식, 대당 관계 도식은 찾아보기 어렵다고 하였다.

이러한 결과가 나타난 것은 연구 대상 학습자의 능력 수준이 해당 도식을 활용할 수 있는 정도까지 발달하지 못했기 때문일 수 있다. 과제로 제시된 논제의 성격이나 논제에 대해 학습자가 취하고 있었던 입장이 다양한 도식을 활용하기에 적절하지 않았기 때문일 수도 있다. 학습자의 텍스트를 분석하는 과정에서 개별 연구자 나름의 판단으로 해당 도식의 사용을 간과했을 수도 있다.

다만, Walton(1996)의 지적대로 애초에 구체적인 담화나 텍스트로 실현될 가능성이 낮은 도식이었다면 그 도식이 나타나지 않은 것은 당연한 귀결이라고 할 수 있다. 그렇다면 그런 도식의 활용을 학습자에게 요구하거나 논증 도식 활용과 관련된 가상의 발달 단계를 설정하는 것은 합당하지 못하다.

또한 Kienpointner(1992)의 8가지 논증 도식 유형만을 전범으로 하여 학습자들이 생산한 텍스트나 담화의 논증 도식을 분류하다 보면, 8가지 범주에 포함되지 않는 도식은 그것이 비록 그 담화 공동체에서 일정하게 사용되고 있는 도식임에도 불구하고 분석 대상에서 제외될 수밖에 없다. 물론 학습자들의 논증 능력 발달 수준을 고려했을 때, 학습자들이 창의적인 논증 도식을 적극적으로 생산하는 것에는 한계가 있다. 그러나 Kienpointner(1992)가 추상적 차원에서 일반화시킨 범주에 포함되지 않는 논증 도식도 있을 수 있음을 간과해서는 안 된다. 이에 우리 문화권에서 관습적으로 활용되는 논증 도식을 찾아보고, 가장 전형적이고 대표적인 논증 도식 유형을 엄선하여 학습자들에게 교육 내용으로 제공하기 위한 기초 연구가 필요하다.

3) 논증 교육을 위한 논증 도식의 재구조화

논증적 소통을 위한 전략으로 논증 도식을 가르치고자 할 때, Kien-pointner(1992)의 논증 도식을 가르칠 수도 있다. 하지만 전술했듯이, Kienpointner(1992)의 논증 도식 중에서 실제로 나타나지 않는 도식도 있고, 실재하지만 Kienpointner(1992)의 논증 도식 중 어느 하나로는 유형화하기 어려운 도식도 있을 수 있다. 그러므로 논증 교육 내용으로서 학습 가치가 있는, 교육적으로 유의미한, 학습자들이 쉽게 학습하여 실제 논증에서 두루 사용할 수 있을 만한 논증 도식을 재구조화할 필요가 있다.

하지만 학습자들이 논증 담화 및 텍스트 이해 및 표현 전략으로 활용할 수 있을 정도의 구체성이 확보되는 도식, 실제 논증 담화 및 텍스트 전개에 널리 활용되는 전형성을 갖춘 도식, 다른 상황에서도 충분히 활용할수 있는 전이 가능성이 높은 도식에 대한 기초 연구가 부재한 상황이다. 다만 지금까지 축적된 연구 성과를 토대로, 선행 연구에서 공통적으로 확인되는 도식을 중심으로 논증 도식을 재구조화할 수는 있을 것이다.

선행 연구에서 제시한 논증 도식을 주장과 이유의 관계 맺음 방식이 유사한 것끼리 묶어 재구조화하면 [표 2-2]와 같다.

(1) 유사 연역 도식

유사 연역 도식은 보편적 다수로부터 '진리임 직한' 것으로 인정되는 전제를 바탕으로, 자신이 주장하는 바가 이미 전제에 포함된다는 사실을 드러내는 방식으로 상대의 동의를 이끌어 내는 것이다. 즉 전제가 결론을 연역적으로 함축하고 있음을 드러내어 주장을 정당화하는 방식이다. 논리학적인 연역 논증에서처럼 완전한 참으로서의 진리를 증명하는 것이 아니라 연역 논증에 준한다는 점에서 유사 연역 논증 도식이라 할 수 있다.

[표 2-2] 논증 도식 분류 종합

특징	Perelman & Olbrechts-Tyteca (1969)	van Eemeren & Grootendorst (1992)	Kienpointner (1992)	이광모 외 (2006)	Walton, Reed & Macagno (2010)	Brockriede & Ehninger (1960)	Fasol (1989)	서영진 (2012b)	재구조화
정의, 유종, 부분과 전체	정의		포함 도식				연역 논증		
동일성/ 유사성, 차이	비교, 동일성		비교 도식					연역	유사 연역 도식
모순, 양립 불가	비양립성		대당 관계 도식		반대 논증 도식				
원인 결과, 목적 수단	연속 결합	인과 논증	인과 도식	원인과 결과에 의한 논증	원인과의 상관관계 도식	원인	인과 논증	인과	인과 도식
귀납적 사례	예시		귀납적 예시 도식	일반화에 의한 논증		일반화	귀납 논증	귀납	귀납 도식
대표적 사례	예증		설명적 예시 도식	표본에 의한 논증			예시 논증		
유추	유사, 모델, 은유	유추 논증	유추 도식	유비에 의한 논증	유추에서 비롯된 도식	유추	유추 논증	유추	유추 도식
징후	공존 결합	징후			징후에서 비롯된 도식	징후 상황의 상관관계		추정	징후 도식
권위			권위 도식	권위에 의한 논증	전문가 의견에 기대는 도식	권위	권위 논증	권위	권위 도식
개념의 분리	분리							분리	분리 도식
기대감					긍정적인 결과에서 출발하는 논증 도식, 부정적인 결과에서 출발하는 논증 도식	동기나 욕구에서 이끌어 낸 논증		기대감	기대감 도식

전제가 결론을 연역적으로 함축한다면, 그 전제는 명백하게 결론과 관련되며 그 결론을 논리적으로 완전하게 지지한다. 전제가 참이라면 이는 결론의 참을 논리적으로 보장하고 증명하며 그것이 참이라고 믿을 명백한 이유를 제공한다. 하지만 일상의 소통 상황에서는 이러한 형식을 엄격하게 지키는 연역 논증을 사용하는 경우가 드물다. 일상의 논증에서 가장 많이 사용되는 연역 논증은 생략 삼단 논법의 형태를 띠고 있으며, 보편적으로 인정되는 대전제를 근거로 미확증적 결론을 연역적으로 추론하는 방식이다. 엄격한 연역 추론과 달리 대전제와 전제가 명증적 진리가 아닌 진리임 직한 성격의 것이며, 전제나 결론이 경우에 따라 생략될 수 있다는 점에서 유사 연역 논증이라 할 수 있다.

이렇게 전제와 결론 간의 연역적 함축성을 바탕으로 한 논리 전개 방식은 타당성과 건전성을 엄격한 수준으로까지 요구하지는 않는다. 전제는 명징한 진리가 아니라 보편적으로 인정되는 진리임 직한 것이며, 전제나 결론은 경우에 따라 생략될 수 있다. 논증의 습득 단계에 있는 학습자들에게 논리적 형식의 타당성을 엄격하게 따져 보게 하는 것은 학습 가능성이 크지 않기 때문에, 연역적 추론이 전개되는 논리적 추론 방식을 고려하여 정의, 비교, 반대 등 세부 유형까지 구분할 필요는 없을 것이다.

실제 토론 상황에서 유사 연역 도식이 사용된 사례를 살펴보면 다음과 같다.[8]

A: 우리가 생명의 절대적인 가치를 가진 대상이라는 것에 대해서 아마 크게 부인할 사람은 없을 겁니다. 누구든지 생명이라고 하면 하나밖에

---

8 이후부터 논증 도식 유형별로 제시되는 사례는 서영진(2012b)에서 분석한 토론 담화의 일부임을 밝혀둔다.

없기 때문에 그리고 생명의 가치는 누구든지 동등하기 때문에 그래서 헌법은 인간의 존엄과 가치를 보장해 주는 가운데서 생명권이라는 것을 우리가 명시적으로 보장하진 않지만, 생명에 대해서 존중하고 있고, 범죄자라고 해서 예외를 둬서는 안 됩니다.

B: 헌법에 의무교육은 무상으로 한다 명시되어 있습니다. 초등학교에 들어가면 책을 무료로 주죠. 수업료도 면제입니다. 바로 무상 급식도 무상 교육 차원에서 반드시 이뤄져야 합니다. 이것은 우리 학생들의 권리이고 국가가 해야 할 책무입니다. 국가가 해야 할 의무입니다.

C: 일반 의약품에 대한 정의는 오남용에 우려가 적고 의사의 처방 없이 안전하게 사용할 수 있는 또 의사의 전문 지식이 없이도 안전성과 유효성을 확보할 수 있는 의약품, 또 비교적 부작용이 적은 의약품. 그렇게 해 놓고 이외의 것은 전문 의약품이라고 약사법에 규정해 놓고 있습니다. 우리가 논의하는 것은 그중에서도 일반 의약품이므로 안전성은 크게 문제 되지 않습니다.

A는 생명의 절대적 가치는 예외 없이 존중받아야 한다는 누구나 동의할 수 있는 전제를 바탕으로 범죄자 역시 한 인간으로서 그의 생명은 존중받아야 한다는 결론을 이끌어 내어, 사형 제도를 반대하고 있다. B는 헌법에 제시된 '의무교육은 무상으로 한다.'라는 조항을 전제로 급식도 교육에 포함되므로 무상으로 실시되어야 한다는 결론을 이끌어 내며 무상 급식 전면 실시에 찬성하는 주장을 정당화하고자 한다. C는 일반 의약품에 대한 정의를 바탕으로, 그 정의가 연역적으로 함축하고 있는 것을 고려할 때 반대측의 주장은 타당하지 못하다고 반박한다.

유사 연역 도식은 Perelman & Olbrechts-Tyteca(1958)에서 논의한 비양립성의 논거, 동어반복의 논거, 상호성의 논거 등을 포함한다. Kienpointner(1992)의 포함 도식, 모순이나 불일치 또는 비양립성에 기반을 둔 대당 관계 도식, Walton, Reed & Macagno(2010)의 반대 논증 도식도 유사 연역 논증의 범위에 포함하여 볼 수 있다.

유사 연역 논증의 적절성과 강도는 타당성과 건전성에 의해서 결정된다. 이때 '타당하다'라는 말은 결론의 내용이 전제 안에 들어 있다는 의미로 논증의 형식적인 구조를 평가하는 것이다. 한편 '건전하다'라는 말은 이유로 제시되는 전제들이 참이라는 의미이다. 만약 형식이 타당하고, 전제도 참이라면 결론은 필연적으로 참일 수밖에 없다. 이에 연역 논증을 점검할 때는 전제의 사실성, 전제의 적용 가능성, 전제의 예외성을 검토할 수 있다.

(2) 귀납 도식

귀납 도식은 전제와 결론 간의 규칙적 제일성 관계에 기반한 도식이다. 귀납 논증에서 전제들은 과거의 경험적 진술로 이루어져 있고, 경험했던 과거의 규칙성이 앞으로도 지속하리라는 가정, 즉 '자연의 제일성'이라는 가정에 의존하여 결론을 뒷받침한다. 자연의 제일성이란 자연의 모든 것은 특별한 변동 요인이 없는 한 기존에 유지되던 질서가 앞으로도 계속 유지될 것이라는 가정이다. 예를 들어, 이제까지 해는 동쪽에서 떠서 서쪽으로 졌으므로 내일도 그러하리라고 추론하는 것이다. 모델로 삼을 수 있을 만한 선진국의 성공 사례를 제시하고 그것을 근거로 자신의 주장을 정당화하려고 시도하는 것 역시 사례의 일반화를 통해서 설득하는 것이다.

실제 토론 상황에서 귀납 도식이 사용된 사례를 살펴보면 다음과 같다.

A: 오판 가능성, 아주 예외적이라고 말씀하셨는데요. 미국 사법 통계국에서 공식적으로 내놓은 자료입니다. 1973년부터 2004년까지 만 30년 동안 통계를 내서 보니까 그동안 사형수로 복역하다가 결백이 입증되어서 석방된 사형수가 무려 119명이었습니다.

B: …엄마들 의견 많이 듣고 있거든요. 그럼 저소득 가정임을 입증하는 아까 그 서류들, 뭐 수치스럽지 않다고 어느 국회의원이 말씀하시는데 절대 그렇지 않습니다. 밑바닥의 현실적인 그런 것들을 보시면 그 엄마들 굉장히 가슴앓이 많이 하고 계시거든요.

C: 제 개인적인 경험담으로는 제가 고등학생일 때 담임 선생님께서 몇몇 문제아들을 계도하려고 일정 성적을 달성하면 이제 체벌을 안 하시겠다고 했는데 그 후에, 시험 본 후에 그, 달성한 학생들에 대해서는 반에서 타의 모범으로 칭찬해 주셨고 못한 애들한테는 약속대로 그, 체벌하시고 훈계하셨는데요, 그 뒤에 효과가 나타나서 그, 문제, 다른 문제 학생들도 그, 자극을 받아서 같이 성적을 올리는 데 일조했고 학우들끼리 사이도 더 좋아졌습니다.

D: 예를 들어 제가 약국 가서 소화제 주십시오, 박카스 주십시오, 해 봤습니다. 그러면 그냥 줍니다. 이른바 복약 지도라는 거 없이 약국 가서서 달라고 그러면 그냥 줍니다. 이런 거 많이 겪으셨을 겁니다.

E: 스위스나 벨기에 같은 나라는 아예 그, 저, 다 무상 급식이 없습니다. 핀란드나 스웨덴은 5만 불 약간 넘는데 노르웨이는 9만 5천 불입니다. 그 나라는 무상 급식은 없고 과일만 제공합니다.

F: …선진국들은 대개 법률상으로나 그 밖의 사항으로 체벌을 금지하고 있어요. 영국이 그렇고 일본이 그렇고….

A는 오판 사례 수에 대한 통계 자료를 활용하여 오판 가능성이 높다

는 것을 입증하고 이를 바탕으로 사형 제도 폐지를 주장하는 것이다. B는 낙인 효과를 방지하기 위해서는 무상 급식이 필요하다는 주장을 정당화하는 과정에서, 낙인감의 존재 자체를 부정하는 상대 토론자에게 선별 급식으로 인한 낙인감은 실제로 존재한다는 것을 간접 경험으로 증명해 보인다. C는 체벌이 효과가 있다는 것을 토론자 자신의 직접적 경험을 바탕으로 입증하며 체벌에 찬성하는 논증을 하고 있다. D는 약은 약국에서 복약 지도를 받고 사야 한다고 주장하는 상대 토론자에게, 약국에서 복약 지도가 실제로 이루어지는 경우는 매우 드물다고 반박하는데, 자신의 직접 경험을 근거로 하고 있다. 이것들은 모두 토론자가 직접적이거나 간접적으로 경험한 사례를 일반화시켜 자신의 주장을 정당화하는 이유나 근거로 활용하는 것이다.

E는 한국에서 무상 급식을 실시하는 것은 타당하지 않다는 것을 주장하기 위해서 국민소득이 높은 북유럽 국가들에서도 무상 급식은 시행하지 않는다는 것을 근거로 제시하고 있다. 즉 복지 국가로 알려진 북유럽의 사례를 통해서 무상 급식 전면 실시는 정당성이 없다는 것을 일반화하고자 한다. F 역시 선진국에서는 체벌을 하지 않고 있다는 사실을 근거로 체벌은 보편타당한 방법이라 할 수 없다고 일반화하고 체벌 금지를 주장한다. 이들 사례는 모델이 될 만한 선진국의 사례를 제시하고, 그 사례를 보편타당한 것으로 일반화하여 상대를 설득하고자 하는 경우이다.

정통 논리학에서는 인과 논증, 유추 논증 등도 귀납 논증의 하위 유형으로 설명한다. 논리학적 관점에서의 귀납 논증은 개연성을 바탕으로 전제가 참이더라도 결론이 참이 아닐 수 있는 논증이다. 귀납 논증의 본래적 정의에 따르면 일상의 대부분의 논증 도식은 귀납 논증에 포함될 가능성이 높다.

하지만 여기서는 구체적 사례를 바탕으로 일반화를 시도하는 경우에 대해서만 귀납 논증 도식이라 한다. 즉 명시적이든 암묵적이든 전제에서 어떤 집합에 속한 구성원들에 대한 관찰 사례를 열거하고, 결론에서 그 집합 전체에 대한 일반화된 진술을 하거나 관찰하지 않은 그 집합의 다른 구성원에 대해 진술하는 것이다. 이 경우 결론은 보편적 결론이거나 제한적 결론이거나 개별적 결론일 수 있다.[9]

귀납 도식은 Perelman & Olbrechts-Tyteca(1958)의 '예시', '예증', Kienpointner(1992)의 '귀납적 예시 도식', '설명적 예시 도식', 이광모 외(2006)의 '표본에 의한 논증', '일반화에 의한 논증', Walton, Reed & Macagno(2010)의 '예시 도식', Ehninger & Brockride(1960)의 '일반화 논증', Freeley & Steinberg(2005)의 '예에 의한 추론' 등과 비견한다.

귀납 도식의 적절성과 강도는 구체적 사례와 주장의 유기성, 이유의 충분성·전형성·대표성, 반례의 존재 여부 등에 의해 결정된다. 즉 제시한 이유들을 종합할 때 주장이 도출될 수 있을 정도로 이유와 주장이 논리적으로 연결되는지, 특정한 또는 일부 사례의 수는 충분한지, 그 사례는 해당 집단을 대표하는 전형적인 사례인지, 주장을 부정하는 사례는 없는지 등을 통해 해당 논증의 적절성을 점검하고 평가할 수 있다.

(3) 유추 도식

유추 도식은 전제와 결론 간의 유사성 관계에 기반한 도식이다. 어떤 특수한 현상이나 사건을 설명함에 있어서 유사하지만 상이한 과거의 다른 사실에 비유하여 설명하거나, 그러한 현상이나 사건들을 통념화된 관습적 규범에 빗대어 제시해 그 규범의 보편성을 유추적으로 추론하는 방

....

9 통상적으로 논리학에서는 보편적 결론을 도출하는 귀납적 일반화를 매거 논증이라 하고, 개별적 결론을 도출하는 귀납적 개별화를 통계 논증이라 한다.

식이다. 유추는 직접적인 추론이 어려운 경우에 사용된다. 유추는 이미 널리 알려져 쉽게 이해되고 받아들여질 수 있는 상황이나 명제에 빗대어, 알려지지 않은 것을 새롭게 주장하고자 하는 상황에서 사용된다. 유추 논증은 낯설고 불명확한 경우를 분명하게 만들기 위해 우리가 익히 알고 있거나 수긍할 수 있는 경우를 제시함으로써 시작한다. 즉 우리에게 친숙한 경우가 갖고 있는 특성들에 기초하여 우리에게 낯선 경우에 관한 결론을 이끌어 낸다. 동물 실험을 통한 반응의 적합성 여부를 가려 인간에 대한 해당 약품의 임상적 작용을 결정하는 것이 대표적인 예이다.

실제 토론 상황에서 유추 도식이 사용된 사례를 살펴보면 다음과 같다.

A: …일반적인 문제를 가지고 이야기를 해야지 예외적인 케이스를 가지고 이런 오판이 있을 수 있으니까, 자동차 이야기하고 비슷한 거예요. 자동차가 위험하니까 자동차를 없애자는 이런 논리랑 똑같은 거예요. 사고가 나고 많은 사람들이 죽으니까 자동차 운전하지 말게 하자는 거나 오판 가능성이 만에 하나 있으니까 아예 사형 없애자는 거나….

B: 그런 나라가 갖고 있는 인프라에 대한 노력과 논의는 하지 않고 그 나라에 보니까 법이, 그 나라의 법이 규제를 안 하는 이유는 법으로 규제할 필요가 없을 정도로 이미 인프라가 와 있기 때문이지 거기서 그 밑의 인프라는 생각을 안 하고 법에 맞춰서, 그건 마치 큰 옷을 입고 싶은 욕심이 있는 사람이 큰 옷을 입으면 저절로 키가 클 거 같다는 그런 착각인 거하고 같은 말씀입니다.

A는 오판으로 인해 무고한 피의자가 사형될 수 있으므로 사형 제도는

폐지되어야 한다고 주장하는 상대방의 논리를 자동차 사고에 빗대어 해석하고 있다. B는 사회 인프라 구축은 외면하고 법만을 강조하는 상대방의 논리를 큰 옷을 입고 싶어 하는 욕심에 빗대고 있다. 이들 사례는 자명하게 수용되는 구체적인 사실에 기대어 자신의 논리를 강화하는 것이다.

유추 도식은 van Eemeren & Grootendorst(1992)의 '유추 논증', Kienpointner(1992)의 '유추 도식', '비교 도식', Walton, Reed & Macagno(2010)의 '유추에 의한 논증', 이광모 외(2006)의 '유비에 의한 논증', Freeley & Steinberg(2005)의 '유추에 의한 추론', Ehninger & Brockride(1960)의 '유추 논증' 등과 비견한다.

유추 논증의 적절성과 강도는 비교되는 대상들이 공유하고 있는 유사점의 충분성, 비교 특성의 대표성, 비교 특성들 간의 관련성, 비교되는 대상 사이의 상이성 등에 의해 결정된다. 비교 대상 간의 유사성이 충분해야 하며, 대상의 특성 중 대표적인 특성을 바탕으로 두 대상 간의 관련성을 확보해야 한다.

(4) 인과 도식

인과 도식은 전제와 결론 간의 인과성 관계에 기반한 도식이다. 대개 귀납 논증의 하위 유형으로 논의되기도 하지만, 학습자들의 논증적 소통 상황에서 널리 활용되는 도식이라는 점에서 별도로 구별할 수 있다.[10] 두 사건 간의 인과성을 밝히는 방법에는 일치법, 차이법, 일치 차이 병용법, 공변법 등 다양한 것이 있는데, 이는 원인을 밝히는 여러 가지 방법에 대한 이해를 위해 필요할 뿐이므로, 세부적인 하위 논증 도식으로까지 구분

....

10 권회경(2008: 33)과 여정민(2011: 2)은 교실 토론에서 가장 많이 발견되는 논증 도식이 인과 도식이라고 하였다.

할 필요는 없다.

　인과 논증을 사용할 때는 인과적 상관관계 자체만으로는 기저에 있는 원인을 제대로 해석하지 못할 수도 있으므로, 다음의 가능성을 고려해야 한다. 첫째, 어떤 상관관계가 단지 우연히 동시 발생한 것일 수도 있다. 둘째, 연관성이 실제로 존재하는 경우에도 상관관계 그 자체가 연관성의 방향을 설정하지는 않는다. 즉 어느 것이 원인이고 결과인지 모른다. 셋째, 어떤 다른 원인이 기저에 놓여 있어 그것이 상관관계에 있는 양쪽 모두를 설명해 줄 수도 있다. A와 B가 인과적 상관관계를 갖고 있다고 해도 A가 B의 원인이거나 B가 A의 원인이라기보다는, 또 다른 요소 C가 A와 B 둘 다의 원인일 수도 있다. 넷째, 둘 이상의 원인들 또는 복잡한 원인들이 작용하고 있을 수 있고, 그런 원인들이 동시에 여러 방향으로 움직일 수도 있다.

　실제 토론 상황에서 인과 도식이 사용된 사례를 살펴보면 다음과 같다.

　　A: …첫 번째 사건을 초동 수사에서 제대로만 했으면 이미 그전에 징후가 충분히 있었거든요. 그런 수사를, 초동 수사를 제대로 하지 않았기 때문에 20명 또는 6명의 무고한 생명을 사실은 앗아 갔다고 볼 수 있는 거기 때문에….

　　B: 낙태에 대한 강력한 규제와 실제로 임신 중절 수가 서로 상호작용을 하고 있지 않습니다. 서로 상관이 별로 없는 것으로 나타나고 있습니다.

　　C: 생명 윤리 교육이 제대로, 학교뿐만 아니라 혹은 가정에서 제대로 이게 시행되고 있지 않기 때문에 인간 생명에 대한 그 존엄성이 상실되고 있다고….

D: 게임 때문에 밤새우는 아이들이 존재하고 그것 때문에 학교에서 잠자는 아이들이 생겨나고 그렇게 때문에 그 문제는 어떻게 그러면 이 아이들을 밤에 잠을 재울 것인가라는 접근에서 셧다운제도가 나오는 것이고….

E: 게임 중독인 아이들은 그렇지 않은 아이들에 비해서 공격 성향이 높아지고 있다는 연구 결과를 바탕으로 하면 인터넷 게임과 공격은 인과 관계가 분명합니다.

A는 흉악범에 의해 희생된 사람의 수가 증가한 원인을 초동 수사의 미흡으로 지목하고 범죄가 확대 재생산되는 것을 방지하기 위해서는 결과 중심적 사형 선고보다는 예방적 차원의 방안을 강구하는 것이 필요하다고 주장한다. B는 낙태를 법적으로 규제하는 것과 낙태 시술의 증감은 상관관계가 높지 않다는 것을 근거로, 낙태를 규제하더라도 낙태는 감소되지 않을 것이므로 낙태 규제는 합리적인 방법이 아니라는 결론을 도출하고 있다. C는 인간 생명에 대한 존엄 의식을 상실하게 된 원인을 생명 윤리 교육을 소홀히 한 데서 찾고, 낙태 수를 줄이기 위해서는 낙태를 법적으로 규제하기보다 생명 윤리 교육을 강화해야 한다고 주장한다. D는 인터넷 게임 셧다운 제도가 필요하게 된 문제의 원인을 추적하고, 문제 해결을 위한 제도 도입의 정당성을 입증하고자 한다. E는 인터넷 게임과 아동의 공격 성향의 상관관계를 바탕으로 둘 간의 인과 관계를 확신하고, 아동들의 공격 성향을 약화하기 위해서 인터넷 게임을 규제해야 한다고 주장한다. 문제 현상의 원인을 분석하고 그에 상응하는 문제 해결 방안을 주장하고자 할 때 인과적 논리 전개 방식이 활용되고 있음을 알 수 있다.[11]

....

11 권회경(2008: 33)과 여정민(2011: 2)에 의하면, 교실 토론에서 가장 많이 발견되는 논증

인과 도식은 van Eemeren & Grootendorst(1992)의 '인과 논증', Kienpointner(1992)의 '인과 도식', Walton, Reed & Macagno(2010)의 '인과 도식', 이광모 외(2006)의 '원인과 결과에 의한 논증', Freeley & Steinberg(2005)의 '인과 추론', Ehninger & Brockride(1960)의 '인과 논증'과 비견한다.

인과 논증의 적절성과 강도는 추정된 원인과 결과 사이의 일관성, 시간 관계성, 충분성, 유의미성 등을 바탕으로 인과 관계가 얼마나 직접적이고 실질적이고 효과적인지를 판단하여 결정된다. 원인과 결과 간에 상호 연관성이 있는지, 제시된 원인이 유일하거나 차별성이 있는 원인인지, 즉 사건의 원인은 하나가 아니라 다른 것도 있을 수 있으므로 여러 가지 원인을 복합적으로 고려해야 하는 것은 아닌지 검토한다. 제시된 원인이 결과를 일으킬 능력이나 힘이 충분한지, 제시한 원인과 결과가 명확하여 두 사건의 원인과 결과가 바뀌지 않는 것인지, 두 사건이 동시에 또는 순차적으로 발생하였을 뿐 두 사건에 동시에 영향을 미친 제3의 원인은 없는지, 언급된 원인이 단독으로 특정 결과를 충분히 보증할 수 있는지, 주장하는

....

도식이 바로 인과 논증이다. 하지만 전문가 패널들이 참여한 TV 시사 토론을 분석한 서영진(2012b)에서는 인과 논증이 활용되는 비율은 구체적 사례를 일반화하는 논증의 절반에도 미치지 않았다. 권회경(2008)과 여정민(2011)에서는 초등학생들의 논증 텍스트를 분석하면서 '… 때문에'라는 표지를 근거로 인과 논증으로 판단하여, 인과 논증이 많이 활용된다고 논의하였다. 인과성은 논리적으로 엄격하게 밝히기 어렵기 때문에 담화 표지에 기대어 인과 논증을 확인하는 것이 일반적인 방법이기는 하다. 하지만 '… 때문에'라는 표지는 인과 도식에서만 사용되는 것이 아니다. '… 때문에'는 논리적 추론 과정에서 주장을 뒷받침하는 이유, 근거, 전제의 역할을 하는 명제를 이끄는 표지로 널리 활용된다. 즉 '… 때문에'는 인과 논증의 표지가 아니라, 이유나 전제를 이끄는 일반적인 표지이다. 인과적 상관성을 분명히 밝히기 어려워 '… 때문에' 표지를 기준으로 인과 논증 여부를 확인하는 것은 논증 도식 분류 기준을 혼란스럽게 할 우려가 있다. 여타 논증 도식의 유형 분류는 메시지들 간 내적 논리 관계를 기준으로 하면서, 인과 논증은 표지를 기준으로 한다는 것은 이중적 잣대를 적용하는 것이다.

원인과 결과의 관계를 거스르는 반대 사례가 있지는 않은지 등을 검토해야 한다. 한편 현상들 간의 인과 관계가 엄격하게 선형적인 경우는 드물어서 논증자들은 인과성보다는 다양한 상관성을 보여 주는 것으로 만족하기도 한다. 하지만 논증의 정당성을 강화하는 데에는 원인과 결과의 상관성보다 더욱 확실한 인과성으로 옮겨 가는 것이 효과적이다.

(5) 징후 도식

징후 도식은 전제와 결론 사이의 추정적 상관성에 기반한 도식이다. 이는 이미 널리 알려진 상징성이나 쉽게 확인할 수 있는 징후를 바탕으로 확인할 수 없는 잠정적인 결론을 추정해 내는 것이다. 한편 확인 가능한 여러 가지 현실적 정황 등을 종합적으로 고려할 때 확인 불가능한 특정한 결론을 도출할 수밖에 없음을 강조하는 논리 전개 방식도 추정에 기초한다는 점에서 징후 논증이라 할 수 있다. 전제와 결론 사이의 추정적 상관성에 기반한 도식은 연역적 함축성·규칙적 제일성·유사성·인과성과는 관계가 없는, 전제와 결론 간의 관계를 한마디로 명확히 규정하기 어려운 상관관계에 근거한 것이다. 즉 일상의 논증적 소통 상황에서는 전제와 결론 간에 굳이 연역적 함축성·규칙적 제일성·유사성·인과성이 없더라도 특정 전제가 결론을 충분히 뒷받침하는 경우가 비일비재하다. 겉보기에 막연한 상관성에 기반한 것이지만 그러한 근거가 충분히 제공되면 결론은 상당한 수준의 설득력과 정당성을 확보할 수 있다.

실제 토론 상황에서 징후 도식이 사용된 사례를 살펴보면 다음과 같다.

A: 가석방해 줄 거냐 말 거냐는 결정은 지금까지 그토록 사형 폐지 반대해 왔던 법무무가 결정합니다. 재범 가능성에 대해서는 정말로 여러

가지 각도에서 심사를 해서 결정합니다. 그런데 우리나라 정부가 특히 법무부가 유기징역이건 무기징역이건 가석방해 주는 데 대해서는 무지무지 인색한데 제가 지금 통계를 갖고 있진 않지만, 굉장히 인색했던 것이고 특히 유기징역 같은 경우에 가석방이라는 게 불과 만기 출소 2개월, 3개월 앞에서 겨우 해 주는 정도에 불과합니다. 무조건 가석방 가능성이 있으므로 종신형 제도는 안 된다는 말씀은 곤란합니다.

B: …태아부터 생명이라는 것은 배 속에 있을 때부터 이 생명으로 존중해 왔습니다. 우리는 원래 태어날 때부터 한 살로 쳤던 지구상의 유일한 나라입니다. …

C: …대통령 되실 때 공약한 것이 학교 만족 두 배입니다. 그런데 2009년에 39조 2천억 원이 교육 예산에 책정됐습니다. 그런데 2010년에는 오히려 줄어서 37조 8천억입니다. 바로 이러한 현주소가 관련 공약을 실천하려는 의지가 있는지 의심스럽습니다. …

　A는 사형 제도를 폐지하고 종신형 제도를 도입하면 가석방 가능성으로 인해서 살인자가 다시 범죄를 저지를 수 있다는 상대방 주장에 대한 재반론이다. 종신형 제도를 도입하게 되어 살인자가 가석방될 가능성이 있다고 하여도, 그동안 법무부의 가석방 집행 방법 등 여러 가지 징후를 고려하면 그런 일은 결코 쉽게 일어나지 않을 것이라고 추정하며, 상대방을 반박하는 것이다. B는 어느 단계부터 생명으로 간주할 것인가와 관련해서, 우리나라 나이 계산법의 상징성을 근거로 한국 사람들의 생명관을 추정하고 태아부터 생명으로 봐야 한다고 주장한다. C는 교육 예산이 삭감된 징후를 바탕으로 대통령은 공약 실천 의지가 없다는 결론을 추정해 내고 있다. 이러한 논증들은 가능한 징후를 바탕으로 확인할 수 없는 잠정적인 결론을 추론하는 특징을 보인다.

이러한 논증에서는 결론을 옹호하는 이유만 있는 것이 아니라 반대하는 이유가 있을 수밖에 없기 때문에 반대 사유가 있음에도 불구하고 자신이 제시하는 전제들이 그 반대 사유를 압도하며 우위에 있다는 방식으로 논증하게 된다. 결론이 거짓이라고 생각할 만한 더 강력한 이유나 반박이 제기되지 않으면 가설이 참이라는 것을 추정한다. 이에 추정적 논증(presumptive argumentation), 가추 추론(abductive reasoning), 그럴듯한 논증(plausible argumentation), 최선의 설명에 의한 논증(argument by the best explanation)이라고도 한다. 이 유형은 관찰한 것으로부터 관찰하지 못하는 것을 추정하는 것이기 때문에, 가설이 거짓으로 판명되면 언제든지 철회되어야 한다. 연역 논증이 엄격성 및 확실성에 기반하고, 귀납 논증이 개연성에 기반한다면, 추정 논증은 그럴듯한 추측에 바탕을 둔다고 할 수 있다. 현실적 이유로 상황이 불확실하거나 정보가 불완전하지만, 추론을 계속하거나 행동을 위한 정책을 채택하기 위한 일시적이고 잠정적 결론이 필요할 때 추정 논증이 효과적이다. 정통 논리학에서는 추정을 바탕으로 하는 논증은 애초부터 잠정적이고 불완전한 추론에 불과할 뿐이라고 보았다. 그럼에도 불구하고 추정에 의한 논증은 일상생활뿐만 아니라 과학이나 법률 분야에서 종종 활용되어 왔다. Walton, Reed & Macagno(2010)에서 제안된 많은 도식이 추정을 바탕으로 하는 논증인 까닭도 이러한 이유일 것이다.

징후 도식은 van Eemeren & Grootendorst(1992)의 '징후 논증', Ehninger & Brockride(1960)의 '상황의 상관관계 논증', '징후 논증', Freeley & Steinberg(2005)의 '기호적 추론'과 비견한다. 한편 Walton, Reed & Macagno(2010)에 제시된 대부분의 논증은 추정의 방식을 기반으로 하는 것들이다.

징후 논증의 적절성과 강도는 기호와 사건의 상호 관계성, 내재적 관련성, 밀접성, 기호나 상징의 항상성, 사건을 가리키는 기호의 충분성, 관계를 부정하거나 모순되는 기호나 상징의 존재 여부 등으로 결정된다.

(6) 기대감 도식

기대감 도식은 정책 논제에 대한 논증에서 정책 시행이 가져올 수 있는 긍정적인 결과나 부정적인 결과를 예측하고, 예측된 결과에 대한 기대감이나 우려를 바탕으로 그 행위를 추천하거나 추천하지 않는 주장을 뒷받침하는 방식이다.

이는 주장되고 있는 정책이 시행되면 그 결과로서 좋은 결과가 나타날 수 있다는 식으로 전개되므로 인과의 방식을 사용한 듯이 보인다. 하지만 긍정적 혹은 부정적 기대감을 근거로 주장을 정당화하는 것은 미래에 일어날 일을 가정하고 그것에 대한 기대감이나 두려움에 호소한다는 점에서, 과거로부터 원인을 분석하여 인과적 상관성을 밝히려는 인과 논증과는 다르다.

한편 여러 가지 예측을 바탕으로 잠정적인 결론을 추론한다는 점에서 징후 도식으로 보일 수도 있다. 하지만 징후 도식은 이미 널리 알려진 상징성이나 쉽게 확인할 수 있는 징후를 바탕으로 확인할 수 없는 잠정적인 결론을 추정해 내는 것이거나 확인 가능한 여러 가지 현실적 정황 등을 종합적으로 고려하여 결론을 도출하는 것이지만, 향후 긍정적인 결과나 부정적인 결과를 기대하는 방식은 확인 가능한 징후 없이 미래적 전망을 바탕으로 주장을 합리화한다는 점에서 기대감에 의한 논증 도식을 징후 도식이라고 보기 어렵다. 즉 인과 도식과는 다르며, 징후 도식과도 다른 방식으로 주장을 정당화한다는 점에서 별도의 도식으로 분류할 수 있다.

기대감에 의한 논증도 일정 부분 감정적 측면에 호소하는 성격이 있다는 점에서 논리학적 관점에서는 오류로 간주할 수도 있다. 하지만 인과적 방법을 근간으로 미래를 예측한 후 가정적 상황에 대한 긍정적 또는 부정적 기대감에 기대어 호소한다는 점, 논제 관련성을 확보하고 있다는 점, 일상의 논증적 소통 상황에서 이러한 논증 방식은 충분히 하나의 정당화 기제로 작동하며 이미 관습적으로 고착화된 설득 기제라는 점에서 하나의 논증 도식으로 유형화할 수 있다. Breton(1996)은 공명, 호기심, 이익이라는 세 가지 설득 기제를 밝히고 공명과 호기심을 기반으로 한 논증 도식은 제안하면서도, 이익을 기반으로 한 논증 도식은 제안하지 못했는데, 기대감에 의한 도식은 Breton(1996)이 언급했던 이익 기반 논증의 한 방법이라 할 수 있다.[12]

실제 토론 상황에서 기대감 도식이 사용된 사례를 살펴보면 다음과 같다.

A: …방어 기제가 생긴다면, 상징적으로 그런 제도가 있다면 거기에 대해서 억압을 받거나 거기에 대한 자제를 할 수밖에 없는 방어 기제가 자동적으로 생긴다는 겁니다. … 사형 제도가 존재함으로써… 분명한 위화력이 전달되고 효과가 매우 크다는 결론을 가질 수가 있는데….

B: 자의든 타의든 자기가 무상 급식 받는다는 것이 알려지면 아이들은 눈칫밥 먹게 됩니다. 학교생활이 즐겁지 않습니다. 무상 급식을 선별적

....

12 Lehmann(1970)은 불안감과 설득의 관계가 지능 및 자아 존중감이 설득과 갖는 관계와 유사하다고 주장했다. 보통 불안감이 지나친 사람들은 그렇지 않은 사람들에 비해 메시지에 승복할 확률이 높지만, 설득 메시지를 받아들였을 때의 결과에 대한 불안감이 높기 때문에 설득되지 않을 확률이 높다. 이와 반대로 불안감이 적은 사람들은 그렇지 않은 사람들에 비해 메시지를 받아들이기 쉽지만, 불안감이 낮으므로 그에 따라 무엇인가를 행하는 경우는 드물다. 그러므로 불안감이 지나친 사람들을 설득하기 위해서는 설득을 따르지 않았을 경우 닥칠 위험에 대해 경고하고, 설득을 받아들였을 경우 그에 따른 긍정적인 결과가 무엇인지를 명시해주는 것이 설득하기 좋다.

으로 하게 되면 자라나는 아이들 마음에 큰 상처를 주게 됩니다.

C: …무상 급식을 하니까 아이들이 뭐라고 해야 하나, 교실에서는 공부 잘하고 못하고로 차별받을 수도 있잖아요. 그런데 급식소에서는 똑같은 밥상을 받고 있는 바로 이것이 평등이에요. 학생들이 존엄을 경험하게 되는 거죠. 돈보다 사람이 귀하다는 존엄함을 배우고 있습니다. 존엄과 평등이 맞물려 학생 복지와 인권이 향상되는 효과를 가져오는 거죠. 이런 무상 급식을 통해서 평등, 존엄, 복지, 인권 등 아주 중요한 철학들을 갖다가 우리 학생들이 몸에 익히고 그걸 후배들에게 물려줘야 된다는 생각을 갖는 거예요. …

D: 무상 급식 하면요 고용 효과도 있고, 그다음에는 또 소득 효과도 있고 그다음에도, 또 이 여러 가지 친환경 효과도 있고, 뭐, 등등 지역 경제 활성화를 위한 것들도 있고 하기 때문에….

E: 체벌은 교육적 수단이 아니죠. 효과도 지속적이지 않아요. 학생의 자아 존중감 상실, 약화 이런 것 등 예기치 못한 부정적 효과가 너무 많죠. …

F: …셧다운제를 하면 충분히 잘 수 있는데, 충분한 수면은 결국 신체적, 정신적 건강을 유지하는 데 굉장히 필요한 거고 정신적인 스트레스를 해소하고 또 아이들의 성장과 발육과 학습권과 이런 것들을 다, 그리고 아이들의 성격 형성에도 굉장히 중요한데….

A는 사형 제도가 존재함으로써 얻을 수 있는 긍정적 기대 효과를 근거로 사형 제도 존치를 주장하고 있다. B는 선별적 무상 급식을 실시하면 학생들이 낙인감을 경험하게 될 것이라는 부정적 결과에 대한 우려를 바탕으로 선별적 무상 급식을 반대한다. C, D는 전면적 무상 급식을 실시할 경우 얻을 수 있는 긍정적 교육 효과 및 경제적 효과 등에 대한 기대감 등

을 근거로 전면적 무상 급식 시행을 주장한다. E는 체벌의 부정적 효과를, F는 인터넷 게임 셧다운제의 긍정적 효과에 기대어 자신의 주장을 정당화하고자 한다.

기대감 도식은 Ehninger & Brockride(1960)의 '한 사람의 동기나 욕구에서 이끌어 낸 논증'과 Breton(1996)의 '이익' 설득 기제를 바탕으로 한 유형과 비견한다.

결과에 대한 예측을 바탕으로 한 기대감에 의한 논증의 적절성과 강도는 예측되는 결과와 사안의 관련성, 예측되는 결과의 발생 가능성 및 개연성의 정도, 예측되는 결과의 심각성 정도 등에 의해 좌우된다.

(7) 분리 도식

분리 도식은 하나로 묶여 있는 것처럼 보였던 것, 즉 하나의 용어나 하나의 진술문 안에 들어 있는 관계를 분리해 내는 논증이다. 하나의 단위로 결합되어 있던 두 가지 생각을 분리하여 분리된 것들의 차별적 속성을 강조하며, 둘 중 하나에만 보다 긍정적 가치를 부여하고 다른 하나에는 그보다 덜한 가치, 부정적인 가치를 부여하는 방식이다.

특히 기존의 가치 체계에서 보편적으로 받아들이고 당연시해 왔던 것을 경계하고 가치의 우선순위를 새롭게 제시하는 양상을 보인다. 그동안 가치 있다고 생각해 왔던 기존의 관념을 파괴하고, 수신자의 가치 체계에 탈자동화의 계기를 부여하여 새로운 평가를 시도하며 각성을 촉구하는 방식이다. 예를 들어, '정작 중요한 것은 A가 아니라, B라는 것에 주목해야 합니다.'의 형태로 진술하여 B에 대해서 새롭게 생각해 보는 계기를 만들어 주는 것이다. 분리 도식은 애매하게 혼용된 개념을 구분하는 데 유용하며, 상대편 주장에서 모호하게 처리된 점이나 과장된 점, 논리적 비약을 밝혀 반박하는 데 유용하다. 분리 도식은 가치와 관련된 문제를 다룰 때 적극적으로 활용되기도 한다.

실제 토론 상황에서 분리 도식이 사용된 사례를 살펴보면 다음과 같다.

A: …인권과 관련된 여러 생명에 대한 존중성이 고려되어야 한다는 점을 강조하고 싶습니다. 그럼에도 불구하고 더 소중하고 간절하고 절실한 것은 살인자들로 인해 피해가 발생되었던 피해자의 인권 그리고 그 가족들의 인권, 더 나아가서는 잠재적인 피해 대상자가 될 수밖에 없는 국민들의 인권이 더 소중하고 간절하기 때문에….

B: …무상 급식 실시해야 된다는 것에 동의하기 좀 어렵습니다. 왜냐하면 우리 교육에는 아직도 무상 급식 말고도 해결해야 할 문제들이 많이 있기 때문입니다. 더 시급한 곳에 투입을 해야 되지, 무상 급식은 오히려 한 단계 뒤에 해도 되지 않겠는가 하는 것이 제 생각입니다.

A의 경우 인간의 생명권은 모든 사람에게 동일하게 존중되어야 한다는 상대 주장에 대해, 살인자의 인권과 피해자의 인권은 분리되어야 함을 강조하고 살인자의 인권보다 피해자의 인권이 우선되어야 함을 강조한다. 나아가 잠재적 피해자의 인권을 보호할 필요가 있음을 일깨우고 있다. B은 무상 급식보다 더 요긴한 곳에 예산을 투입해야 함을 강조하고 있다. 무상 급식이 교육의 전부는 아니며, 무상 급식과 여타 교육 활동들을 분리하여 무상 급식보다 더 긴급한 교육 활동에 예산이 투입되어야 함을 강조한다.

분리 도식은 Perelman & Olbrechts-Tyteca(1958)의 '분리의 형식', Breton(1996)의 '호기심'을 설득 기제로 하는 '프레임 재설정의 논증'과 비견한다.

분리를 통한 각성을 바탕으로 하는 분리 논증의 강도와 적절성은 기존의 인식 방식이나 가치 체계가 얼마나 널리 퍼져 있었던 것인지, 수신자들은 어떠한 인식 방식과 가치 체계를 가지고 있는지, 기존의 인식 방식이나 가치 체계를 얼마나 강하게 고수해 왔는지 등에 의해 결정된다.

(8) 권위 도식

권위 도식은 해당 분야에서 권위를 인정받은 신뢰할 만한 전문가 의견이나 다수의 여론에 기대어 주장을 정당화하는 것이다. 해당 사실에 대해 알고 있을 만한 입장에 있는 이로부터 얻은 정보, 해당 사회 문화권에서 이론의 여지없이 받아들여지고 있는 상식이나 관습, 사회 구성원 다수의 의견이 모여 형성된 여론에 근거하는 것이다. 대다수가 참이라고 받아들이는 명제나 전문가가 참이라고 한 명제는 일반적으로 이론의 여지가 없음을 뜻하고 충분히 받아들일 수 있다고 생각한다. 이는 논증적 소통 행위를 지배하고 있는 외부 세계의 영향력에 기대어 합리성을 확보하는 방식이다.

실제 토론 상황에서 권위 도식이 사용된 사례를 살펴보면 다음과 같다.

A: 네, 지금 국제앰네스티는 어제 13일에 아이린 칸 사무총장 명의로 이명박 대통령께 공개 서한을 보내고 사형 집행을 재개하지 말 것을 탄원한 바 있습니다. 저희는 인권의 이름으로 당연히 사형 제도에 반대합니다.

B: 미국을 비롯해서 … 사형이 위화적인 효과가 없다는 쪽으로 의견들이 다 모아져 있고 UN에서도 그렇게 권고한 바 있습니다 .

C: …UN의 아동권리협약을 보시면 다 알지 않습니까. … 거기에 우리나

라도 다 협약에 비준을 했기 때문에 국내법과 효력을 같이하거든요. 거기에 보면 아이들은 생존과 보호와 발달과 그리고 참여에 대해서 권리를 갖는다고 되어 있어요.

D: UN의 아동권리협약이 발표된 지 20년이 됐습니다. 그 중요한 내용으로 가정에서는 물론 학교에서도 체벌을 금지하고 있습니다.

E: 교수학의 아버지 헤르바르트는 학생들의 지식 교육뿐만 아니라 품성 교육을 굉장히 중요하게 생각을 했는데 품성 교육을 위해서는 두 가지 방법이 반드시 필요하다고 얘기를 했습니다. … 하나는 외적 훈육으로서 학생한테 직접 지시, 시범, 상벌 이런 걸로 행동을 통제하는 것이고….

F: …이 셧다운제에 대해서 대한수면학회에서는 어떤 보도 자료를 냈더라고요. PC 게임 접속 셧다운제에 전적으로 찬성한다고 하시면서….

G: …잠을 안 자면 생명권에 문제가 있고 건강에 문제가 있으니까 이 시간에는 더 제한해야겠다, 그것은 사회적 책임을 가지고 우리, 소위 말하는 오피니언 리더들을 포함해서 여론을 만들어서 지금까지 온 거예요.

F: 헌법 제34조에 보면 국가가 청소년의 건강권 보장 등 복지 향상을 위한 정책을 실시할 의무를 진다라는 차원에서 청소년에 대한 술이나 담배 이런 것을 금지합니다. 그런 차원에서 보자면 셧다운 제도도….

G: …우리가 약을 약국 외에서 팔게 하는 것이 앞으로 좋겠다고 OECD에서 한국에 보건의료개혁을 권유하면서, 물론 권유하는 것이긴 합니다만, 국제적인 기구에 있어서 권유가 있었다….

H: …국민의 80%가 원한다 이겁니다. …

이상의 사례들은 국제앰네스티, UN, OECD 등의 국제기구의 권위,

Johann Herbart 등의 해당 분야 전문가의 권위, 관련 학회의 권위, 헌법 등의 법적 권위, 오피니언 리더의 사회적 권위, 국민 여론의 권위 등에 기대어 주장을 정당화하고자 한다. 대다수가 지지하는 명제나 전문가가 긍정적으로 평가한 명제는 일반적으로 이론의 여지없이 충분히 받아들여질 수 있으며, 보편타당한 것으로 인정된다는 사실에 기대어 설득력을 확보하는 것이다.

권위 도식은 Kienpointner(1992)의 '권위 도식', Breton(1996)의 '권위에 의한 논증', Walton, Reed & Macagno(2010)의 '전문가 의견에 의한 논증 도식', '공공 의견에 의한 논증 도식', 이광모 외(2006)의 '권위에 의한 논증', Ehninger & Brockride(1960)의 '권위에 의한 논증'과 비견한다.

권위에 기댄 논증의 강도와 적절성은 인용된 권위가 전문가 의견일 경우, 신뢰성, 전문 분야, 다른 전문가와의 의견 일치, 의견을 뒷받침하는 구체적 증거의 유무에 의해 결정된다. 권위 있는 정보원으로서 가치 있고 비중 있는 정보원이어야 하며, 공정한 정보 출처를 찾을 수 있어야 한다. 관습이나 여론에 기댄 경우는 다수가 받아들인다고 하여서 자신도 받아들여야 하는지, 다수가 받아들이는 것이 보편타당한 것인지가 논증의 강도를 결정한다. 특히 여론에 기대는 논증의 경우는 그것의 논리적 뒷받침보다는 대다수 그룹으로부터 소외되고 있다는 느낌에 대한 부정적 인식을 바탕으로 집단에 속하고자 하는 열망이 작용할 수도 있음을 간과해서는 안 된다.

Q. 논리학에서 연역 논증과 귀납 논증은 어떻게 구분되는가?

대체로 연역 논증은 일반적인 것에서 특수한 것을 추론해 내는 논증이며, 귀납 논증은 특수한 것에서 일반적인 것을 추론해 내는 논증이라고 정의된다. 하지만 이는 연역 논증과 귀납 논증에 부분적으로만 적용되는 정의이다. 이 정의는 논리학적 측면에서 엄밀한 정의가 아니다. 연역 논증으로 분류될 수 있는 것에는 구체적 사실에서 구체적 사실을 이끌어 내거나 일반적 원리에서 일반적 원리를 이끌어 내거나 구체적 사례에서 일반적 원리를 제시하는 논증도 있을 수 있다. 한편 일반적 전제에서 시작하여 구체적 사례의 결론을 도출하는 귀납 논증도 있을 수 있다. 예를 들어 'A는 B보다 크고, B는 C보다 크다. 그러므로 A는 C보다 크다.', 'A는 사자이거나 원숭이이다. 그런데 A는 원숭이가 아니다. 따라서 A는 사자이다.'는 연역이지만 모두 특수 명제인 전제로부터 특수 명제의 결론을 도출하고 있다. 한편 '오늘은 해가 동쪽에서 떴다. 내일도 해는 동쪽에서 뜰 것이다.'는 귀납이지만 특수 명제로부터 특수 명제를 도출하였고, '일반적으로 경상도 음식은 짠 편이다. 경상도에 속하는 남해의 음식도 짤 것이다.'도 귀납이지만 일반 명제로부터 특수 명제를 도출하고 있다.

논리학에서 연역 논증과 귀납 논증은 논증을 구성하는 전제와 결론의 지지 관계에 따라 구분된다. 연역은 전제가 참이면 결론도 반드시 참일 수밖에 없는 필연성을 바탕으로 한 논증이며, 귀납은 전제가 참이면 결론도 참일 가능성이 크지만 거짓일 가능성도 있는 개연성과 통계를 바탕으로 한 논증이다. 연역 논증은 결론의 내용이 이미 전제 안에 포함되어 있는 데 반해, 귀납 논증은 결론의 내용이 전제 안에 포함되어 있지 않기 때문이다. 연역 논증은 이미 알고 있는 정보나 자료들 안에 담겨 있는 내용을 명백하게 드러내는 기능을 수행하고, 귀납 논증은 현재 가지고 있는 정보나 자료로부터 우리 지식의 영역을 확장하는 기능을 수행한다.

연역 논증과 귀납 논증의 핵심적인 차이는 다음과 같이 정리할 수 있다.

연역 논증	귀납 논증
• 전제가 참이면, 결론은 반드시 참이다. • 결론은 전제로부터 필연적으로 도출된다. • 전제는 결론의 참에 대한 결정적 증거를 제공한다. • 모든 전제가 참이면서 결론이 거짓이 되는 것은 논리적으로 불가능하다.	• 전제가 참이면 결론은 우연적으로 참이다. • 결론은 전제로부터 개연적으로 도출된다. • 전제는 결론의 참에 대해 결정적이지는 않지만 훌륭한 증거를 제공한다. • 전제가 참이면서 결론이 거짓이 되는 것은 확률적으로 일어나기 어렵다.

일상의 논증적 의사소통 상황에서 완전한 연역 논증은 잘 일어나지 않는다. 전제가 참이라면 결론이 반드시 참일 수밖에 없도록 형식적 규칙이 요구되는 타당한 논증, 전제들이 모두 참이기까지 한 건전한 논증, 즉 엄격한 연역 논증은 이러한 본질적 특성으로 인해 결론을 의도적으로 정당화하지 않더라도 결론이 스스로 절대적이며 정확하게 정립된다. 이러한 논증은 수학적 논증이나 개념적 진리를 나타내는 논증에서는 확인되는데, 치밀한 준비 작업 없이 전개되는 일상적 소통 상황에서 구현되기는 어렵다. 일상적 장면에서는 연역 논증이 전개된다 하더라도 그것은 완벽한 연역 논증이 아니다. 보편적으로 인정되는 관습적 성격의 대전제를 바탕으로 진리임 직한 것으로 인정되는 미확증적 결론을 도출하는 것으로, 유사 연역 논증 정도이다. 일상적 장면에서 전개되는 논증은 개연성을 바탕으로 전개되므로 귀납적 성격을 띠는 경우가 많다.

절대성과 정확성을 추구했던 논리학은 이러한 논증에 대해서 덜 정확하고 불투명하며 신빙성이 떨어지는 등 위험성이 높다며 평가 절하하고, 이를 오류로 간주하였다. 실제 경험에서 비롯되는 사태의 통상적인 패턴과 기대치에 대한 고정관념이나 가정을 바탕으로 하기 때문에, 애초부터 잠정적이고 불완전한 추론에 지나지 않는다고 보았으며, 비정상적인 상황에서는 사람을 오도할 수도 있기 때문에 경계해야 할 것으로 보았다.

　　그러나 일상적 장면에서 논증을 시도하는 까닭을 고려해 보면, 오히려 그러한 위험성이 논증적 소통을 유발하는 계기를 만들고, 보다 합리적인 결론을 내릴 수 있도록 최선을 다해야 하는 이유가 된다. 즉 새로운 정보가 추가되면 예전 상황에서는 그럴듯하고 합리적이라고 추정되었던 것이 더 이상 그럴듯하지 않은 것이 될 수도 있는 반박 가능성을 내포하고 있기 때문에 논증적 소통을 통해서 보다 합리적으로 추정되는 결론을 찾아내기 위해 비판적 사고 활동을 하게 되는 것이다.[13]

　　Q. 논증 도식들은 실제 일상의 논증적 소통 상황에서 얼마나 자주 쓰일까?

　　논증 교육을 위해 새롭게 설정한 논증 도식들이 실제 일상의 장면에서 사용되고 있는지를 확인하기 위해서는 Inch & Warnick(2010)을 참고할 수 있다. Inch & Warnick(2010)은 논증 과정에서 청중의 역할, 태도, 관점을 강조하는 Perlman & Olbrechts-Tyteca의 논의를 바탕으로, Per-

---

13　이러한 논증 방식과 태도를 가장 잘 보여 주는 시도 중의 하나가 Karl Popper의 비판적 합리주의일 것이다. 비판적 합리주의는 기본적으로 인간의 이성이 언제나 오류를 범할 가능성을 가지고 있으며, 그런 의미에서 우리의 지식과 주장은 언제나 잠정적이고 가설적인 성격을 갖는다는 생각에 기초한다.

lman & Olbrechts-Tyteca의 논증 도식 중 일부를 재구성하여 논증의 유형을 크게 결합 도식과 분할 도식으로 나눈 후, 그중 결합 도식을 유사 논리 도식, 유추 도식, 일반화 도식, 인과 도식, 공존 도식으로 세분화하였다. Inch & Warnick(2010)이 여섯 가지 도식을 선택한 것은 논증자들이 가장 빈번하게 사용할 가능성이 높은 것들을 취사선택한 결과이다. Warnick & Kline은 5개 TV 프로그램에서 622개의 논증을 추출하여 분석하였는데, 그중 37%가 유사 논리 논증, 22%가 인과 논증, 12%가 공존 논증, 6%가 유추 논증, 5%가 일반화 논증, 4%가 분할 논증이었다(Inch & Warnick, 2010: 180).

　Inch & Warnick(2010)의 논증 도식 유형 중 유사 논리 논증, 유추 논증, 일반화 논증, 인과 논증, 공존 논증, 분할 논증은 유사 연역 도식, 유추 도식, 귀납 도식, 인과 도식, 추정 도식, 분리 도식에 대응된다. Warnick & Kline(2010)의 논증 도식의 활용 비율에 대한 연구 결과는 이 책에서 추출한 각 논증 도식의 활용성과 전이 가능성에도 적용될 수 있다.

　한편 서영진(2012b)은 한국의 의사소통 문화에서 관습적으로 널리 활용되고 있는 논증 도식을 유형화하기 위해, 한국 TV 시사 토론 담화의 논증 메시지에서 논리적 추론 관계나 전제에 활용된 설득 기제들의 공통점을 추출하였다. 논제 관련성과 입증 관련성을 갖춘 국지적인 논증들을 분석한 결과 총 368개의 단위 논증에서 일정한 패턴을 추출하였는데, 그중 27.17%가 특수한 사례의 일반화를 바탕으로 논증을 전개하고 있었으며, 16.57%는 여러 가지 징후를 바탕으로 추정적으로 논증을 전개하였다. 11.41%는 유사 연역의 방법으로, 10.86%는 원인과 결과의 상관성을 바탕으로, 9.23%는 정책이 시행되었을 때의 긍정적인 효과나 부정적인 효과 등의 기대감에 기대어 논증을 전개하였다. 8.96%는 전문가의 의견이나 국민 여론의 권위를 바탕으로, 8.15%는 가치의 분리에 호소하며, 7.60%

는 유추를 바탕으로 논증을 정당화하고자 하였다. 이는 한국에서 널리 활용되고 있는 논증 도식들로서, 이 책에 나온 도식 유형들이 전이 가능성이 높은 것이라는 점을 뒷받침한다.

3. 논증에 대한 평가

논증을 대할 때는 합리적이어서 수용할 수 있을 만한 논증과 그렇지 못한 논증을 가려낼 수 있어야 한다. 논리학에서 일반적으로 가장 많이 쓰는 논증 평가 방법은 논증을 연역 논증과 귀납 논증으로 구분한 다음, 좋은 연역 논증과 좋은 귀납 논증의 조건에 비추어 평가해 보는 것이다. 그래서 전제들이 참이고 결론의 진리성을 뒷받침하는 결정적인 근거를 제공하는 논증은 연역 논증이 되고 그런 연역 논증을 타당하다고 한다. 반면 전제가 결론을 어느 정도 뒷받침하는 논증은 귀납 논증이고, 전제가 결론에 부여하는 개연성의 정도가 높을수록 좋은 귀납 논증이다. 즉 타당성과 개연성은 대부분의 논리학 교과서에서 논증 평가의 기준으로 활용되고 있다.

하지만 연역과 귀납으로 구분하여 논증을 평가하는 방식은 다소 실제성이 부족하다. 실제로 어떤 논증을 접했을 때 그것을 논리학적 관점에서 연역인지, 귀납인지 구별한다는 것은 쉬운 일이 아니기 때문이다. 이에 어떤 종류의 논증이 됐든 두루 통용할 수 있는 평가 기준을 마련할 필요가 있다.[14]

논리학의 설명에서처럼 논증을 명제들의 집합이라고 보면 명제들 간의 형식적 타당성이 중요하다. 하지만 일상적인 논증에서는 논리의 형식보다 행위에 담겨 있는 의도와 목적의 달성이 중요하다. 일상에서 시도되는 논증은 명제들의 진리치를 정확하게 판단하기 어렵고, 논리의 형식과

---

14 이러한 평가 기준은 합당하고 믿을 만하며 효율적이어야 한다. 기준이 합당하다는 것은 너무 엄격하지도 그렇다고 너무 관대하지도 않은 조건을 설정하는 것이고, 믿을 만하다는 것은 어느 누가 사용해도 똑같은 결과가 나와야 한다는 것이고, 효율적이라는 것은 그 기준을 다루기 쉬워야 한다는 것이다(Govier, 1992: 395).

는 구분되는 행위 목적 달성이 중요한 요소로 개입한다. 즉 형식적인 타당성을 갖춘 연역 논증은 전제가 참이라면 결론도 참이 되며 진리 보존적인 논증이다. 그러나 일상의 논증적 소통에서 참여자 모두에게 참이라고 인정되는 전제는 존재하기 어렵다. 논제에 대한 시각의 차이로부터 각각의 상이한 맥락 아래에서 논증이 발생하기 때문이다. 이에 일상의 논증을 평가하기 위해서는 '논리의 형식'이 지니는 타당성을 평가할 것이 아니라, '논증 행위 수행'의 적절성을 평가하는 것으로 접근해야 한다.

이에 좋은 논증을 평가하기 위한 기준으로 ARS에 주목하는 연구들이 많다. 즉 좋은 논증이란 이유와 근거가 주장을 합리적으로 뒷받침하는 논증으로, 합리적으로 뒷받침하기 위해서는 전제[15]의 수용 가능성(acceptability), 전제와 결론의 관련성(relevance), 전제의 충분성(sufficiency)을 충족해야 한다는 것이다.

전제의 수용 가능성은 전제들이 믿을 만해야 하는 것이다. 전제가 확실한 참이 아니라고 할지라도 받아들일 만한 합당한 이유가 있어야 한다. 그리고 전제들이 거짓이거나 의심스럽다고 생각할 만한 증거는 없어야 한다. 전제와 결론의 관련성은 결론의 참을 옹호하는 전제를 제시해야 한다는 것으로 전제들은 논증이 다루고 있는 주제와 상관이 없거나 주제에서 벗어나서는 안 된다. 전제의 충분성은 결론이 합리적이라고 생각할 만한 충분한 이유를 제시해야 한다는 것이다. 이는 전제가 관련성이 있어야한다는 것 이상으로, 전제는 결론에 대한 증거로 간주되는 정도에 그쳐서

....

15 이 책에서는 논리학의 전제와 결론에 해당하는 용어로 '주장'과 '이유 및 근거'를 채택하여 사용해 왔다. 논증을 명제들의 관계가 아니라 논증적 언어 행위로 다루기 때문에, 형식 논리학에서 사용하는 용어 대신 설득 목적의 일상적 논증 행위의 맥락에 적절한 '주장', '이유 및 근거'라는 용어를 사용한 것이다. 다만 논증 평가 기준으로서 ARS는 논리학의 연구 결과물이기에, 이유와 근거라는 용어 대신 전제라는 용어를 사용하여 설명한다.

는 안 되고 결론을 받아들일 수 있는 합당하다고 생각할 만한 양적 또는 질적으로 충분한 전제를 제시해야 한다는 것이다.

전제의 진리성 대신 수용 가능성을 내세우는 까닭은 다음과 같다. 모든 전제는 그것을 지지해 주는 하위 논증을 통해 수용 가능한 결론으로 증명되었을 때 상위 논증의 전제로 사용될 수 있다. 그러나 이런 식으로 모든 전제를 증명하려면 무한한 논증 연쇄가 발생할 것이다. 모든 전제가 참으로 증명되어야 한다는 요구는 결국 일상생활의 맥락에서는 불가능하며 불합리한 요구이다. 그래서 더 이상 증명할 필요 없이 수용 가능한 필연적 진리, 상식 등의 사실을 전제로 삼은 경우가 많으며, 이러한 전제를 수용하는 것이 보통 합리적이고 안정적이다. 전제의 진리성 대신 수용 가능성을 내세우는 또 다른 이유는 현대적인 논증 연구는 명제들의 집합을 통해 진리를 추구하는 것에서 나아가 상대방을 설득하는 과정까지 포함하기 때문에 설령 진리가 아니더라도 논증자와 상대방 모두가 전제를 받아들일 수 있다면 그 논증은 성공적인 논증으로 볼 수 있기 때문이다. 이에 전제의 진리를 확인할 수 없어도 그것을 받아들일 수 있는 그럴듯한 이유가 있다면 이유는 주장을 뒷받침할 수 있다.

전제를 수용할 수 있을지 판단하고자 할 때, 다음과 같은 경우는 일반적으로 수용 가능한 것으로 본다.

- 전제가 논란의 여지가 없는 상식일 때
- 전제가 한 개인이 직접 관찰한 사실일 때
- 전제가 다른 좋은 논증의 통해 입증된 결론일 때
- 전제가 명백한 목격자의 증언일 때
- 전제가 사안에 대한 판단에 전문성을 갖춘 해당 분야 전문가의 명시적 의견일 때

논증에서 전제는 수용 가능하기도 해야 하지만, 그보다 중요한 것은 결론과 관련성이 있어야 한다는 것이다. 만일 전제가 결론과 아무 관련이 없다면, 아무리 수용 가능하다고 하더라도, 그것은 결론을 뒷받침해 주는 이유나 근거가 될 수 없기 때문이다. 통상 전제의 관련성은 매우 분명해 보이지만, 항상 명백하게 드러나지 않을 수도 있다. 논증의 맥락에 따라 관련성의 정도에 따른 판단 기준은 달라질 수 있다. 친구와의 일상적 대화에서 다이어트에 대해 이야기할 때는 인터넷 블로그 내용이 관련성이 있다고 볼 수 있지만, 영양학자들의 학술대회에서는 인터넷 블로그 내용이 관련성이 약하거나 없다고 평가될 수도 있다.

한편 어떤 전제가 결론을 합리적으로 뒷받침해 주기 위해서는 결론을 뒷받침하는 충분한 이유가 제시되어야 한다. 충분성을 확인하는 방법은 양적 충분성을 고려하는 것, 질적 다양성을 고려하는 것, 반박 차단 가능성을 고려하는 것이다. 전제들은 결론을 뒷받침할 만큼 충분한 정도로 양이 확보되어야 한다. 전제가 충분한 양을 확보했다 하더라도 질적으로 다양성을 갖추지 못할 경우 좋은 논증이 되기 어렵다. 또한 상대방의 반박을 차단할 수 있는 전제들도 미리 확보해야 한다.

한편 관련성과 충분성 기준이 연역 논증에도 해당하는지에 대한 의문이 있다. 전제가 결론을 논리학적으로 함축하고 있을 때 그것은 이미 전제가 결론과 관련이 되어 있고, 전제가 결론을 충분히 지지하는 것으로 볼 수 있기 때문이다. 연역적으로 타당한 논증의 결론은 전제에 이미 포함된 것을 다른 방식으로 표현하는 것이므로 전제는 결론과 관련이 있는 것은 분명하고, 전제는 결론을 완벽하게 지지하므로 충분성도 만족한다.

필수적인 조건은 아니지만 세 조건 못지않게 중요한 조건으로, 반론의 설득 가능성(refutation) 조건도 있다. 합리적 근거를 제시하여 상대를 설득하는 것이 논증의 목표라면 논증은 독백이 아니다. 논증은 타인과의 관계 속에서 성립할 수밖에 없다. 상대방을 설득하기 위해서는 자기주장만 일방적으로 할 것이 아니라, 상대방의 입장도 존중하고 이해할 수 있어야 한다. 따라서 논증을 전개할 때는 나의 주장에 대해 상대방이 제기할 수 있는 반론을 예상해 보고, 자신이 그 반론에 적절하게 답변할 수 있는지를 생각해 보아야 하며, 상대방의 반론 내용을 논증의 전개 과정에서 적절하게 활용할 줄 알아야 한다

네 가지 평가 기준에 대한 적용은 전제와 결론의 관련성(relevance) → 전제의 수용 가능성(acceptability) → 전제의 충분성(sufficiency) → 반론의 설득 가능성(refutation) 순으로 한다. 수용 가능성을 제일 먼저 고려하라는 논의도 있지만, 기껏 힘들여 전제들이 받아들일 만하다고 확인했어도 그 전제들이 결론과 관련이 없으면 무용지물이 된다. 이에 수용 가능성은 관련성을 평가한 후에 확인하는 것이 효율적이다. 이런 점에서 좋은 논증의 평가 기준은 ARS 대신 RAS 또는 RASR이라고 부를 수 있다(최승기·최훈, 2008).

참고문헌

권회경(2008). 토론에서 논증 도식 사용에 따른 비판적 의문과 반박 제기 양상에 관한
   연구: 초등학교 6학년 소집단 토론을 중심으로. 경인교육대학교 석사학위 논문.
김인애(2007). 논증 도식 지도를 통한 논술 교수–학습 방안 연구. 이화여자대학교
   석사학위 논문.
김현미(2014). 초·중학생의 설득적 글에 반영된 논증 구조 및 논증 도식 연구.
   한양대학교 박사학위 논문.
민병곤(2004). 논증 교육의 내용 연구: 6, 8, 10학년 학습자의 작문 및 토론 분석을
   바탕으로. 서울대학교 박사학위 논문.
박영목, 김세곤(2005). 논증 개념의 체계화 연구. 교육연구논총, 22, 17-42.
박준호(2001). 논리의 이해. 서울: 한국문화사.
배식한(2011). 논증과 논증 행위: 비판적 사고 교육의 관점에서. 철학사상, 42, 151-183.
서영진(2011). 논증적 상호 교섭 전략으로서 논증 도식 유형에 대한 연구: 국어 교과서의
   '논증' 교육 내용에 대한 비판적 인식을 바탕으로. 국어교육학연구, 41, 473-504.
서영진(2012a). 상호 교섭적 논증 교육의 내용 구성 연구. 부산대학교 박사학위 논문.
서영진(2012b). TV 토론 담화 분석을 통한 논증 도식 유형화. 국어교육학연구, 43, 285-
   321.
서영진(2014). 교과서 토론 담화 텍스트의 적합성 분석: 논증 구성 및 상호교섭 양상을
   중심으로. 국어교육학연구, 49(2), 295-351.
서영진(2022). 국어 교과서 논증 교육 내용의 타당성 고찰: 중학교 국어 교과서의 '논증
   방법 파악하며 읽기' 단원을 중심으로. 청람어문교육, 88, 41-80.
송지언(2015). 작문 교과서의 논설문 수록 양상과 개선 방안. 국어교육, 150, 295-328.
양경희, 박재현(2016). 설득 관련 용어의 교육적 재개념화와 교육 내용 체계화 방안:
   논증 요소를 중심으로. 우리말교육현장연구, 10(2), 97-124.
여정민(2011). 초등학생 토론에서 나타나는 인과 논증의 양상 연구: 실용 문제를 논제로
   하는 소집단 토론 분석을 중심으로. 경인교육대학교 석사학위 논문.
유봉현(2010). 과정 중심의 논증문 쓰기 지도 방법 연구. 경상대학교 박사학위 논문.
이광모, 이황직, 서정혁(2006). 논증과 글쓰기. 서울: 형설출판사.
이선숙(2010). 근거 생성의 내용 요소 체계화 및 지도 방안 연구. 경인교육대학교
   석사학위 논문.

이선숙, 이삼형(2011). 주장과 근거 관련 용어의 재범주화: 2007 개정 교육과정과 교과서를 중심으로. 국어교육, 136, 233-256.

이정현(2018). 외국인 유학생의 한국어 쓰기 논증 도식 사용분석에 대한 연구: 한국인 대학생과의 비교를 중심으로. 리터러시연구, 9(4), 333-365.

이종철(2009). TV광고 언어의 논증적 의미 관계 양상. 국어교육, 129, 209-238.

장성민(2015). 고등학생의 자료 통합적 글쓰기에서 분량에 따른 능숙한 필자와 미숙한 필자의 논증 양상 비교. 국어교육학연구, 50(3), 193-233.

진영란(2005). 6학년 논증 텍스트에 나타난 논증 도식 양상 연구. 한국교원대학교 석사학위 논문.

채윤미(2016). 한국어 학습자의 논증 텍스트에 나타난 논증 도식 양상 연구. 학습자중심교과교육연구, 16(2), 807-828.

최승기, 최훈(2008). 논증 평가 기법 개발. 수사학, 9, 173-198.

홍혜준(2008). 학문 목적 한국

Breton, P.(1996). *L'argumentation dans la communication*. Paris: La Decouverte.

Brockriede, W. & Ehninger, D.(1960). Toulmin on argument: an interpretation and application. *The quarterly journal of speech, 46*, 44-53.

Fasol, A.(1989). Essentials for biblical preaching: an introduction to basic sermon preparation. Grand Rapids, MI: Baker.

Freeley, A. J. & Steinberg, D. L.(2005). *Argumentation and debate: critical thinking for reasoned decision making*. London: Wadsworth Cengage Learning.

Goiver, T.(1992). What is a good argument?. *Metaphilosophy, 22,* 393-409.

Inch, E. S. & Warnick, B.(2010). *Critical thinking and communication: the use of reason in argument*. Boston, MA: Allyn & Bacon.

Kienpointner, M.(1992). How to classify arguments, In F. H. van Eemeren, R. Grootendorst, J. A. Blair & C. A. Willard(eds). *Argumentation iluminated*. 178-188. Amsterdam : Amsterdam University Press,

Knudson, R. E.(1992). The development of written argumentation: an analysis and comparison of argumentative writing at four grade levels. *Child study journal, 22*(3), 167-184.

Lehmann, S.(1970). Personality and compliance: a study of anxiety and self-esteem in opinion and behavior change. *Journal of personality and social psychology,*

15(1), 76-86.

Perelman, C. & Olbrechts-Tyteca, L.(1958). *The new rhetoric: a treatise on argumentation.* Notre Dame: University of Norte Dame Press.

Toulmin, S. E.(1958). *The use of argument.* Cambridge: Cambridge University Press.

van Eemeren, F. H & Grootendorst, R.(1992). *Argumentation, communication, and fallacies. A pragma-dialectical perspective.* NJ: Lawrence Erlbaum Associates.

van Eemeren, F. H., Grootendorst, R., Henkemans, F. S., Blair, J. A., Johnson, R. H., Knabbe, E. C. W., Plantin, C., Walton, D. N., Willard, C. A., Woods, J., & Zrefsky, D.(1996). *Fundamentals of argumentation theory : a handbook of historical backgrounds and contemporary development.* NJ: Lawrence Erlbaum Associates.

Vines, J. & Shaddix, J.(1999). *Power in the puipit: how to prepare and deliver expository sermons.* Chicago, IL: Moody Press.

Walton, D. N.(1996). *Argumentation schemes for presumptive reasoning.* Mahwah, NJ: Lawrence Erlbaum Associates.

Walton, D. N., Reed, C., & Macagno, F.(2010). *Argumentation schemes.* Cambridge: Cambridge University Press.

Williams, J. M. & Colomb, G. G.(2007). 윤영삼 역(2008). *The craft of argument.* 논증의 탄생. 서울 : 홍문관.

III

합리성 탐구를 위한 논증

들어가며

Ⅲ장에서는 논증에 대한 수사학의 연구와 화용·대화론 연구의 성과를 바탕으로, 합리성을 추구하는 대화 행위로서의 논증에 대해 생각해 본다. Ⅱ장은 주장의 정당화나 설득을 위한 논증 메시지 구성과 평가에 초점을 맞추었다면, Ⅲ장에서는 논증에 참여한 이들의 주장을 적극적으로 검토하고 보다 합리적인 대안을 탐구하는 비판적 의사소통 행위로서 논증을 수행하는 방법을 알아본다. 이를 위해 논증적 상호 교섭에 관여하는 요소, 논증적 상호 교섭의 단계 및 세부 과정, 논증적 상호 교섭을 위한 소통 원리를 살핀다. 이는 논증을 설득 행위로 이해하는 것을 넘어서 사안에 대해 깊이 있게 성찰하는 합리적인 대화 행위로 이해하게 되는 계기가 될 것이다.

최근 논증 교육의 관심사는 설득적 논증에서 탐구적·성찰적 논증으로 확장되고 있다. 논증의 궁극적 목적인 다양성의 존중, 상호 이해의 지평 확장, 합리적 의사 결정 등에 보다 가깝게 다가감으로써, 논증의 의사소통 기능뿐만 아니라 범교과적 도구이자 학문 탐구 방법으로서 논증의 가치에 주목하는 것이다. 여기서 소개하는 논증적 상호 교섭의 원리는 논쟁의 여지가 있는 사안에 대해 자신과 견해를 달리하는 입장과 적극적으로 소통하고 나아가 다양한 입장을 변증법적으로 통합하여 대안을 모색하는 탐구적·성찰적 논증을 수행하는 원리로 활용할 수 있다.

1. 소통 행위로서 논증의 성격

의사소통이란 화자와 청자 사이에 발생하는 언어적 또는 비언어적 상호작용이다. 만약 화자와 청자 사이에 양방향적 소통이 일어나지 않고, 어느 한편에서 다른 한편으로의 일방적 소통만이 존재한다면 이는 진정한 의미의 의사소통이라 하기 어렵다. 그것은 일방적인 정보 전달 행위에 불과하다. 양방향적 소통 행위에서는 일방적 정보 전달 행위에서는 찾아볼 수 없는 정보에 대한 동의, 부인, 질문, 반박 등의 절차가 개입하고 이를 통해 진정한 소통이 가능해진다.

홍종화(2006: 396)는 이것을 언어의 의사소통 기능이자 언어의 논증 기능이라 하였다. 언어의 기능은 크게 두 범주로 나눌 수 있는데, 하나는 사용이 전제되지 않은 체계로서의 언어가 내포하고 있는 정보 전달 기능이고, 다른 하나는 사용으로서의 언어가 내포하고 있는 의사소통 기능이다. 전자는 기호와 세계를 연결해 주는 언어의 표상 기능이고, 후자는 기호와 기호 사용자들을 연결해 주는 언어의 논증 기능이다. '자신을 표현하고, 세계를 기술하는 것'은 전자에, '상대에게 감동을 주고 상대를 움직이게 하는 정보의 판단 및 평가'는 후자에 속한 기능이다. 결국 언어를 통한 진정한 의사소통은 논증 기능을 발휘하는 데 있다.

Plantin(1996: 18)도 모든 말은 필연적으로 논증적이라고 하였다. 모든 발화체는 수신자에게, 타자에게 영향을 미치고자 하며, 그의 사고 체계를 변화시키고자 하며, 타자로 하여금 다르게 믿고, 보고, 행하도록 강요하거나 자극한다. 언어를 단순히 기호와 대상 사이의 지시 관계로 접근하지 않고, 언어 주체들이 개입하는 의사소통 행위로 접근하면 논증은 의사소통의 본질에 가장 가까운 소통 양식이다.

결국 논증은 의사소통 행위가 갖는 속성을 극대화하여 보여 준다고 할 수 있다. 의사소통 행위로서 논증은 다음과 같은 특징을 가진다.

첫째, 논증 행위는 상대방을 필요로 한다. 이때 상대방은 담화 상황에 따라 개별적, 집단적, 잠재적, 보편적 성격을 가질 수 있다. 논증 행위에서 주장한다는 것은 누군가에 대해 행위를 취하는 것이며, 누군가로 하여금 이 주장의 문제에 주목하도록 유도하는 것이며, 그렇게 함으로써 그것을 분명하게 하거나 정당화하여, 특정한 방식으로 세계를 경험하도록 이끄는 것이다(Crosswhite, 1996/2001: 63). 하나의 주장은 본질적으로 어떤 것에 대한 주장이 아니라, 누군가에 대한 어떤 주장이라는 것이다. 즉 논증은 주장하는 사람 한 개인의 논리에 그치는 것이 아니라, 필연적으로 상대방의 존재를 가정하고, 상대방과의 상호작용을 추구한다는 점에서 의사소통 행위라고 볼 수 있다.

둘째, 논증 행위는 메시지의 수신 양상을 고려한다. 논증은 상대방이 이미 동의하는 전제로부터 출발하여 상대방이 동의할 수 있는 결론을 이끌어 내는 발신자와 수신자 간의 합의 과정, 의미 협상 과정이다. 논증에서 주장하는 바는 같을지라도 수신자에 따라 적절한 이유와 근거를 달리 사용해야 한다. 수신자는 특정 주장에 대해 자신만의 고유한 관점, 믿음, 가치를 가지고 있으므로 수신자의 수신 맥락과 양상에 따라 논증은 달라져야 한다.

셋째, 논증 행위는 발신자의 견해와 수신자의 견해 차이를 전제한다. 견해는 한 개인이 세계에 대해 갖는 가치의 집합체로 끊임없이 변화하며, 다양하게 존재할 수밖에 없다. 결국 대립하는 관점을 가진 사람도 있을 수밖에 없다. 논증적 소통 행위는 이러한 차이로부터 출발한다.

넷째, 논증 행위는 개연적인 진리로부터 출발한다. 논증은 관습적, 규범적 성격의 대전제에 근거하여 출발하는데, 대전제를 포함한 전제들은 명확하거나 필연적으로 증명된 진리가 아니고 다수로부터 '진리임 직한' 것으로 인정되는 명제들이다. '진리임 직한' 것은 상황과 참여자에 의존하기 때문에 논증은 구체적인 의사소통 상황 속에서 연구될 수밖에 없다. 또한 논증은 논리적 증명처럼 전제와 결론 간의 논리 관계가 필연적이지 않기 때문에, 논리 관계가 다양하게 실현될 수 있으며, 전제나 논증 자체가 반박에 처할 수도 있다. 즉 개연적인 것이므로 수신자는 그 견해에 동의하지 않을 수도 있다.

다섯째, 논증 행위는 의사소통의 합리성 및 윤리성에 근거한다. 논증을 통한 설득은 무슨 수단을 동원해서라도 설득하는 것이 아니다. 논증은 거짓 약속이나 물질적 이익으로 유혹하거나, 물리적인 폭력으로 협박하는 등의 비합리적이고 비윤리적인 방법에 대한 대안으로, 효율적인 설득을 위해서 아무 수단이나 동원하는 것을 거부한다. 논증 행위 참여자에 대한 외적 제약은 없어야 하며, 참여자들 사이의 평등을 보장하는 등 합리적이고 윤리적인 약속을 토대로 한다.

2. 논증적 상호 교섭의 구성 요소

상대방의 주장을 인정하고 존중하되, 납득할 수 있을 만한 타당한 이유와 근거를 통해서, 상호 의견을 비판적으로 교환하며 조율하는 의사소통 행위로서, 논증적 상호 교섭을 구성하는 요소들은 [그림 3-1]과 같이 설명할 수 있다.

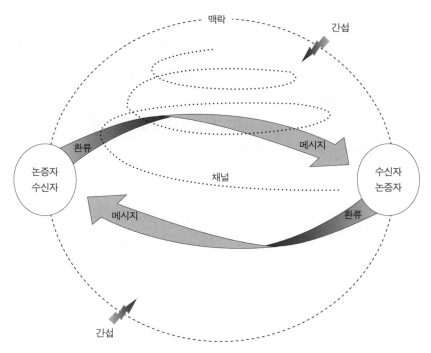

[그림 3-1] 논증적 의사소통에 대한 상호 교섭적 접근 모형

논증적 의사소통의 과정은 의사소통의 주체인 논증자와 수신자, 메시지, 환류 작용, 채널, 맥락, 간섭 등으로 구성된다.

논증적 소통의 주체인 '논증자(arguer)'와 '수신자(recipient)'[1]는 개인일 수도 있고 집단일 수도 있으며, 그 나름대로 의도와 속성을 가지고 있다. 논증자의 의도란 논증적 의사소통을 시도한 목적이고, 속성이란 논증 참여자들이 가지고 있는 태도, 지식, 기능 등을 말한다. 수신자는 논증자의 자극을 받고 반사적으로 반응을 보이는 것이 아니라, 수신자 내부에 존재하는 태도, 피설득 성향, 사회적 지위, 사회·문화적 상황 등의 영향을 받아 능동적으로 반응하게 된다.

논증자와 수신자의 관계는 일방적이지 않다. 양측은 상호 조율[2]과 조정 작업에 적극적으로 참여해야 하며, 논증이 진행됨에 따라 서로에 대한 인식을 확장하고 논증을 역동적으로 전개해 간다. 하나의 논증은 그 하나로 시작되고 끝나지 않는다. 수신자의 수신 양상에 따라 여러 개의 하위 논증이 요구되기도 한다. 수신자가 이미 동의하고 있는 내용일 것이라고 판단한 사실을 전제로 활용했다 하더라도, 경우에 따라서는 그 전제부터 증명해 보여야 할 때도 있다. 즉 여러 하위 논증을 통해서 상위 논증의 타당성을 강화해 나가는 나선형 방식으로 상대를 설득하거나 상호 이해를 확장하고 합의를 모색하게 된다. 논증적 소통이 진행됨에 따라 서로의 입장에 대한 이해를 점진적으로 확장하고, 주장에 대해 동의할 수 있는 지점

....

1   논증을 최초로 시도한 사람을 '논증자'라고 한다면, 논증자가 논증을 통해 설득하고자 하는 상대방은 논증을 받아들이는 입장에 있다는 점에서 '수신자'라고 할 수 있다. 하지만 수신자는 논증자의 의견을 묵묵히 수용하기만 하지는 않는다. 논증자가 논증을 제시하면 적극적으로 검토하여 합당하면 주장을 받아들이되, 논증에 어떤 오류나 잘못이 있다면 논증자를 향해서 비판적 회의를 제기한다. 즉 상대방의 논증을 적극적으로 평가하고 그것에 대한 자신의 입장을 논증한다는 점에서 '수신자'보다 적극적 의미를 함의하는 '논평자'가 적절할 수 있다. 한편 논증자가 제시한 논증을 수용하거나 거부하는 수신자의 반응 행위 역시 일종의 논증이므로, 논증자와 수신자를 구분하지 않고 논증 참여자로 볼 수 있다.
2   '조율'이란 화자와 청자의 태도 및 언어적 행동이 그때그때 발화 상황에 따라 변화하는 것을 뜻하는 것으로, 대화 기반의 변화를 수반한다(Goffman, 1981: 127).

을 찾아가게 된다. 한편 역동적인 상호 교섭이 가능하도록 보조하는 것은 '환류(feedback)' 작용이다. 논증 참여자들은 서로의 반응이나 평가를 바탕으로, 의사소통의 내용과 방향을 수정하고 보완한다.

논증적 의사소통 행위는 '맥락' 속에서 전개된다. 맥락이란 논증적 소통이 일어나는 시간 및 공간적 배경이다. 이 맥락은 좁게는 논증적 소통이 일어나고 있는 분위기, 장소, 시간, 수신자와의 관계 등의 수사학적 상황 맥락일 수도 있고, 넓게는 사회적·정치적·문화적 맥락까지를 포함할 수 있다. 맥락은 논증 참여자가 공유하는 견해나 가치, 그것에 영향을 주는 사회·문화적 관습으로, 논증 행위보다 먼저 형성되는 것이며, 이유나 근거를 선택하고 제시된 이유나 근거를 수용하거나 거부하는 등의 다양한 상호 작용을 창출하는 역할을 한다.

그 외 일반적인 의사소통 모델과 마찬가지로 논증적 메시지를 전달하는 수단이 되는 '채널(channel)'이나 논증적 메시지 전달을 방해하는 '간섭 (interference)' 요소가 존재한다. 채널이란 메시지를 담아 전달하는 용기 및 그 용기의 운반체 등을 뜻한다. 언어적 수단을 활용하여 논증을 할 수도 있고, 시각적 자료를 활용하여 논증을 시도할 수도 있다. 언어나 시각 자료 등 다양한 수단으로 표현된 논증 메시지를 담고 있는 신문, 잡지, 라디오, TV 등도 채널이다.

간섭이란 의사소통 참여자 간의 소통을 방해하는 요소로, 크게 물리적 간섭·심리적 간섭·의미적 간섭으로 나누어 살필 수 있다. 물리적 간섭이란 실제 외부 환경에서 물리적으로 발생하는 소음을 말한다. 심리적 간섭이란 논증적 의사소통 참여자들의 마음속에 일어나는 심리적 갈등이나 잡념 등이다. 논증적 의사소통 상황에서는 논제에 대한 관심사, 입장 유지의 강도 등이 간섭을 일으킬 수 있다. 의미적 잡음이란 교류되고 있는 메시지의 의미를 이해할 수 없어 의사소통 자체가 이뤄질 수 없는 경우를 뜻한다. 표현의 낯설음이나 특정 단어에 대한 감정적 대응도 의미적 간섭을 낳는다.

　논증적 상호 교섭 행위를 구성하고 있는 각각의 요소를 보다 구체적으로 살펴보면 다음과 같다.

1) 논증 참여자

(1) 논증자와 공신력

　논증적 소통의 참여자이자 주체로서 논증자가 동일한 메시지를 전달하더라도, 논증자가 누구인지에 따라서 그 설득력에는 많은 차이가 생긴다. 예를 들어, 논증자가 평소에 불성실하고 믿음을 주지 못하는 사람이라면, 그 사람이 아무리 논리적이며 합리적이고 타당한 말을 했더라도 그 말은 설득력이 떨어진다. 하지만 평소에 신뢰가 쌓인 사람이라면, 말할 주제에 대해 충분한 경험과 전문성을 갖춘 사람이라면, 성실하고 진지한 자세로 말하는 사람이라면, 상대방은 논증자를 신뢰하고 메시지를 보다 적극적으로 검토하려는 태도를 취하게 된다.

　논증자의 공신력 요인은 논증적 의사소통 과정 및 목적 달성에 중요한 역할을 한다. 공신력이란 의사소통 효과에 영향을 미치는 의사소통 참여자의 특성으로, 수신자가 발신자에 대해 느끼는 이미지, 또는 태도 등을 바탕으로 수신자가 발신자의 메시지 전달 행위를 관찰하고 그에 대해 내린 종합적인 평가 결과이다.

　공신력은 Aristoteles의 수사학에서는 에토스라 불렸던 설득적 기제이다. 공신력은 논증자 자체의 내면적인 특성이기보다 수신자가 논증자를 인식한 결과로 발생하는 것으로, 이는 시간과 상황에 따라 달라진다. 논증자의 공신력은 논증을 하는 동안에도 수신자가 어떻게 받아들이고 어떻게 반응하느냐에 따라 높아지기도 하고 낮아지기도 한다. 주장하는 것이 진실이라는 사실을 입증하기 어렵거나 주장이 사실에 기반하기보다는 가치에 기반하고 있을 때, 논증자의 공신력은 더욱 큰 힘을 발휘하게 된다.

Inch & Warnick(2010: 203)은 공신력을 두 가지로 나누었다. 하나는 논증자에 대한 사회적 평판으로부터 비롯되는 공신력이며, 다른 하나는 논증자가 말한 내용을 통해 확보되는 공신력이다. 전자는 최초의 공신력이라고 한다. 최초의 공신력은 논증 이전에 형성된 논증자의 자격, 전문성, 지위, 사회적 평판 등에 근거한다. 후자는 유래된 공신력이라고 한다. 논증에서 확인되는 이유와 근거의 질, 주장의 수용 가능성을 높이기 위해 선택한 내용 구성 등에 대한 전문가적 능력에 의해서 형성되는 것이다. 최초의 공신력과 비교했을 때 유래된 공신력은 논증자의 주장에 대해 수신자가 어떻게 생각하고 있는지, 논증에서 활용한 근거의 질에 대해 어떤 평가를 하는지, 반론을 제기할 수 있는지에 따라 결정된다.[3]

논증자의 공신력을 구성하는 요소로는 전문성, 선의, 도덕적 품성 등이 있다. 전문성은 논증자가 얼마나 많은 지식과 경험을 가지고 있으며, 사안과 관련된 전문적 식견을 갖추고 있느냐에 대한 것이다. 선의는 말 그대로 그 사람이 어떤 목적으로 말을 하는지, 정말로 선의의 목적으로 상대방의 이익을 위해서 말하고 있는가에 대한 것이다. 도덕적 품성은 논증자가 기본적으로 갖추고 있어야 할 인간으로서의 도덕적 덕목과 관련된다.[4]

....

3 대부분의 학습자들은 논증자로서 공신력이 낮으며, 특히 최초의 공신력을 확보하는 데는 어려움이 있다. 결국 유래된 공신력을 바탕으로 논증자로서의 공신력을 확보할 수밖에 없는데, 유래된 공신력은 논증 능력에 의해 결정되므로, 논증 능력을 신장하는 것이 논증자의 공신력을 확보하는 방법이 될 것이다.
4 Hovland & Weiss(1951)는 공신력의 구성 요소로 전문성과 신뢰감을 제시하였다. 주어진

논증자는 자신이 가지고 있는 공신력 정도가 어느 정도인지에 따라 논증 메시지의 구성, 논증의 강도, 표현 양식 등을 조절할 수 있어야 한다. 예를 들어, 사회적 지위가 낮고 전문적인 능력이 없는 논증자는 논증을 시도할 때 설득력이 떨어지고, 논증의 시도 자체가 하나의 큰 도전일 수 있다. 이러한 경우 논증자는 사회적 평판을 통해서 확보할 수 있는 신뢰성이나 공신력이 없기 때문에, 메시지 그 자체의 의미를 통해서 신뢰성을 높이도록 더 많은 노력을 해야 한다.

Grass & Seiter(1999: 91-92)는 공신력을 높이기 위한 전략을 제시하였다. 할 수 있는 한 최대한으로 준비하기, 입장을 지지하는 근거를 밝히고 정보 출처를 공개하여 공신력이 있는 정보원에 편승하기, 주제나 이슈에 관한 자격과 전문성을 갖추었음을 알리기, 정직하고 진실한 사람이라는 것을 보여 주기, 수신자들을 배려하고 그들의 생각을 이해하는 선의를 보여 주기, 수신자와의 유사성 높이기, 단호하고 자신감 있게 말하기, 공신력이 높다고 인정받은 사람이 자신을 소개하도록 하기 등이다.

논증자가 가져야 할 행위적 특질로는 공신력 이외에 유사성, 의견 지도력(opinion leadership) 등도 있다. 유사성은 수신자가 논증자를 자신과 비슷하다고 인식하는 정도인데, 유사성은 이질성과 함께 논증 효과를 설명하는 주요 변인이 된다. 의견 지도력이란 힘에 의하지 않고 무의식적이고 격식 없이 다른 사람에게 영향을 미치는 지도력이다. 논증자가 특별한

....

주제에 대하여 올바른 결론을 내릴 수 있는 지식을 가지고 있는가, 선의적이고 믿을 수 있는 동기가 있느냐에 따라 공신력이 결정된다고 보았다. 이를 발전시킨 Backman & Secord(1966)은 전문성은 교육 경험과 나이·지식·사회적 배경에 의해 구성되고, 신뢰감은 성격·외양·표현 방법 및 의도에 의해 좌우된다고 보고하였다. Mills(1969)는 공신력의 구성 요소로 전문성과 신뢰감 이외에 열정, 매력, 수용자와의 유사성을 추가로 제안하였다. Grass & Seiter(1999)는 공신력을 일차적 차원과 이차적 차원으로 분류한다. 일차적 차원에서는 전문성, 신뢰성이 영향을 미치며, 이차적 차원에서는 외향성, 침착성, 사교성, 적극성이 영향을 미친다.

지위를 갖지 않더라도 다른 사람들이 그 사람을 의견 지도자로 생각하면 논증자는 의견 지도력이 있는 것이 된다.

(2) 수신자와 논증의 수준 조절

논증적 소통의 참여자이자 주체로서 수신자(recipient)는 논증자의 논증에 대해 단순 반사적으로 반응을 보이는 것이 아니라, 수신자 내부에 존재하는 태도, 피설득 성향, 사회적 지위, 사회·문화적 상황 등의 영향을 받아 적극적으로 대응한다.

논증은 논증자와 수신사 사이에 입장 차이가 존재하고, 수신자가 그것을 수용하도록 하기 위한 의도에서 시작된다. 수신자가 주장을 받아들이도록 하기 위해서 논증자는 이유와 근거를 제시하게 되는데, 이는 수신자가 이미 받아들이고 있는 것이거나 또는 충분히 받아들일 수 있는 것이어야 한다. 수신자가 받아들이고 있는 이유와 근거를 이용하여 아직 받아들이지 못하는 주장을 받아들이도록 합리적으로 소통하는 것이 논증이다.

이유는 수신자에게 이미 받아들여진 지식으로 그 자체로서 이미 입증력을 가지고 있는 것이어야 효과적이다. 그러므로 이유와 주장 사이에 임의의 선을 하나 긋고 선 아래는 수신자에게 이미 수용된 것이며 선 위는 수용되지 않은 것이라 할 때, 대부분의 이유는 선의 위치보다 아래쪽에, 주장은 선의 위치보다 위쪽에 존재할 것이다.

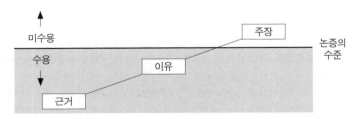

[그림 3-2] 논증의 수준

논증의 결과로서 수신자에게 주장이 수용되면 주장은 선보다 아래로 내려가게 될 것이며, 그때는 더 이상 논증이 필요하지 않고 수신자도 더 이상 반박하지 않게 된다. 이때 수용된 주장은 최상위 논증의 이유로 기능할 수 있다.

　　임의의 선은 수신자에게 수용되지 않은 것으로부터 수용된 것을 구분해 내는 가상의 선으로 '논증의 수준'을 결정한다고 할 수 있다. 아무리 전문적이고 객관적으로 입증된 이유와 근거를 토대로 주장을 제기하더라도, 그것이 너무 전문적이어서 수신자가 이해할 수 없다면 논증은 설득력을 얻을 수 없다. 논증자는 이유부터 논증하여 입증해 보여야 할 수도 있다. 결국 논증의 수준은 유동적인 것으로 논증의 상호 교섭적 특징을 잘 보여주는 가상의 요소라고 할 수 있다. 논증의 수준을 조절하는 데 결정적인 영향력을 발휘하는 것은 논증적 의사소통에 참여하는 수신자의 인식 수준이나 태도이다.

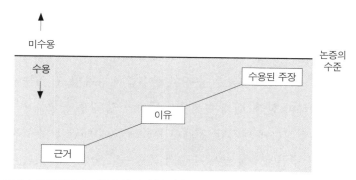

[그림 3-3] 논증의 결과에 따른 논증의 수준 변화

　　예를 들어, 수신자가 논란이 되는 문제 상황이나 논제와 관련된 분야에 대해서 매우 다양한 경험과 지식을 가지고 있어 논증자와 공유할 수 있는 내용이 많을 경우, 일반적으로 논증의 수준은 비교적 높게 설정된다.

논증 행위는 양자 간에 이미 동의하고 있는 이유의 적절성보다는 주장의 정당성에 초점을 맞출 가능성이 크다. 반면, 수신자의 경험이나 지식이 부족할 경우 논증의 수준은 비교적 낮게 설정된다. 논증자는 주장을 피력하기 위하여 수신자가 이미 알고 있을 것이라고 생각했던 이유나 근거들을 제시하겠지만, 수신자의 배경지식이 부족하면 논증자는 이유나 근거에 대해서부터 구체적으로 설명해야 한다. 상위 논증으로 발전시키기 위한 하위 논증을 추가로 수행해야 하는 것이다.

또한 같은 내용이라 하더라도 논증의 수준에 맞는 표현 방식을 선택해야 한다. 과학자가 자신의 연구 결과를 학술지를 통해 동료 연구자들에게 발표할 때와 TV 프로그램을 통해 전 국민에게 발표할 때는 다르다. 동료들을 대상으로 할 때는 수신자가 해당 분야의 전문가들이기 때문에 보다 과학적인 근거 자료를 채택해야 하는 반면, 비전문가인 일반 대중을 대상으로 할 때는 일반인들이 충분히 이해할 수 있도록 다른 방식으로 표현해야 한다.

한편 논증적 의사소통을 통해서 설득해야 하는 상대가 둘 이상일 경우에, 논증을 시도한 자는 개별적인 수신자에 맞추어 각기 적절한 수준을 따로 설정해야 하며, 한편으로는 수신자들이 함께 공유할 수 있는 수준을 조율해 보기도 해야 한다. 대개 수신자가 둘 이상인 경우 공통분모는 가장 낮은 수준으로 설정하게 되지만, 전개된 논증 수준에 대한 선의 위치가 이미 높게 설정된 수신자에게 낮은 수준의 논증부터 출발하는 것은 지루하거나 무의미할 수 있다.

수신자가 논증자와 논증 주제에 대해서 어떤 태도를 취하고 있는가에 따라서도 논증 전략은 달라져야 한다. 수신자가 논증 주제에 대한 관심도는 높지만 강한 적대감을 가지고 있는 경우 우회적 접근 방식이 요구된다. 주장을 전달하기 전에 뒷받침 자료를 충분히 준비하고 논리적으로 이야기를 전개하는 것이 효과적이다. 논증자의 입장을 지지하고 있는 경우는 논증 메시지가 너무 친숙하여 지루하고 따분할 수 있고, 자신들을 무시한다고 생각할 수도 있으므로, 수신자로 하여금 자신의 입장대로 행동하도록 강조하는 것이 좋다.

어떠한 의견도 없는 집단도 있을 수 있다. 이 집단은 충분한 정보가 없는 집단, 중립적 집단, 무감각한 집단으로 세분할 수 있다. 정보가 없는 집단을 대상으로 할 때는 논증 메시지에 대한 배경지식을 전달하는 데 많은 시간이 필요하므로, 논증의 목표치를 줄이는 것이 좋다. 중립적 집단은 자기를 통제하는 능력이 뛰어난 지적 능력이 높은 사람들로 구성될 가능성이 높으므로, 논리적 설득을 시도하는 것이 효과적이다. 무감각한 집단은 주제가 자신과는 상관없는 별개의 것이라고 생각하므로 감성적 측면을 자극하는 것이 효과적이다.

논증적 소통 과정에서는 수신자의 인구·사회학적 변인과 개인의 성격 요인도 고려 대상이다. 예를 들어 대체로 연령이 낮은 수신자는 설득자의 의도를 알아채고 이해할 능력이 부족하기 때문에 쉽게 설득된다. 남녀의 성 차이에 따라 피설득 성향이 달라지기도 한다. 성차에 따른 피설득성을 다룬 과거의 연구들은 여성이 남성에 비해 설득당하기 쉽다는 입장을 취했으나, 최근의 연구에서는 피설득성에 대해 성별 차이가 존재한다고 할 만한 명백한 증거가 없다고 보고된다. 피설득 성향의 정도는 성별에 의해 달라지는 것이 아니라 개인을 둘러싼 문화적 요인, 사회화 과정에 따라 달라지는 것으로 보는 경우도 있다.

논증 메시지의 수신 양상은 인종이나 문화에 따라서도 다른 양상을 보인다. Burgoon et al.(1994)은 같은 인종 간의 의사소통이 서로 다른 인종 사이의 의사소통보다 더 효과적이라고 주장했다. 그러나 White & Harkins(1994)는 백인은 같은 백인으로부터 전달된 메시지보다 흑인으로부터 전달된 메시지에 대해 보다 신중하고 깊이 생각하는 경향이 있다고 보고하였다. 이는 백인 자신들이 인종차별주의자로 보이기를 원하지 않기 때문이라는 것이다. 이와 같은 연구 결과는 동족 집단에게 메시지를 전달하는 것보다 다른 민족 및 인종으로 구성된 집단에게 메시지를 전달하는 것이 더 효과적일 수 있음을 시사한다(김영석, 2010: 248).

수신자의 지능도 고려 대상이 될 수 있다. 수신자들이 가지고 있는 불안감, 인지적 복잡성, 인지 욕구, 공격성 등도 설득의 효과와 관련이 있다.

논증자는 궁극적으로 설득하고자 하는 대상이 누구인지에 따라 논증 상황에 참여하는 표면적인 수신자뿐만 아니라 잠재적 수신자까지 고려할 수 있어야 한다. 예를 들어, 선거 후보자 연설의 경우 연설장에 참여한 대중 이외에 전체 유권자를 설득하는 것을 목표로 할 것이며, 선거 후보자 TV 토론의 경우 토론에 참여한 상대 후보자가 표면적인 수신자로 보이나 실제 설득하고자 하는 대상은 TV 토론을 시청하는 유권자들이다. 즉 Perelman & Olbrechts-Tyteca(1958)에서 말하는 특정 청중뿐만 아니라 보편 청중까지 고려할 수 있어야 한다.

(3) 논증 참여자 간 관계

상대를 설득하고자 하는 의도에서 출발하는 논증 행위에서 얻는 만족감은 상대방이 자신의 논증을 믿고 자신의 주장을 따르는 행동을 할 때만 얻어지는 것이 아니다. 또는 논증자가 요구하는 행동에 대해서 완전히 지지하고 완벽히 동의할 때만 얻어지는 것이 아니다. 물론 논증자 중에는 자신의 주장에 대해 상대방이 완벽하게 동의하는 것만이 논증의 궁극적인 목표라고 생각할 수도 있다. 그러나 논증자의 주장을 생각해 볼 만한 것으로 받아들이는 공공의 찬성, 주장과 이를 뒷받침하는 이유에 대한 인정과 존중, 주장과 이유에 대한 진지한 검토만으로 만족할 수도 있다. 경우에 따라서는 주장하는 행위 자체에 대한 존중, 논증자 자신에 대한 주목 정도만으로도 만족할 수 있다.

논증적 의사소통에 참여하는 주체로서 모든 논증자가 피설득 대상자인 수신자로부터 메시지의 내용을 이해하고 수용하여 행동하는 변화를 요구하지는 않는다. 이렇게 논증적 소통에 대한 기대 수준은 참여자들의 논증 성향이나 상대에 대한 관계 인식에 의해 결정된다.

논증 참여자 간 관계란 논증적 의사소통 행위에 참여하는 사람들 사이에 존재하는 상호 의존적인 관계이다. 논증자가 이 관계를 어떻게 인식하고 상호 간의 관계를 얼마나 중요시하느냐에 따라서 논증 행위의 정도와 방향성, 논증을 통해 상대에게서 얻어 내고자 하는 바, 논증의 결과에 대한 기대 수준 등이 달라진다. 논증 참여자들 사이의 협력적 관계를 중요시한다면, 굳이 주장에 대한 완벽한 동의나 지지를 얻지 못하더라도 주장에 대한 존중이나 인정으로도 만족한다. 반면 논증 참여자들 사이의 관계를 경쟁적이고 상호 배타적인 것으로 생각하는 참여자는 논증을 이기고 지는 싸움으로 인식하기 때문에 끝까지 주장에 대한 완벽한 동의나 지지를 얻어 내고자 치열하게 논증한다.

논증 참여자 간의 상호작용 유형은 경쟁적, 수용적, 회피적, 협동적 상호작용의 네 가지로 분류할 수 있다.[5]

경쟁적 상호작용은 논증 참여자 간의 관계보다 논증을 통해 증명하거나 설득하고자 하는 내용을 중시하는 방식으로 주로 법정에서 많이 나타난다. 이러한 관계에서 논증은 이기고 지는 게임으로 간주된다.

....

5 Lewicki et al.(2004/2005)는 협상자가 갈등을 상호 조정하고 문제 해결 방법 전략을 선택하게 되는 기제를 관계와 성과에 초점을 맞추어 '이중 이해관계 모델'을 제안하였다. 이 모델에서는 그 관계를 경쟁적, 수용적, 회피적, 협동적 유형으로 설명하였는데, 이는 의견 차이를 바탕으로 하는 논증적 의사소통 상황의 참여자 관계를 설명하는 데도 유용하다.

수용적 상호작용은 논증의 내용보다는 관계를 중시할 때 사용된다. 상대와의 강한 결속력을 유지하기 위해서 상대방이 자신의 입장과 상반되는 입장을 견지할 때 물러나는 모습을 보이게 된다. 자신의 논증 목적을 달성하지 못하더라도 자신과 다른 생각을 갖고 있는 상대의 입장을 수용하는데, 상대와의 관계 형성을 통해 향후 더 좋은 결과를 얻어 내겠다는 목적을 가질 때 이러한 논증 방식을 선택하게 된다. 성격이 단호하지 못한 참여자가 친밀한 관계를 유지하고 있는 상대와 일상적 논제로 논증을 주고받는 상황에서 주로 일어난다.

회피적 상호작용은 논증 상황에 연루될 때 물러서거나 회피하는 것이다. 이 접근은 논증의 내용이나 논증 참여자 간의 관계 모두에 무관심하며 논증을 하더라도 소용이 없을 것으로 생각한다. 물러나거나 침묵하는 것이, 혹은 아무런 말을 하지 않는 것이 더 좋을 경우에 이러한 방식을 취하게 된다.

협동적 상호작용은 논증 참여자들 모두가 성공할 수 있는 논증 방식을 추구한다. 이러한 접근에서는 상대방이 가지고 있는 가치나 믿음도 똑같이 중요한 것으로 간주한다. 논증을 상호 이해의 영역을 확장할 수 있는 기회로 인식하고 서로의 합리적인 의사 결정에 기여하는 논증 방식을 추구한다. 소위 말하는 윈윈 전략으로 문제 해결, 통합, 호혜적 방식이라고도 한다. 한쪽이 어느 한쪽의 관점을 바꾸는 목적에서 논증이 시도되었더라도 승자와 패자 구분 없이 양측 모두 혜택을 얻을 수 있다. 논증 참여자들은 서로의 관점을 보다 잘 이해할 수 있게 되고, 당면한 논제에 대한 자신의 관점을 보강할 수 있게 된다. 상대의 질문과 반론에 대응하는 과정에서 자신의 관점을 보다 뚜렷하게 뒷받침하기 위한 이유와 근거를 생각해 낼 수 있다. 무엇보다 중요한 것은 상대방의 주장에 녹아 있는 관점과 근거를 이해하게 됨으로써 논제와 그것에서 파생된 여러 가지 결과를 더 깊이 이해하게 된다. 이로써 자신의 논증은 깊이를 더하고, 그 관점을 뒷받침해 주는 근거는 더 예리해질 수 있으므로 보다 큰 이득을 얻을 수 있다.

네 가지 접근 방식은 [그림 3-4]로 정리할 수 있다.

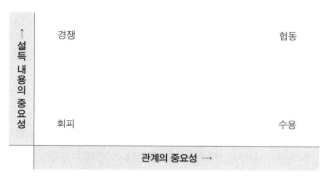

[그림 3-4] 논증 참여자 간 관계 유형

논증 참여자 간의 관계에 대한 인식에서 비롯되는 각각의 논증 방식은 나름의 장점과 단점을 가지고 있다. 그러므로 논증자가 추구하는 목적이나 논증의 맥락에 따라 적절한 접근 방식을 선택할 수 있어야 한다.

하지만 논증적 소통 행위를 교육의 장에서 실천하고자 할 때는 상대를 설득하는 것도 중요하나, 궁극적으로 논증 참여자 다자간의 이해를 확장하고 관계를 개선할 수 있는 협력적인 의사 결정을 내릴 수 있는 태도를 함양해야 한다. 논증은 대화 상대방을 조작할 대상으로서가 아니라 관점을 공유하게 될 분신(alter ego)으로 간주해야 한다(Grize, 1990: 61). 즉 논증은 타인을 조작하거나 타인을 변화시켜 자신과 동일한 관점을 갖도록 하는 것이 아니라, 관점을 다원화하면서 논증을 매개로 관점을 구성하는 방식이라는 것이다. 논증 교육은 궁극적으로 협동적 논증 방식을 추구하여 현대 사회에서 요구되는 합리적인 의사소통 능력을 신장하는 데 기여할 수 있도록 해야 한다.

2) 논증적 상호 교섭 작용

논증 참여자들은 상호 조율과 조정 작업에 적극적으로 참여하여, 논증을 역동적으로 전개해 간다. 여러 하위 논증을 전개하며 상호 이해를 확장하고 건설적 논증을 재생산하게 된다.

[그림 3-1]에서는 논증의 소통 과정을 나선으로 표현하였는데, 의사소통을 나선형 방식으로 이해하는 것은 Dance(1967)의 논의를 바탕으로 한 것이다. Dance(1967)가 제안한 나선형 모형은 의사소통이 과거나 현재, 미래 등의 시간적인 흐름 속에 있다는 점을 강조한다. 의사소통에서의 시간 변화는 크게는 시대적, 사회·문화적 변화, 작게는 의사소통 참여자의 관계 변화, 의사소통 과정의 변화 등을 포함하는데, 의사소통은 그동안 진행되어 왔던 의사소통 경험 위에서 성립하는 것이다. 그리고 현재 진행 중인 의사소통이 이후의 의사소통 구조나 내용에 영향을 미치는 것으로 파악한다. 즉 의사소통 참여자 간의 피드백이 원점으로 되돌아온다는 작용적 관점을 초월한다. 나선형 모형에 따르면 피드백이 되돌아왔을 때는 이미 다른 시간 상태, 다른 관점, 다른 관계에 위치하게 되는 것이다. 우리는 의사소통이 진행됨에 따라 서로에 대한 인식을 확장하고 어떤 화제나 그에 대한 다른 사람의 견해와 지식 등에 대해 시간이 지날수록 더 많은 것을 알아 가게 된다. 논증적 소통 역시 의사소통의 진행 과정에서 점진적으로 상호 이해를 확장하고, 주장에 대해 동의할 수 있는 지점을 모색하게 된다.

한편 논증을 수신하는 역할로 의사소통 상황에 참여하기 시작했던 자는 상대방의 논증을 단순히 수신하기만 하지 않는다. 상대방이 제기한 논증의 타당성을 심사숙고한 후 그것에 대한 동의나 거부의 결정만을 최종적으로 전달하지도 않는다. 의사소통 과정 중에 상대방의 논증에 대해 공감하거나 반박하는 논증을 생산할 수도 있다. 이에 따라 최초로 논증을 시도한 자는 상대의 반응을 고려하여 논증의 전개 방향을 적극적으로 조정해야 한다.

3) 논증 맥락

논증적 의사소통 행위는 맥락 속에서 전개된다. 논증은 결코 진공 상태에서 일어나는 것이 아니다. 맥락은 논증적 소통이 시작되기 전에 형성되어 논증적 소통 행위를 지배하며, 이유와 근거를 선택하고 제시된 이유와 근거를 수용하거나 거부하는 등의 다양한 상호작용을 창출하는 기저가 된다. 맥락은 논증자와 수신자의 관계를 규정하는 데도 중요한 역할을 한다.

맥락은 발화의 해석에 관여하는 정보나 그러한 정보를 제공하는 언어적·물리적·사회적·문화적 요소로, 의사소통은 특정한 맥락으로부터 구속을 받는다. 언어적 표현은 전후에 또 다른 언어 요소들과 인접하여 존재하는데, 이때 인접한 언어 요소들로 구성된 언어적 맥락, 화자·청자를 포함한 시간·공간 등의 물리적 상황인 상황적 맥락, 언어 표현이 속한 사회적 맥락, 문화적 맥락 등의 선택과 확대 속에서 처리된다.

Halliday & Hasan(1989)는 맥락을 '상황 맥락', '문화 맥락', '텍스트 간 맥락', '텍스트 내 맥락'으로 구분하였는데, 국어과 교육과정에서는 상황 맥락과 사회·문화적 맥락에 주목하고 있다. 상황 맥락은 담화와 글의 생산·수용 활동에 직접적으로 개입하는 맥락으로 언어 행위 주체, 주제, 목적, 매체 등을 포함하고, 사회·문화적 맥락은 담화와 글의 생산·수용 활동에 간접적으로 작용하는 맥락으로 역사적·사회적 상황, 이데올로기, 공동체의 가치·신념 등을 포함한다. 논증 행위 역시 논증의 상황 맥락과 논증의 사회·문화적 맥락에 의존한다.

논증의 상황 맥락은 논증의 수사학적 상황과 관련된다. 논란이 되는 문제적 사태, 논제, 논증 참여자의 요구 등이 만나는 지점에서 완성된다고 할 수 있다. 논증의 사회·문화적 맥락은 논증의 상황 맥락보다 상위의 층위에서 논의되는 것으로 논증의 영역, 논증의 분야, 문화적 가치 체계로 나누어 살필 수 있다.

논증의 영역은 논증이 어떻게 생산되고 평가되며 소통되는지에 영향을 주는 사회적 구조이다. 이는 논증 참여자의 사회적 성격, 관계, 수에 의해 결정된다. 크게 사적 영역, 공적 영역, 기술적 영역으로 나눌 수 있는데, 논증적 소통이 어떠한 영역에서 전개되는 것이냐에 따라 논증의 강도와 방향, 표현 양식, 이해 방식, 평가는 달라진다.

사적 영역의 논증은 개인적 관계로 결속된 사람들 사이에서 전개된다. 일상적인 상황에서 비교적 비공식적으로 이루어지는 논증이며 논증 평가를 위한 기준은 참여자에 따라 달라진다. 공적 영역의 논증은 대중이나 일반적인 청중을 대상으로 전개된다. 논증 평가를 위한 기준은 대중의 기대를 바탕으로 형성된다. 기술적 영역의 논증은 특정한 분야의 특별한 청중, 즉 해당 분야의 전문가 집단을 대상으로 한다. 비교적 형식적이고 엄격한 규칙에 대해 논의하며 논증을 평가하는 기준은 특정 영역의 전문가 집단에 의해 마련된다.

논증적 의사소통 행위는 하나의 고정된 영역 내에서만 제한적으로 전개되는 것이 아니다. 사적 영역의 논증으로 출발했다 하여도 사안의 심각성에 대한 공감대가 형성되어 공론화되거나 제3의 의사 결정자가 추가로 참여하게 되면, 기술적 영역의 논증이나 공적 영역의 논증으로 발전할 수 있다. 이에 따라 논증적 의사소통에 요구되는 양식이나 내용, 평가 기준도 달라질 수 있다. 예를 들어, 기숙사에서 룸메이트가 흡연하는 문제로 룸메이트 양자 간의 사적 영역에서 논증적 소통이 시작되었더라도, 합리적인 의사 결정이 원활하게 진행되지 않을 경우 기숙사의 다른 친구들이 개입할 수도 있다. 나아가 학생 자치회 차원의 문제로, 법적인 의사 결정 문제로 이양될 수도 있으며, 사회적 차원에서 비흡연자의 권리 보호나 흡연자의 자유 보호 등의 논의로 확대되거나 사회 운동으로 전개될 수도 있다.[6]

논증의 분야는 논증 참여자의 의사소통 방식을 결정하는 사회학적인 맥락이다. 논증의 분야에 따라 논증의 표현 방식, 근거를 제시하거나 평가하는 방식, 논증을 수행하는 절차 및 규칙이 달라진다. 예를 들면, 의사, 변호사, 교사, 과학자, 철학자, 미학자 집단 등 다양한 분야의 집단에 따라 논증적 의사소통의 행위 방식은 달라진다. 변호사들은 주장을 뒷받침하기 위한 이유나 근거로서 매우 엄격한 법률이나 규칙을 강조하며, 과학자들은 유추를 바탕으로 한 추정보다는 객관적으로 입증이 가능한 인과 관계에 주목한다.

논증이 성공했는지 실패했는지, 좋았는지 나빴는지, 유용했는지 유용하지 않았는지 등에 대해 판단하고 평가할 때 우리는 분야 의존적인 기준과 분야 독립적인 기준을 적용해서 평가하게 된다. 분야 의존적인 기준이란 특별한 분야의 논증을 생산하는 데 관여하는 규칙, 관습, 인식의 틀이며, 분야 독립적인 기준은 논증의 분야와 상관없이 일반적으로 적용되는 것이다. 분야 의존적인 기준에 따라 평가해야 할 점이 있기 때문에 논증 분야에 대한 인식은 논증을 이해하는 데 중요한 요소이다.

....

6 Inch & Warnick(2010)은 제3자가 의사 결정에 참여하게 되거나, 법과 관련된 기술적 영역, 공적 영역으로 가게 될수록 논증적 소통은 경쟁적 관점을 띠게 된다고 보았다. 상호 협력적이고 공동의 발전적인 목표를 지향하는 의사소통보다는 한쪽은 이기고 다른 한쪽은 질 수밖에 없는 의사소통이 될 가능성이 크다는 것이다.

문화적 가치 체계는 논증 행위를 추동하는 기저의 힘으로, 사회 구성원의 인식에 영향을 주는 제도·정책·풍습·종교·학문·예술 등 문화 현상 전반 그 자체나 그 문화 현상 전반에 대한 개별 주체의 평가 및 인식이다. 개인이 추구하는 가치 체계 및 개인이 속한 사회가 추구하는 가치 체계가 어떠한 것인가에 따라서 근거를 해석하는 방법이 달라지고, 근거로부터 도출하는 이유의 의미가 달라지며, 주장이 달라진다. 또한 주장을 이해하고, 평가하는 방향도 달라진다. 즉 문화적 가치 체계란 현실을 지각하는 관점에 영향을 주는 가치 기반이나 태도이다.

　　가치 체계에 의해 현 상태를 유지하고자 하는 쪽과 현 상태를 변화시키고자 하는 쪽의 의견 차이가 발생하고, 그 지점에서 논증적 소통이 발생한다. 현 상태를 변화시키고자 하는 찬성 측에 의해 문제가 제기되면, 찬성 측이 요구하는 새로운 변화를 거부하는 입장으로 반대 측이 형성된다. 이때 반대 측의 입장은 다시 두 가지로 구분할 수 있다. 하나는 말 그대로 현 상황의 유지를 바라는 보수적인 입장이고, 다른 하나는 현 상황의 문제와 변화의 필요성에 대해서는 공감하지만, 찬성 측이 주장하는 방식대로의 변화는 거부하는 입장이다. 이와 관련하여 민병곤(2004)은 개인의 사회적 가치 기반을 현실 추수적·현실 개혁적·현실 지양적으로 나누었다.

　　현실 추수적 태도는 사실, 가치, 제도 및 정책의 현 상태가 바람직하다고 생각하거나 다소의 문제는 있지만 그것이 본래 기능을 훼손한 것은 아니기 때문에 현 상태가 유지되어야 한다고 보는 태도이다. 현 상태의 문제점에 대한 인식이 결여되어 있거나, 문제를 인식하더라도 마땅한 대안을 찾을 수 없거나, 대안을 찾더라도 그것이 실현 가능성이 없거나, 대안을 찾더라도 자신이 그러한 실천에 주체적으로 참여할 수 없거나 참여하지 않겠다는 인식을 반영한다.

　　현실 개혁적 태도는 현 상태에 대한 문제를 심각하게 인식하고 현 상황이 유지되는 것을 급격하게 반대하는 태도이다. 현재 상황을 개혁하기 위해 자신이 내세운 대안을 결정하는 것만이 현 상태의 문제를 해결할 수 있다고 본다.

현실 지양적 태도는 현 상태가 유지되는 것이 바람직하지는 않지만, 무조건 현실에 반대하고 대안을 선택하기에 앞서 심사숙고의 필요성을 강조하는 것이다. 지양이란 더 높은 단계로 오르기 위하여 어떠한 것을 하지 아니하는 것이다. 변증법의 중요한 개념으로, 어떤 것을 그 자체로는 부정하면서 오히려 한층 더 높은 단계에서 이것을 긍정하는 일, 모순 대립하는 것을 고차적으로 해결하면서 현재의 상태보다 더욱 진보하는 것이다. 현실 지양적 태도는 현실의 문제를 해결하기 위해 제시된 대안이 내포하고 있을 또 다른 한계나 문제점을 찾고 이를 보완해 보려는 절충적 입장이라 할 수 있다.

3. 논증적 상호 교섭의 단계 및 세부 과정

논증적 의사소통에서 상호 교섭 작용은 별도의 실체가 존재하지 않는 추상적 개념이라 그 단계나 과정을 구체화하기 어렵다. 다만 비판적 토의나 토론 담화가 전개되는 과정에 기대어 논증적 상호 교섭의 일반적 단계나 세부 과정을 구조화할 수는 있을 것이다.

van Eemeren & Grootendorst(1992)는 논증 행위를 '의견의 차이를 해소하기 위한 언어의 사용을 특징으로 하는 담화 양식'이라고 정의한다. 이들은 의견의 차이를 해소하는 과정을 의견 상충이 확인되는 대면(confrontation) 단계, 양쪽의 입장 차이와 토론의 공통 기반을 확인하는 시작(opening) 단계, 한쪽이 논증을 제시하고 다른 쪽이 그에 반응하는 논증(argumentation) 단계, 찬성자의 의견 유지나 철회가 결정되는 결론(concluding) 단계로 나누고, 각 단계에서 요구되는 규범을 행동 강령으로 제시하였다.

한편 Walton(2006/2008: 257)도 논증이 사용되는 모든 대화를 대면(confrontation), 시작(opening), 논증(argumentation), 종료(closing)의 네 단계로 설명하였다. 대면 단계에서는 논제가 제시되고 그 논제에 대한 쌍방의 대립이 어떠한 성격인지 결정된다. 즉 서로 의견이 다르다는 것을 확인하는 것이다. 시작 단계는 논증 참여자들이 토론의 시작을 결심하고, 토론 진행에 필요한 규칙을 정하고 그것을 따르는 데 동의한다. 논증 단계에서 참여자들은 자신의 주장을 정당화하고 상대방의 주장에 대한 비판적 질문을 던지며 반론을 제기한다. 마지막으로 종료 단계에서는 토론이 끝나고, 한쪽이 자신의 목적을 달성했다면 다른 쪽은 상대의 주장을 인정하고 자신의 입장을 철회하거나 또는 반대 입장을 포기한다.

van Eemeren & Grootendorst(1992)나 Walton(2006/2008)이 제시

한 단계는 논증이 실제로 진행되는 표면적인 단계만을 대상으로 하고 있다. 논증적 상호 교섭은 상대방과 함께하는 상호작용 행위이지만, 상호작용 이전이나 상호작용 중에 표면적으로 나타나지 않는 내면적 인지 처리 과정 속에서도 논증적 상호 교섭은 활발히 전개된다. 즉 보다 생산적이고 밀도 높은 상호 교섭을 위해서는 논증의 계획 및 준비 과정, 자기 점검 및 조정 과정도 고려되어야 한다.

논증적 의사소통이 매우 적극적이고 역동적으로 전개되는 토론 담화나 비판적 토의 담화의 전개 과정을 참고하여, 논증적 상호 교섭 단계와 세부 과정을 살피면 [그림 3-5]와 같다.[7]

첫 번째 단계는 '대면'으로 논증적 상호 교섭을 전개할 만한 상황에 직면했음을 의미한다. 논란의 여지가 있는 문제 상황이 조성되고 그 문제와 관련된 논제에 대해 서로의 입장을 확인하는 것이다.

자신의 의견을 논증의 형태에 담아 표현하게 되는 대부분의 의사소통은 어떤 사안이나 문제에 대한 의견 차이로부터 시작된다고 할 수 있다. 논증적 의사소통을 성공적으로 수행하기 위해서는 이러한 논란의 여지를 명확하고 구체적으로 주제화하여, 무엇에 대해 논증해야 할지 명확하고 조작적으로 규정해야 한다. 이것이 바로 논제 설정이다. 논증해야 할 문제가 무엇인지 막연하고 모호하게 주어지면 상호 간에 초점이 맞지 않는 논의들만 오고 간다. 논제의 설정은 갈등이나 문제의 핵심을 탐구하는 계기

----

7   논증을 바탕으로 한 의사소통은 토론 이외에 대화, 연설 등 다양한 형태로 전개될 수 있다. 하지만 논증적 대화로 전개될 때는 논증을 위한 준비 과정이 토론이나 연설보다 치밀하지 못할 수 있고 내용의 밀도가 떨어질 수 있다. 연설로 전개될 때는 상대방과의 상호 교섭 과정이 역동적으로 전개되지 않을 가능성이 크다. 이에 토론 담화나 비판적 토의 담화를 토대로 논증적 상호 교섭 과정을 살핀다. 물론 담화 유형에 따라 논증 행위가 구체적으로 표면화되는 실현태에는 약간의 차이가 있을 수 있지만, 논증적 의사소통을 준비하고 실행하는 양상이나 과정의 전체적인 흐름에는 큰 차이가 없을 것이다.

단계	세부 과정	비고		van Eemeren & Grootendorst (1992)의 단계와 비교	Walton (2006/ 2008)의 단계와 비교
대면	○ 논증의 계기 조성 ○ 논증의 사안 확인 ○ 입장 차이 확인			대면-시작	대면-시작
계획 및 준비	○ 논제 탐구 및 자료 조사 ○ 논증의 구상 ○ 논증의 자기 평가 및 정교화	비가시적 내면적 상호 교섭			
실행	○ 입론 · 반론 · 재입론 · 재반론… ○ 동의 가능한 쟁점 확인 ○ 논증에 대한 상호 평가 ○ 논제에 대한 인식 지평의 확장	가시적 외면적 상호 교섭	비가시적 내면적 상호 교섭	논증-결론	논증-종료

[그림 3-5] 논증적 상호 교섭의 과정

를 마련하고 논증자가 무엇에 대해 어떠한 입장을 취해야 할지 생각하게 하는 출발점이 된다. 논제 설정 후 논제에 대해 최초로 정한 입장은 논증자 스스로 정당함을 확신할 수 있는 주장이 아닐 수 있다. 모호한 인식이나 우연히 갖게 된 편견에서 비롯된 것일 수 있다. 다른 대안을 찾아보지 않은 채 성급하게 정해진 최초의 입장은 추후 논증 구상 및 정교화 과정에서 충분히 수정될 수 있다.

두 번째 단계는 '계획 및 준비'로, 논증적 상호 교섭을 위해 계획하고 준비하는 것이다. 논제에 대한 자신의 입장을 뒷받침해 줄 만한 이유와 근거를 탐색하여 논증을 구상하고 정교화하는 데 필요한 시간을 충분히 확보할 수 있는 상황이라면 이 단계에서의 세부 활동들은 순차적으로 전개될 것이다. 하지만 준비 없이 즉석에서 실행되는 소통이라면 일련의 세부 활동은 구체화되지 않을 수도 있다. 그래서 van Eemeren & Grooten-dorst(1992)나 Walton(2006/2008)은 개시 단계와 논증 단계 사이에 별도의 준비 단계를 설정하지 않았다고 할 수 있다. 하지만 즉석에서 전개되는 논증적 소통에서도 이 단계는 연속적이고 동시적으로 진행된다. 단지 겉으로 드러나지 않을 뿐이다. 상대방과 실질적인 상호 교섭을 위해 발화하기 직전까지 자신의 논증을 준비하고, 자신이 준비하고 있는 논증이 타당하고 설득력을 갖추었는지 점검하며, 상대방의 반박에 어떻게 대처할 것인지 고민한다.

이 단계의 작업은 논제에 대한 탐구로부터 시작한다. 논제 탐구에서는 논제에 본질적이고 내재적으로 포함되어 있는 핵심 쟁점들을 찾아내는, '논점 분석'이 필수적이다. 논점 분석이란 정해진 논제에 대한 논증적 상호 교섭을 위해 하위 주제를 마련하는 것이라고 할 수 있다. 논점들은 상위 주장에 해당하는 논제의 핵심을 뒷받침하는 종속적인 하위 주장이다. 실제 논증적 의사소통은 논점을 중심으로 다양한 논증들이 오고 감으로써 진행되고, 논제에 대한 양측의 입장 중에 어느 쪽의 입장이 보다 타당하고 합리적이며 설득력이 있는지에 대한 결정은 논점들에 대한 하위 논증의 결과라고 할 수 있다.

논점에 대한 논증을 보다 효과적으로 구성하기 위해서는 연구 조사도 필요하다. 논제와 관련된 기존의 논증들을 찾아 분석하고, 주장을 뒷받침할 만한 정보를 탐색한다. 연구 조사 과정에서 어떤 논점과 관련된 주장을 지지하는 근거가 부족하거나 주장과 이유의 연관 관계가 약하다는 것 등을 확인하면 애초의 논점을 수정하고 재구성하게 된다. 때로는 미처 생각하지 못했던 더욱 강력한 새로운 논증을 발견하게 될 수도 있다.

각각의 논점과 관련하여 탐색해 놓은 모든 이유나 근거들이 논증으로 구성되는 것은 아니다. 상대적인 강·약점을 분석하고 비교 우위를 갖춘 것을 선별하여 논증을 구성하게 된다. 특히 상대방이 받아들일 수 있는 이유들로부터 자신의 주장이 따라 나올 수밖에 없음을 보여 줄 수 있도록 구성한다. 하나의 근거와 하나의 이유로 기본적인 단순 논증 구조가 완성되면, 그 논리적 연결 관계에 따라 복잡하고 다층적인 형태의 전체적인 논증 구조도 계획하게 된다.

논증의 기초 토대가 마련된 후에는 그것을 평가해 보고, 수정 보완하여 정교화하는 작업이 필요하다. 이는 논증의 설득 강도를 높이기 위함이다. 이유의 수용 가능성, 이유의 신뢰성·대표성·개연성·정확성·충분성, 주장과 이유의 관련성, 추론의 오류 가능성 등을 스스로 평가하는 활동, 완전무결한 논증은 존재할 수 없음을 인식하고 반론 가능성을 예측하는 활동이 전개된다.

논증을 평가하고 정교화하는 과정은 상대방과 실제로 논증적 상호 교섭을 하기 전에 자신의 주장에 대해 스스로 문제를 제기하고 예상되는 반론들을 떠올리면서 비판적으로 자기 점검을 하는 시간이다. 내면의 대화를 통해 비가시적인 상호 교섭을 미리 경험해 보는 것이라고 할 수 있다. 논증은 상대방과의 상호 교섭을 고려하지만, 개인의 내부에서도 일어난다. 외현화되는 소통으로서 형식적 완결성을 갖추지는 못했지만, 내적 자아와의 소통도 소통이라는 점을 감안할 때 논증은 개인 내부에서도 일어난다. 자신의 주장을 입증하기 위해 이유를 구성하고, 그것에 대해 스스로 문제를 제기하고, 예상되는 반박을 떠올리면서 최초의 주장을 수정하고 주장을 정교화하여 인식을 확장하는 것은 상대방과 상호작용하는 것 못지않게 중요한 과정이다.[8]

....

8 논증을 상대방을 설득하는 행위로 보는 수사학적 관점으로 접근하면 논증은 반드시 상대의 존재가 필요하므로 비가시적인 사고 작용은 논증이 아니다. 하지만 합리성을 탐구하는 화용·대

세 번째 단계는 '실행'으로, 계획하고 준비한 것을 실전에 투입하는 것이다. 상대방과 본격적으로 논증적 상호 교섭을 실행하는 핵심적 단계이다. 실제로 표면화되는 논증적 상호 교섭은 논증적 의사소통을 담아내는 담화 유형에 따라 발언 내용의 성격, 발언 순서, 참여자 간 발언 횟수, 발언 시간 등에 차이가 있을 수 있다. 그러나 일반적으로는 소위 입론, 반론, 재입론, 재반론의 다양한 조합으로 전개된다.

논증을 최초로 시도하는 자는 해당 논제에 대해 논의해야 할 이유나 필요성 등을 간략하게 언급하며 문제를 설명하고, 논제에 대한 자신의 입장과 그것을 뒷받침하는 이유와 근거를 제시하는 것으로 논증적 의사소통을 시작한다. 이때 수신자는 논증자가 제시한 논증이 합리적이고 수용할 만한 것인지 생각하며 비판적 듣기를 수행하고 상대의 주장에 대한 자신의 입장을 정리한다. 상대방의 논증 메시지에서 주장, 이유, 근거는 무엇인지, 주장을 뒷받침하는 이유와 근거는 충분히 수용 가능한지, 주장, 이유, 근거 간의 연관성은 충분한지, 논리적 오류는 없는지 등에 대해서 질문을 던져 보며 적극적이고 비판적으로 검토해야 한다.

최초로 논증을 시도한 자의 입장을 확인한 수신자는 상대방의 견해에 대한 자신의 입장을 논증한다. 이는 상대방의 논증을 공격하고 파괴하기 위함이 아니다. 상대방의 입장에 대한 반대를 위한 반대도 아니다. 이는 현재 논의되고 있는 문제에 보다 논리적이고 합리적으로 접근하기 위한 시도로서, 상대방이 제기한 논증의 불충분함이나 불합리함을 지적하는 것이다.

논증 참여자들은 상호 간의 대립점과 공유점을 확인하며 접점을 만들

화론적 관점으로 접근하면, 개인의 내면에서 일어나는 비가시적인 사고 작용으로서 논증의 합리성을 점검 및 조정하는 과정도 논증이다.

고, 현재의 의사소통을 보다 합리적이고 합당한 논증적 의사소통으로 전개하기 위해서 적극적이고 비판적으로 듣고 반응하며, 자신의 생각을 수정·보완하며 재입론, 재반론의 기회를 갖는다.

실행 단계에서는 자신의 논증에 대한 자기 평가와 상대의 논증에 대한 상호 평가가 동시에 전개된다. 즉 가시적으로 확인되는 상호 교섭과 가시적으로 확인되지는 않지만 내면적으로 전개되는 상호 교섭이 서로 침투하면서 역동적으로 전개된다. 이를 통해 논증 참여자들은 논제에 대한 인식의 다양성을 확인하고, 논제에 대한 이해의 지평을 확장할 수 있다.

상기에 제시된 일련의 과정은 일회적으로 끝날 수도 있다. 하지만 논증적 의사소통 상황에서 입증해야 하는 논점의 수, 참여하는 논증자의 수, 사전에 합의한 담화 전개 방식 등에 따라 논증 과정은 더욱 복잡하게 전개될 수도 있다.

실제 의사소통 장면에서 논증적 상호 교섭 과정이 [그림 3-5]와 같이 분절 가능한 단계로 순차적으로 진행되는 경우는 드물 것이다. 특히 '계획 및 준비' 단계의 세부 과정들은 글쓰기 과정처럼 선조적으로 진행되는 것이 아니라 회귀적으로 진행된다고 할 수 있다. 그럼에도 불구하고 논증적 상호 교섭 과정을 인위적으로 단계화하고 유목화하는 것은 세부 과정에 대한 효율적인 교수·학습을 위한 선택이다. 즉 이 과정에 대한 이해가 충분히 이루어지고 부단한 연습을 통해 숙달된다면, 연속적이고 동시다발적으로 전개되는 상호 교섭도 원활하게 해낼 수 있을 것이다.

4. 논증적 상호 교섭을 위한 소통 원리

논증적 의사소통을 위해 준비하고 계획하며 실행하는 전체 과정에서 가장 핵심적인 것은 일련의 과정을 거쳐 준비한 것을 실행하는 것이다. 즉 상대방과 실제로 논증적 상호 교섭을 전개하는 것인데, 이를 위해서는 기본적으로 논증의 생산과 수용이 원활해야 한다. 생산 차원에서 논증 메시지가 치밀하게 구성되고 효과적으로 표현되어야 하며, 수용 차원에서는 논증 메시지를 정확하게 이해하고 비판적으로 분석하여 건설적으로 반론해야 한다. 한편 논증 참여자들은 상대방과 역할을 교대하며 논증자와 수신자의 역할을 동시에 수행하는데, 논증자와 수신자가 함께 준수해야 할 규칙으로서 소통 원리도 고려할 수 있어야 한다.

논증의 생산 차원에서 논증자가 수행해야 하는 기능을 논증의 생산 원리 또는 논증의 구상과 표현 원리라고 할 수 있으며, 논증의 수용 차원에서 수신자가 수행해야 하는 기능을 논증의 수용 원리 또는 논증의 분석과 평가 원리라고 할 수 있다. 한편 상호 교섭을 원활히 하기 위해 논증자와 수신자가 함께 수행해야 하는 기능이자 상호 교섭 과정에서 준수해야 할 소통 규칙을 논증적 상호 교섭의 소통 규칙이라고 할 수 있다.

1) 논증의 구상과 표현 원리(논증의 생산 원리)

논증자는 논증의 맥락에 적절한 논증을 구상하고 수신자들이 논증을 명료하게 이해할 수 있도록 효과적으로 표현해야 한다. 이를 위해 논증자가 갖추어야 할 기능이자 추구해야 할 원리는 다음과 같은 것이 있다.

첫째, 논증자는 무엇보다 잘 들을 수 있어야 한다. 논증에서 중요한 것은 자신의 입장만을 주장하는 것이 아니라, 논증을 준비하는 과정에서는 물론이고 논증을 표현하는 과정에서도 상대방이 무엇이라고 말하는지 주의 깊게 듣는 것이다. Donoghue & Siegel(2005)에 의하면, 논증에서는 보다 적극적 듣기가 요구된다. 적극적인 듣기는 여타 종류의 듣기와는 다르다. 그것은 주의 깊게 집중하고 반영적 질문을 하는 공감적 듣기가 아니다. 아카데미식 토론 대회나 법적 공방을 위한 정치적 토론에서처럼 이기기 위한 경쟁적 듣기도 아니다. 상대의 논증을 정확하게 이해하기만 하는 수동적 듣기도 아니다. 적극적 듣기는 논증의 보편적이고 궁극적 의미를 추구하기 위하여 보다 다양한 관점에서 의미를 파악하려고 노력하는 것이다. 논증자들에게 민감한 문화, 윤리, 사건, 상황 등을 다양하고 유연하고 융통성 있게 이해하는 듣기이다.

둘째, 논증자는 논증을 구상함에 있어 수신자에게 적절한 조직 전략을 구사할 수 있어야 한다. 논증자는 결론을 제시할 때 명시적으로 제시하는 것이 효과적이다. Stewart(1968)에 의하면, 결론이 명시적으로 제시되지 않으면 청중들은 생략된 내용이나 내용 사이의 빈틈을 채우는 과정에서 논증자가 의도한 것과 상반되는 결론에 도달할 수 있다. 이러한 경우 논증자는 논증에 대한 통제력을 잃을 수 있다. 청중의 인지 능력이 상당히 높고, 논증이 매우 탄탄하게 구성되어 있다면 굳이 결론을 명시적으로 제시할 필요가 없겠지만, 그렇지 않을 경우 상대방으로부터 논증자의 주장에 대한 동의를 이끌어 내기는 어렵다. Hovland et al.(1953)은 명시적 결론과 암시적 결론의 효과 차이는 정보원의 유형, 청중의 유형, 메시지 주제의 유형에 따라 다르다고 보았다. 공신력 있는 정보원의 경우 명시적 결론을 제시하는 것이 설득적이다. 스스로 결론을 도출하길 좋아하는 청중에게는 암시적 결론이, 다른 사람의 결론에 쉽게 수긍하는 청중에게는 명시적 결론이 효과적이다. 메시지 주제에 대한 관여도가 높을 때는 청중들이 메시지의 결론을 추론할 수 있을 정도로 동기화되어 있으므로 암시적 결론이 효과적이다(김영석, 2010: 283).

논제의 양면을 제시할 것인지 논증자에게 유리한 면만을 제시할 것인지와 관련하여, 논증자는 논제의 양면을 두루 고려할 수 있어야 한다. 수신자들은 자신들이 좋아하는 방식으로 메시지가 배치될 때 한 가지 측면만을 보여 주는 메시지를 좋아한다. 그러나 수신자들이 선호하는 메시지를 전달하는 것, 즉 수신자들이 이미 함께 동의하고 있는 메시지를 전달하는 것은 논증의 소통 방식이라고 볼 수 없다. 논증은 수신자들이 동의하는 것을 바탕으로 동의하지 않는 것을 향해 나아가는 것인데, 수신자와 논증자가 모두 함께 동의하는 한 가지 측면만을 제시하는 것은 논증이 아니기 때문이다. 그러므로 두 가지 측면에 대한 분석을 모두 제시하는 것이 효과적이다. 논증의 두 가지 측면을 모두 알고 있으면서 논증자의 입장에 반대하는 사람은 반론을 제기할 수 있게 되어 보다 합리적인 상호 교섭을 진행할 수 있다. 또한 두 가지 측면이 함께 제시되면 수신자들은 해당 논증을 보다 전문적이고 신뢰할 만하다고 평가한다.[9]

메시지의 제시 순서와 관련하여, 수신자는 대개 전체 논증의 끝이나 처음에 나온 메시지를 기억한다. 메시지의 처음이나 끝에 위치한 논증이 효과적인지 여부는 상황이나 다른 요소들과의 관계에 의해 결정되는 것이겠지만, 연구자들은 일반적으로 강력한 논증을 위해서는 이 두 가지 위치 중 하나에 설득 강도가 높은 결정적인 메시지를 두는 것이 효과적이라

---

9 Allen(1991)은 양면적 메시지를 두 종류로 나누었다. 메시지의 입장과 반대되는 입장을 제시하기는 하나 두 입장에 대한 논평을 하지 않는 '양면적이면서 비논박적인 메시지'와 메시지의 입장과 반대되는 입장을 제시하면서 반대 입장이 열등한 이유에 대해 논평하는 '양면적이면서 논박적인 메시지'로 구분하고, 양면적이면서 논박적인 메시지가 일면적 메시지보다 효과적이며, 양면적이되 비논박적인 메시지는 일면적 메시지보다 효과적이지 않았다고 보고하였다.

고 본다.[10] 수신자가 전체 논증적 소통 과정에서 처음부터 끝까지 집중하여 논증 메시지를 세심하게 듣거나 읽을 것이라고 확신하는 경우에는 강조하고 싶은 바를 마지막에 두는 것이 효과적이며, 그렇지 않을 것이라고 추측된다면 강조하고 싶은 내용을 앞쪽에 배치한다. 주장을 제일 마지막에 배치하는 것은 최신성 효과(recency effect)에 근거한 것이다. 일련의 항목들을 제시하여 기억하게 한 후 그 항목들을 다시 회상하게 했을 때 마지막에 제시한, 즉 최근에 제시한 항목에 대한 회상 수준이 매우 높게 나타난다. 반면 주장을 제일 처음에 배치하는 것은 초두 효과(primacy effect)에 근거한 것이다. 일련의 항목들을 제시하여 기억하게 한 후 그 항목들을 다시 회상하게 했을 때 제일 먼저 제시했던 항목에 대한 회상 수준이 높게 나타난다는 것이다.

한편 논증 메시지를 제시할 때는 메시지의 설득 강도 이외에 수신자의 반응 및 수용 양상을 고려할 필요가 있다. 예를 들어, 어떤 이유는 수신자들이 듣고 싶어 하지 않을 수도 있고 반발할 확률이 높을 수도 있다. 이러한 메시지들은 되도록 뒤쪽으로 배치하는 것이 효과적이다. 또한 수신자들은 복잡한 이유보다 단순한 이유를 더 쉽게 받아들이며, 친숙하지 않은 것보다 친숙한 것을 더 쉽게 받아들인다는 특성도 고려할 필요가 있다.

셋째, 논증자는 수신자의 상황에 적절한 논증의 기반, 출발점을 설정할 수 있어야 한다. 논증자들은 반드시 수신자의 가치와 태도에 대한 지식

....

10 Hovland et al.(1953)에 따르면, 수신자가 메시지 주제에 대한 흥미와 알고자 하는 욕구가 없는 경우에는 처음에 강한 주장을 제시하는 것이 효과적이라고 한다. 하지만 수신자가 익숙한 주제를 접한다면 메시지를 주의깊게 처리할 것이므로 나중에 제시하는 것이 더 효과적이다. Unnava, Burnkrant & Evevelles(1994)은 시각적 메시지가 제시될 때는 나중에 제시하는 것이 더 설득적이지만, 청각적 메시지의 경우 핵심적 내용이 앞에 나오는 것이 더 설득 효과가 더 크다는 것을 입증했다. 이는 대중 연설에서 핵심적 정보를 미리 제시하는 것이 중요하다는 것을 시사한다.

을 가지고 있어야 한다. 논증의 전제로 가정된 것이 받아들여질 수 있는 것인지, 거부당할 것인지, 수신자들의 요구와 흥미는 무엇인지, 무엇을 가치 있게 생각하는지에 대한 답을 찾아보는 것은 논증을 보다 순조롭게 구성할 수 있도록 도와준다. 논증의 출발선을 정할 때는 논증의 영역과 분야, 수신자의 유형을 파악하는 것이 중요하다. 예를 들어, 자동차를 사러 간 사람에게 판매자가 자동차의 기술적인 면에 대해 말하는 것은 적절하지 못하다. 논증자는 수신자의 배경, 상황, 요구, 가치에 맞게 논증할 책임이 있다.

넷째, 논증자는 논증 표현의 효율성을 제고할 수 있어야 한다. 논증에서 언어를 사용할 때는 이해를 최대화하고 오해와 혼돈을 최소화하는 데 심혈을 기울여야 한다. 이를 위해 논증자는 의미를 명료하고 구체적으로 진술해야 한다. 간결하게 말하고 써야 하며, 모호하거나 이중적인 의미를 갖는 언어 사용은 피해야 한다. 논증자는 수신자가 오해할 여지가 있는 용어에 대해서는 정의를 내려 주어야 한다. 특정 용어가 논증에서 중요한 역할을 하거나, 논증자가 사용하는 용어의 의미가 일상적으로 사용하는 의미의 용법과 다를 때는 더욱 그러하다. 또한 논증자는 보다 생생하게 표현할 수 있어야 한다. 소극적인 목소리보다는 적극적인 목소리로 표현하고, 다채로운 표현과 리듬을 사용하는 것은 수신자들이 논증에 집중하는 것을 돕는다.

2) 논증의 분석과 평가 원리(논증의 수용 원리)

수신자는 논증을 주의 깊게 듣고, 정확하게 이해하여, 그것을 받아들일 만한 가치가 있는지 비판적으로 따지며 평가할 수 있어야 한다. 이를 위해 수신자가 갖추어야 할 기능이자 추구해야 할 원리는 다음과 같은 것이 있다.

첫째, 수신자는 논증에서 다루고 있는 용어와 논증의 의미를 정확하게 파악할 수 있어야 한다. 상대방의 논증에 대해 비판적으로 접근하기 위해서는 무엇보다 논증에 대한 정확한 이해가 선행되어야 한다. 논증 메시지에 대한 이해가 부족할 경우 논증자가 의도했던 것을 잘못 해석하여 왜곡할 수 있는 위험이 있으며, 논증자가 의도했던 것과는 다른 방향으로 이해하고 반응하게 될 수도 있다. 논증의 의미를 확인하고 해석한 결과는 논증자 본래의 의도를 재구할 수 있도록 공정해야 하며, 평가와 비판을 자제한 것이어야 한다.

둘째, 수신자는 논증을 구성하고 있는 주장과 이유 및 전제를 확인하여 핵심적인 진술을 가려낼 수 있어야 한다. 논증 메시지에는 수사적인 효과를 거두기 위해 논증 내용과는 직접적이고 밀접한 관련이 없는 요소가 반영되기도 하고, 논증 전개를 안내하는 표지가 사용되기도 하고, 반복적인 내용이 포함되기도 한다. 그러므로 상대방의 논증을 분석하고 평가하는 데 불필요한 요소와 필요한 요소를 구분하여 접근할 수 있어야 한다.

셋째, 수신자는 논증의 적절성을 평가할 수 있어야 한다. 먼저 논증자가 제시한 근거가 양질의 근거인지 판단할 수 있어야 한다. 근거는 과거 여러 차례에 걸쳐 정확하다고 입증되어 신뢰할 수 있을 만한 것이어야 한다. 근거 자료의 원천은 수신자들이 주어진 근거의 질을 인식할 수 있는 범위 안에서 전문성을 갖추어야 하며 객관적이어야 한다. 왜곡되지 않고 온전하며 공정한 관점을 유지할 수 있어야 한다. 또한 근거는 일관적이어야 한다. 그 자체로 일관적이어야 하며 다른 정보들과의 관계 속에서도 일관성을 유지해야 한다. 더불어 근거는 최신의 것이어야 한다. 특히 시대의 변화에 민감한 주제에 대해서는 더욱 최신의 자료가 요구된다. 근거는 주장 및 이유와 직접적으로 관련을 맺어야 한다. 무관하거나 관련이 없어서는 안 된다. 근거 자료는 논증자가 직접 얻은 것이어야 한다. 다른 사람으로부터 들은 자료는 신뢰성이 떨어질 수도 있기 때문이다. 한편 전제는 어떤 사람이나 어떤 상황에서도 적용될 수 있는 보편적인 추론 규칙으로서, 이유와 주장이 왜, 어떻게 연결되는지를 설명한다. 전제는 보편타당하고 진실이어야 하며, 정당화하고자 하는 주장과 이유에 적용 가능한 것이어야 한다. 진실이라 하더라도 논증하고자 하는 내용 및 상황이 전제의 예외적인 상황은 아닐지 심사숙고해야 한다. 또한 수신자들의 집단 문화와 어울려야 전제로 기능할 수 있다. 상대방 논증의 근거와 전제가 이러한 조건을 만족하는지 적극적으로 평가해 보아야 한다.

넷째, 수신자는 논증의 정당성에 대한 비판적 회의를 제기하고 건설적으로 반론할 수 있어야 한다. 하나의 주장에 대한 반대의 양상은 크게 두 가지로 나눌 수 있다. 하나는 비교적 강력한 형태를 띠는 것으로, 논제에 대한 상반된 입장, 즉 반론을 제시하는 '반박'이다. 다른 하나는 비교적 약한 형태를 띠는데, 최초 발의자의 주장을 전면적이고 공격적으로 반박할 정도는 아니지만, 상대의 논증에 대해 의구심을 가지고 의문을 제기하는 '이의'이다. 반박인지, 이의인지 분명하게 구분하는 것은 어려우며, 이의로 시작해서 반박으로 바뀔 수도 있다. 다만 상대방의 주장과 다른 주장을 하고, 그것을 뒷받침하는 명백한 근거와 이유가 있을 때는 반박이다. 이유나 근거가 명백하지 않으며, 상대방의 주장을 보다 명료하게 밝히기 위한 것은 이의로 볼 수 있다. 이의 제기 및 반박은 상대 논증에 대한 비판적 회의로부터 출발한다. 상대방의 논증에 대해 비판적 회의를 가지는 것은 논증자의 주장과 이유 및 근거를 명확하게 밝히기 위해 질문을 하는 것으로부터 시작한다. 공존할 수 없는 모순되는 내용이나 논증자의 입장을 약화하는 논증을 조사하거나, 이유 및 근거에 대한 평가 기준, 논리적 추론의 전개 과정에 대한 평가 기준을 적용하여 상대방 논증의 강도를 평가할 수 있다. 반박의 목적은 상대방의 논증을 무너뜨리기 위함이 아니다. 반박 과정에서 반대 사례나 반대 논증을 제시하는 목적은 반박당하는 논증이 보다 강해질 수 있도록 하는 데 있다. 반박을 하거나 당하기 직전까지 하나의 논증은 확실하고 공격할 틈이 없는 것처럼 보이지만, 이의 제기를 바탕으로 한 반박을 통해서 논증을 보다 강화하기 위해 어떠한 논리가 추가적으로 더 요구되는지 알 수 있고, 현재 상태를 점검할 수 있게 된다. 또한 반박을 통해 상대방의 입장을 서로 이해하고 보다 심화 확장된 논의로 발전시켜 갈 수 있다.

3) 논증적 상호 교섭의 소통 규칙

논증 참여자들이 생산과 수용 측면에서 갖추어야 할 기능을 효과적으로 발휘하는 것만으로는 원활한 상호 교섭을 보장하기 어렵다. 실제 교실 토론이나 응용 토론을 참관해 보면, 일부 참가자들은 논증 생산에 필요한 기능과 논증 수용에 필요한 기능을 갖추고 원리를 이해하고 있음에도 불구하고, 발전적이고 생산적으로 소통하지 못하는 경우가 많다. 이에 논증의 생산 원리에 해당하는 기능과 논증의 수용 원리에 해당하는 기능을 발휘하기 앞서 논증 참여자 모두가 준수해야 할 소통 규칙이 필요하다. 생산과 수용 원리보다 상위의 층위에서 생산과 수용 원리를 제어하는 원칙이 필요하다. 이는 생산 과정에서는 물론이고 수용 과정에서도 두루 고려해야 할 원리로, 논증적 상호 교섭을 위한 소통 규칙이라 할 수 있다. 아무리 생산과 수용에 필요한 기능을 발휘하더라도 논증의 내용이 당면한 논제와 관련 없는 논의들로 이루어지면 논증은 무효하다. 단순히 서로를 공격한다든지, 상대방이 제시한 논의를 무시한다든지, 상대방이 주장하지 못하도록 막으면 생산적인 논증을 할 수 없다. 충분히 인정할 만한 것인데도 불구하고 끝까지 부정하기만 하면 선행 발화에 대한 말꼬리 잡기식의 소통이 전개될 따름이다.

이러한 문제를 해결하고 논증적 상호 교섭의 밀도와 생산성을 높이기 위해서는 Grice(1975)의 협력의 원리, van Eemeren & Grootendorst(1992)의 비판적 토의 규칙, Walton(1996)의 논증 규칙 등을 참고할 만하다.

Grice(1975)는 의사소통의 보편적 원리로 협력의 원리를 강조하였다. 협력의 원리란 기본적으로 사람들이 언어를 어떻게 사용하는가에 관한 것으로, 협력적인 결과를 도모하기 위한 효과적인 언어 사용 지침이라 할 수 있다. Grice는 협력의 원리를 양·질·관련성·방법의 격률로 구분하였다. 양의 격률은 필요한 만큼의 정보를 제공하는 것이다. 질의 격률은 거짓이라고 생각되거나 타당한 증거를 갖고 있지 않은 것은 말하지 않는 것이다. 관련성의 격률은 주제와 관련이 있거나, 목적을 달성하기 위하여 적당하다고 생각되는 말을 하는 것이다. 방법의 격률은 표현의 불명료함과 모호한 중의성을 피하고 간결하고 순서에 맞게 말하는 것이다. 이러한 격률은 대화 참여자가 효과적, 이성적, 협력적 방법으로 대화하기 위해서는 어떻게 해야 하는가를 보여 준다.

van Eemeren & Grootendorst(1992)는 논증을 바탕으로 한 설득 대화를 비판적 토의라 하고, 비판적 토의에서 준수해야 할 열 가지 대화 규칙을 제시하였다.

1. 논증 참가자는 서로 각자의 입장을 주장하거나 상대방의 주장에 의구심을 갖거나 반론을 제기하는 것을 방해하거나 가로막지 않아야 한다.
2. 상대방이 질문을 하거나 자신의 주장을 옹호해 보라는 요구를 하면 이

를 거부해서는 안 되며 답을 하거나 자신의 주장을 변호할 책임이 있다.

3. 반론은 상대방이 제시하지 않은 견해에 관한 것이어서는 안 된다. 즉 반론은 상대방이 확실하다고 주장했던 것에 대해서만 제기해야 한다.

4. 하나의 주장은 그 주장과 관련이 없는 논증 행위로 옹호되어서는 안 된다. 즉 하나의 주장은 그 주장과 연관된 논증으로만 전개되어야 한다.

5. 확실하지 않은 전제를 부정할 수도, 상대방에게 전가할 수도 없다. 즉 자신의 암묵적 전제를 거부하거나 상대방이 가정하지 않은 것을 가정한 것처럼 해서는 안 된다.

6. 참가자는 거짓되거나 받아들일 수 없는 전제를 출발점으로 삼아서는 안 되고, 이미 받아들여진 전제는 부정할 수 없다.

7. 논증 도식이 올바르게 적용되지 않은 논증을 최종적으로 옹호되었다고 간주해서는 안 된다. 즉 논증 도식이 올바르게 적용된 논증에 의해 방어가 된 주장만이 최종적으로 방어된 것으로 간주한다.

8. 논리적으로 타당한 근거 또는 전제들에 의해 타당성이 인정될 수 있는 이유와 근거만을 사용해야 한다.

9. 한쪽이 자신의 입장을 방어하는 데 실패하면 그 입장을 철회해야 하며, 입장 방어에 성공하면 그 입장에 대한 의구심을 철회해야 한다.

10. 분명하지 않거나 애매해서 혼동을 일으키는 표현을 사용해서는 안 되며, 상대방의 표현을 의도적으로 곡해해서는 안 된다. 즉 참가자들은 혼란스럽거나 애매모호한 방식으로 주장을 펴서는 안 되며, 상대방의 주장을 가능한 가장 조심스럽고 가장 적절한 방식으로 해석해야만 한다.

van Eemeren & Grootendorst(1992)는 이 규칙들을 위반하는 논증은 비판적 토의의 목표를 실현하는 데 방해가 되는 것으로 오류라고 간주하였다. van Eemeren & Grootendorst(1992)는 논증의 목적을 합의 추구에서 찾으며, 규범에 기초한 논증적 소통의 윤리학을 정립하고자 했다는 점에서 Grice(1975)의 협력의 원리, 대화의 격률에 영향을 받았다고 할 수 있다.

논증에 대한 정의를 대화에 연결시킨 Walton(1996)은 대화 과정의 일반적 규칙을 세 가지 제시하였다. 첫째, 관련성의 규칙이다. 이것은 논증으로 간주할 수 있는 것과 관련되어야 한다는 것이다. 둘째는 협동의 규칙으로, 질문에 대답해야 할 의무가 있다는 것이다. 셋째, 정보의 규칙으로 불필요한 것은 덧붙이지 말고 의사 교환에 필요한 모든 정보를 주어야 할 의무를 말한다. 이 규칙에서 어긋나는 논증, 즉 관련성·협동성·정보성을 위반하는 논증은 타당하지 않은 논증이 된다.

이들 규칙을 재구성하여 논증적 상호 교섭의 소통 규칙 네 가지를 제시하면 다음과 같다.

첫째, '관련성의 규칙'이다. '관련되다'라는 말은 둘 이상의 사람, 사물, 현상 따위가 서로 관계를 맺으며 매여 있다는 광범위한 의미를 갖는다. 논증적 상호 교섭 과정에서 지켜야 할 관련성의 규칙이란 연쇄적으로 확장되는 전체의 논증적 소통이 최후의 궁극적이고 핵심적인 주장과 밀접한 상관성을 맺으며 일정한 방향으로 전개되어야 한다는 것이다. 즉 주제 관련성 안에서 전개되어야 한다. 한편 국지적으로 연결된 논증들도 상호 연관성을 가져야 한다. 개별 단위의 논증이 상위 논증을 증명하거나 상위 논증에 합리적인 의구심을 제기하는 데 쓰일 수 있어야 한다. 즉 입증 관련성도 유지해야 한다. 상대방이 내세운 주장과 이유 및 근거에 대해 질문을 던지거나 반론을 제기하는 경우도, 그 비판은 상대방이 옹호하는 핵심적인 관점을 향하게 하여 입증 관련성을 높여야 한다. 상대방으로부터 반론을 제기 받은 경우도 그 내용과 관련되는 그에 대응하는 내용으로 해명하거나 반박하거나 수용해야 한다.

　주변에서 일어나는 논증적 소통 장면들을 살펴보면 논제와 직접적 관련성이 없는 불필요한 논의가 전개되기도 하고, 해당 발언이 논제와 어떻게 관련되는지 구체적으로 설명하지 못하기도 한다. 또한 주제 관련성을 바탕으로 전개되고 있는 상대의 논증을 일방적으로 논점 일탈이라고 비난하는 경우도 있다. 상대방이 앞서 제기하는 주장이나 근거와는 상관없이, 즉 입증 관련성 없이 사전에 자신이 예측하고 준비한 내용만으로 반론을 구성하는 경우도 종종 있다. 이러한 문제를 해결하기 위해서는 Grice(1975)의 관련성의 격률과 양의 격률, van Eemeren & Grootendorst(1992)의 세 번째 규칙과 네 번째 규칙, Walton(1996)의 관련성의 규칙과 정보의 규칙이 요구된다. 이들 규칙들은 논증하고자 하는 주제와 관련된 것을 중심으로 논증을 펼쳐야 하며, 주제 관련성 및 입증 관련성을 저해하는 불필요한 요소들은 포함시키지 않아야 할 것을 강조하는 것으로, 관련성의 규칙을 뒷받침한다.

　둘째, '협력의 규칙'이다. '협력'이란 힘을 합하여 서로 돕는 것으로, 논증의 참여자들은 쟁점을 발굴하며 접점을 형성하기 위해 적극적으로 참여하고 서로 돕고 노력해야 할 책임을 갖는다는 것이다. 논증 참여자는 서로 상대의 관점에 건전한 회의를 갖고 자신의 입장을 개진하고, 상대방이 질문을 하거나 반론을 제기하는 것을 가로막거나 방해해서는 안 된다. 또한 상대방이 제기한 질문에 대해서는 회피하지 말고 대답해야 하며 접점 형성에 적극적으로 협조할 책임이 있다. 상대방의 주장이나 근거에 무관심하거나 자신의 주장만을 내세우려고 하는 것은 의사소통이라고 할 수 없다.

　실제 일상의 논증적 의사소통에서는 상대의 발언 도중 끼어들어 상대의 말을 중간이 끊어 버리거나, 상대방이 구체적인 근거를 제시해 달라고 요구하는데도 불구하고 의도적으로 회피하는 경우를 종종 확인할 수 있다. 특히 집단 간 이해관계가 분명한 논제를 다루는 토론에서는 상대의 발언 진행을 고의로 방해하는 경우가 더욱 빈번하게 발생한다. 이러한 문제를 해결하기 위해서는 van Eemeren & Grootendorst(1992)의 첫 번째 규칙과 두 번째 규칙, Walton(1996)의 협동의 규칙이 요구된다. 이들 규칙은 원활한 소통을 위해서는 상대의 요구에 적절히 응하며 협력해야 할 것을 강조하는 것으로, 협력의 규칙을 뒷받침한다.

셋째, '수긍의 규칙'이다. '수긍'이란 옳다고 인정하다는 뜻으로, 논증적 상호 교섭 과정에서 옳다고 인정되는 점들에 대해서는 상호 인정할 수 있어야 한다는 것이다. 논증적 상호 교섭에서 반론은 반대를 위해 반대하는 것이 아니다. 상호 이해를 확장하기 위해 비판적 회의를 제기해 보는 것으로, 옳다고 인정할 만한 내용에 대해서까지 반대 의견을 고수하는 것은 바람직하지 않다. 옳다고 인정할 만한 내용에 대해서는 그 타당성을 인정해야 차후의 쟁점에 대한 논의를 생산적으로 전개해 갈 수 있다.

일상의 논증적 소통을 살펴보면, 특정한 하위 쟁점에 대한 자신의 입장을 정당화하는 데 실패했음에도 불구하고 그 입장을 끝까지 옹호하려고 하거나, 상대의 입장 중에서 옳다고 인정할 만한 것인데도 불구하고 끝까지 부정하려고 하는 경우가 있다. 이러한 경우 결국은 해당 쟁점이 논의된 본래의 취지에서 벗어나 서로의 입장에 대한 말꼬리 잡기식 논쟁이 벌어지고 만다. 또한 불필요한 논쟁으로 인해 다른 하위 쟁점에 대해 논의할 기회를 잃어버린다. 이처럼 논증이 답보 상태에 머무르는 것을 피하기 위해서는 상호 인정할 만한 것에 대해서는 수긍하고, 새로운 쟁점을 발굴하여 보다 생산적이고 건설적인 논의를 해야 한다. 수긍의 규칙은 van Eemeren & Grootendorst(1992)의 아홉 번째 규칙을 토대로 한다.

넷째, '명확성의 규칙'이다. '명확하다'란 명백하고 확실하다는 뜻으로,

논증 참여자는 틀림없이 분명한 내용과 형식을 바탕으로 논증을 전개해야 한다. 이를 위해서는 내용적 측면의 명징(明徵)함과 표현적 측면의 명징(明澄)함을 두루 갖추어야 한다. 먼저, 논증자는 거짓 자료를 논증의 출발점으로 삼아서는 안 된다. 논증 참여자는 정확하고 신뢰성 있는 자료에 근거하고 논리적으로 타당한 이유를 바탕으로 주장을 해야 한다. 상대로부터 자료의 정확성 및 신뢰성을 의심받기 전에 논증자 스스로 사실에 기반한 정확한 자료를 바탕으로 논증을 전개하는 것이 논증자의 윤리일 것이다. 물론 상대방이 제시한 근거나 이유가 정확한지를 비판적으로 평가하는 것이 논증 참여자들이 해야 할 일 중 하나이기는 하지만, 의사소통은 상호 신뢰를 바탕으로 전개되어야 하므로, 자기 점검이 선행되어야 한다.

한편 모호하거나 혼란스럽고 애매한 형식으로 주장을 펼쳐서도 안 된다. 모호하고 중의적인 표현은 논증자의 의도를 다른 방향으로 오해할 가능성을 낳을 수 있고, 발화된 내용의 의미를 확인하기 위한 불필요한 절차를 요구하여 원활한 소통을 방해한다. 그러므로 주장은 정확하게 해석될 수 있도록 표현해야 한다. 이는 비단 논증자에게만 요구되는 것이 아니다. 수신자도 논증자의 논증에 대해 논평적 논증을 생산하게 되므로 명확성을 원리를 준수해야 한다.

이 원리는 Grice(1975)의 질의 격률과 방법의 격률, van Eemeren & Grootendorst(1992)의 여섯 번째 규칙과 열 번째 규칙을 토대로 한다. 질의 격률과 여섯 번째 규칙은 내용적 측면에서의 명확성, 방법의 격률과 열 번째 규칙은 표현적 측면에서의 명확성에 대한 요구이다.

상기의 네 가지 소통 규칙은 생산 원리 및 수용 원리보다 상위의 층위에서 추구되어야 할 것이다. 관련성을 유지하고, 상호 협력하며, 수긍할 수 있는 것은 수긍하며, 명확하게 소통해야 한다는 것을 염두에 두고, 생산의 원리와 수용의 원리를 실천할 때 논증적 상호 교섭은 보다 원활하고 생산적으로 전개될 수 있다.

5. 논증적 상호 교섭을 통한 탐구적·성찰적 논증의 실천

1) 구성주의 관점에서 본 논증의 탐구적 본질

구성주의에서는 지식을 주관적 경험의 소산 또는 공동체 구성원들 간의 합의의 산물로 본다. 구성주의적 관점에서 지식이 형성되는 과정은 지식에 대한 주장을 만들어 가는 논증 행위와 유사하다. 논증의 역사를 돌아보면, 논증은 단순히 설득을 위한 도구가 아니라, 진리 탐구를 위한 방법이기도 하였다. 실제 인류 문화의 진보 과정은 언제나 논증을 통한 지식의 탐구 과정이었다. 논증에서의 추론적 사고 과정을 탐구 행위와 동일하게 이해하거나(Crosswhite, 1996/2001), 논증적 글쓰기를 중요한 학문 수행 또는 학습 수단으로 활용하거나(이영호, 2012), 미국의 공통 핵심 성취기준(CCSS, Common Core State Standards)의 범교과 학습 영역에서 논증 글쓰기를 강조하는 것도 구성주의 관점에서 논증의 탐구적 속성에 주목하는 것이다. 이미 최근 국내외 논증 담론, 교과 교육학 담론에서는 교과 학습이나 학문 수행에서 탐구적 사고 과정을 강조하고 있으며, 논증은 탐구의 기반을 제공하는, 학습을 위한 사고의 중요한 도구로 인식하고 있다(유상희·서수현, 2017; 이영호, 2012; 장성민, 2021; 장지혜, 2019; Felton et al. 2009; Klein & Ehrhardt, 2015; Nussbaum, 2008 등).

논증의 목적은 단순히 논리적 타당성을 갖춘 논증 메시지를 생산하여 상대방으로 하여금 일방적으로 수용하게 하는 데 있지 않지 않다. 납득할 수 있을 만한 타당한 이유와 근거를 통해서 자신의 주장을 입증하되, 상대방의 다양한 의견을 존중하는 가운데 서로의 의견을 교환하고 비판하며 조율하여 사안에 대한 이해의 지평을 확장하고 합리적인 의사 결정을 내리는 데 있다. 물론 타인을 설득해야 하는 상황에서 논증적 소통을 효과적으로 수행하는 것도 중요하다. 하지만 한쪽이 어느 한쪽의 관점을 바꾸는 목적에서 논증이 시도되었더라도 군이 양자가 상호 대립하거나 경쟁하며 설득에 승리한 자와 설득을 당한 자, 승자와 패자를 구분할 필요는 없다. 참여자들은 논증 과정에서 서로의 관점을 보다 잘 이해할 수 있게 되고, 당면한 사안에 대한 스스로의 관점을 좀 더 보강할 수 있게 된다. 상대의 질문과 반론에 대응하는 과정에서 자신의 관점을 보다 뚜렷하게 뒷받침하기 위한 근거를 창출해 낼 수 있고, 미처 생각하지 못했던 약점을 확인할 수도 있다. 하나의 논증은 다른 논증에 의해 뒤집히기도 하고, 그와 반대로 더욱 강력한 것으로 인정받을 수도 있다. 이로써 자신의 주장과 논증은 깊이를 더하고, 그 관점을 뒷받침해 주는 근거는 더 예리해질 수 있다. 무엇보다 중요한 것은 상대방의 주장에 녹아 있는 관점과 근거를 이해하게 됨으로써 사안과 관련된 여러 가지 결과를 더 깊이 이해하게 된다는 것이다. 선행 연구에서는 이러한 속성을 '대화적'(Mateos et al., 2020), 또는 '변증법적'(Nussbaum, 2003), 또는 '취소 가능성'(Pollack, 1987)이라고 표현하기도 하였다. 즉 논증의 과정은 논증에 내포된 변증법적 본질을 최대화하는 것이며, 이를 위해 참여자 간 상호 교섭적 대화는 충분히 전개되어야 하며, 그 과정에서 기존의 입장이나 주장은 취소될 수 있는 것이다.

Mateos et al.(2020)은 기존의 논증 교육은 논증 활동의 목표를 설득으로 한정해 왔다며, 논증 활동의 목표를 성찰 또는 숙의로 확장할 것을 제안하였다. 논증 교육이 설득 목적의 상황에서 자신의 주장을 입증하는 것을 중심으로 전개될 경우 자신의 입장과는 다른 관점에 대해서는 회피할 가능성이 있고, 반론을 무시하거나 자신의 입장만을 내세우는 일면적 메시지 전략을 취함으로써 확증 편향에 빠질 우려가 있다.

　실제 현재 국어 교육에서 전개되는 논증 교육은 논리학이나 신수사학을 기반으로 타인에 대한 설득을 위해 개별 단위 논증을 어떻게 구성할 것인가에 초점을 맞춘다. 그 과정에서 다양한 입장을 고려하여 참여자들이 논증과 반론 간 상호 교섭을 어떻게 전개할 것인가에 대해서는 관심이 부족하다. 하지만 성찰 또는 숙의를 목표로 하는 논증을 추구하게 되면, 본인의 입장에 대한 논증을 비롯하여 반론을 포함한 다양한 입장을 두루 살펴 통합된 결론을 도출하고, 나아가 기존의 입장을 넘어서는 새로운 입장을 제안하며 공동의 합의 또는 종합적 결론을 도출할 수 있다. 자신의 입장과 다른 상대의 입장을 배격하는 것이 아니라 종합적 결론에 도달하기 위해 통합해야 하는 대상으로 수용함으로써 다양성을 존중하게 되고, 변증법적 문제 해결 과정에서 사안에 대한 숙의와 탐구가 촉진된다.

　이에 Grize는 '논증은 대화 상대방을 조작할 대상으로서가 아니라 관점을 공유하게 될 분신(alter ego)'으로 간주한다(Grize, 1990: 61). 논증은 타인을 조작하거나 타인을 변화시키기 위해 자신과 동일한 관점을 갖도록 하는 것이 아니라, 관점을 다원화하면서 논증 대상을 매개로 참여자들이 관점을 구성하는 것이라고 보는 것이다.

　기존의 설득적 관점의 논증에서는 결론을 정해 놓고 이를 옹호하기 위한 이유와 근거를 통해 자신의 입장을 정당화하느라, 자신과 다른 관점에 있는 논증에 대해서는 회피하도록 유도되거나 논파해야 할 대상으로 간주하였다. 반론과 상호작용하려고 하기보다는 반론으로부터 자기주장을 옹호하기 위한 논리를 확보하기 위해 반론을 왜곡하여 수용할 때도 있다.[11] 하지만 탐구적·성찰적 관점의 논증에서는 자신의 관점과 상이한 관

....
11　비형식 논리학이나 신수사학 담론에서도 반론의 가치를 고려한다. 하지만 그 비중은 상당히

점의 논증을 격파해야 할 대상으로 간주하는 것이 아니라 함께 검토하고 통합해야 할 대상으로 수용하며, 여러 가지 관점을 자유롭게 검토하며 사안에 대해 깊이 숙의하고 탐구한 결과로서 종합적 결론을 마지막에 도출하게 된다.

아직 확신이 없는 상태에서 자신의 입장을 정하고 그것만을 정당화하고 상대를 설득하는 것보다, 열린 태도로 주제를 탐구하고, 사안에 대한 이해를 확장하고 편견을 배제할 수 있도록 다양한 질문을 던져 보는 것이 탐구적 관점의 논증이다. 주장을 정하고 논증을 하는 것이 아니라, 주장을 찾아가기 위해 탐구하며 주장을 구성하는 것이 탐구적 관점의 논증이다.

2) 탐구적·성찰적 논증의 방법

탐구적·성찰적 관점의 논증을 경험하도록 하기 위해서는 논증 교육을 위한 가장 전형적인 장르로 토론을 상정하고 경쟁적 토론을 강요하는 방식에서 탈피해야 한다. 기존의 국어 교육에서 토론은 논제에 대한 찬성과 반대의 입장을 정해 놓고 토론이 끝날 때까지 각자의 입장을 고수하며 자신의 논리를 정당화하기 위해 다소 경쟁적으로 상호작용하는 담화 유형이다. 경쟁적 토론에서는 논제에 대한 다양한 관점을 적극적으로 검토하며 유연하게 사고하는 것을 경계한다. 상대 측의 논리가 비교 우위에 있다는 것을 인정하는 것으로 여겨질 수 있기 때문이다. 하지만 학교에서 진행

약했다. 주로 반론을 논박의 대상으로 삼았을 뿐이다. 하지만 반론에 대한 반응은 반드시 논박의 형태를 띠지만은 않는다. 굳이 경쟁적, 설득적 논증 패러다임으로 논증에 임해야 한다는 제약이 가해지지 않은 실제의 논증은 반론을 수긍하기도 하고, 반론 중 일부를 부분적으로 수용한다. 이 점을 고려하면 성찰적 논증 패러다임이 오히려 일상의 논증적 소통에 가깝다고 할 수 있겠다.

하는 이와 같은 토론 수행 방식은 양면적 추론 또는 다면적 추론을 저해한다. 토론 담화 교육의 본질이 상호 경쟁적이고 승패 판정이 중요한 대회식 토론을 지향하는 것은 아니었음에도 불구하고 국어 교육학 담론 내에서 토론 담화에 부여한 속성이 이와 같이 유지되는 상황에서 토론 담화로 탐구적·성찰적 논증을 경험하기에는 어려움이 있다.

토론을 대신할 수 있는 대안으로 검토할 만한 담화 유형은 비판적 토의이다. 논쟁의 여지가 있는 사안에 대해 각자의 입장 차이를 정치하게 검토하며 비판적으로 토의하는 것이다. van Eemeren & Grooten-dorst(1992)가 제시한 '비판적 토의'나 Walton(2006/2008)이 제시한 '논증 대화'를 기반으로 한 활동을 통해 다양성을 존중하는 논증, 합리적인 문제 해결을 추구하는 논증을 경험할 수 있다. 논증적 소통에서 논박적 대화를 벗어나 탐구적 대화를 회복하면 사안에 대한 숙의를 거쳐 문제 해결을 위한 통찰력을 발휘할 수 있다.[12]

다만, 여기서 유의할 점은 설득적 논증과 탐구적·성찰적 논증의 소통 방식이 다르더라도, 설득의 측면과 탐구의 측면을 완전히 분리하기는 어렵다는 것이다. 일상의 논증은 진리성이 아니라 개연성에서 비롯되고, 전제의 타당성이나 추론의 타당성은 수신자의 보편적 동의를 획득할 때 합리성이 인정되기 때문이다(장지혜, 2019: 96). 즉 논증 주체는 상대에 대한 설득의 맥락에서 갈등이나 문제를 해결하기 위해 논증을 시도하며, 그 과정에서 논의가 심화되면 세계에 대한 이해의 지평이 확장되면서 자연스

....

12 Mercer(2000)는 교실 대화를 '누적적 대화', '논박적 대화', '탐구적 대화'로 나누었다. 누적적 대화는 서로 간 입장 차이를 최소화하려는 무비판적이고 비경쟁적인 대화이다. 논박적 대화는 개별 입장의 정체성을 유지하고 자율성을 보호하려는 경쟁적 관계의 대화이다. 탐구적 대화는 화제에 대한 차이를 다루고 갈등을 해결하거나 중재를 지향하는 협력적 관계의 대화이다. 이는 실제적 문제나 교육적 과제 등 다양한 입장이 공존하는 상황에서 지향해야 할 대화이다.

럽게 탐구 행위가 이루어진다는 것이다. 탐구의 과정이 촘촘할수록 설득의 강도도 강화되고, 설득 과정이 진실하고 거짓이 없을수록 탐구의 깊이도 깊어질 수 있다(장지혜, 2019: 96). 이에 논증의 설득적 본질과 탐구적 본질에 대한 균형 있는 접근이 필요하다. 설득력 있는 논증 메시지의 구성은 물론이고, 논증 과정에서 다양한 대안을 탐구하기 위해 사고하고 소통하는 행위에 대한 관심이 두루 필요하다.

　　탐구적·성찰적 논증을 위한 방법은 자신의 입장과는 다른 상대방의 입장에 어떻게 대응해야 하는가로 구체화된다. Leitão(2000)은 기존 입장과 반론의 균형을 위한 방식을 반론의 묵살, 반론의 부분적 동의, 통합적 반응, 반론의 수용으로 나누었는데, 성찰적 논증을 위해 주목할 유형은 통합적 반응이다. 이는 논박, 한정, 조정을 통해 반론을 통합함으로써 기존 입장에 부분적으로 변화를 주는 것이다(장성민, 2021: 88 재인용). Nussbaum(2008: 55)은 반론을 통합하기 위한 구체적 전략으로, 논박, 평가, 종합의 세 가지를 소개하였다. 논박은 어떤 논증이 거짓이거나, 관련성이 없으며, 불충분함을 보여 주는 전략이며, 평가는 양측 입장을 모두 고려하여 어느 쪽 논증이 더 강력한지를 따져보는 전략이며, 종합은 서로 다른 입장을 아우르는 최종의 관점을 찾는 전략이다(장성민, 2021: 89 재인용). 그중 Nussbaum(2008)은 평가와 종합이 양면적 추론 전략이라고 설명하였다. 다양한 입장의 가치를 존중하고 이들 사이의 간극을 조정하며 통합된 결론에 도달하고자 하는 점에서 보다 사려 깊고 정교화된 논증적 의사소통의 형태라 할 수 있다(장성민, 2021: 90).

　　한편 탐구적·성찰적 논증을 위해서는 논증 참여자들이 논증적 상호교섭을 위한 소통 원리를 적극적으로 추구해야 한다. 탐구적·성찰적 논증을 위해 논증을 최초로 시도한 자는 잘 들을 수 있어야 한다. 수신자는 논증의 정당성에 대한 비판적 회의를 제기하고 건설적으로 반론할 수 있어야 한다. 논증자와 수신자 등 논증의 참여자들은 쟁점을 발굴하기 위해 적극적으로 참여하고 서로 협력하고 노력해야 할 책임을 가져야 한다. 논증 참여자는 서로 상대의 관점에 건전한 회의를 품고 자신의 입장을 개진하고, 상대방이 질문을 하거나 반론을 제기하는 것을 가로막거나 방해해서는 안 된다. 또한 상대방이 제기한 질문에 대해서는 회피하지 말고 대답해야 하며 접점 형성에 적극 협조할 책임이 있다. 상대방의 주장이나 논거에 무관심하거나 자신의 주장만을 내세우려고 하는 것은 의사소통이라고 할 수 없다. 또한 논증 참여자들은 논증적 상호 교섭 과정에서 옳다고 인정되는 점들에 대해서는 상호 인정할 수 있어야 한다. 옳다고 인정할 만한 내용에 대해서는 그 타당성을 인정해야 차후의 쟁점에 대한 논의를 생산적으로 전개해 갈 수 있다.

또한 자신의 편견을 비판적으로 성찰하는 태도가 필요하다. Gad-mer(2004)는 생산적 편견을 위해 세 가지를 강조하였는데, 그것은 편견을 표현하는 것, 다른 편견들과 상호작용하는 것, 이에 대해 사려 깊은 질문을 던지는 것이다. 편견을 지속해서 주목해야 편견을 인식할 수 있으므로 계속 자극이 필요하다고 보았다. 또한 편견들이 상호작용하고 생산적으로 작용할 수 있도록 하기 위해, 다양한 관점을 인정하고 새로운 가능성을 열어 줄 수 있는 질문이 필요하다. 편견을 벗어나 합리성을 탐구하기 위해서 논증자는 자신이 살아온 배경과 경험 속에서 편견을 탐구할 수 있으며, 논증 참여자 간 인식의 전제가 달라질 수 있는 주제에 대해 토론의 기회를 제공하여 다른 전제들과 상호작용할 수 있는 기회를 가져야 하며, 주제에 대해 더 깊이 탐구하는 데 도움이 되는 질문을 찾아야 한다(유상희, 2017: 223).

Haraway(1988)는 주체가 처한 위치 설정을 변화시켜 새로운 관점으로 주제를 탐색하는 방법도 제안하였다. 기존과는 다른 관점에서 기존의 지식, 주장, 전제를 비판적으로 탐구하기 위해서 기존의 위치 설정과 의도적으로 분리하는 것이다. 동일한 주제에 대하여 위치 설정을 바꾸어 논증을 전개해 봄으로써, 주제에 대한 자신의 이해와 소통을 확장하는 방법을 시도해 볼 수 있다.

편견이나 선입견을 배제하고 객관적이고 합리적으로 판단하되, 단순히 여러 의견을 비교하거나 대조하는 것이 아니라 다양한 관점을 비판적으로 종합하여 최선의 합리성을 추구하고 자신만의 관점과 주장을 재구성하는 일련의 과정이 탐구적·성찰적 논증이라 할 수 있다.

참고문헌

김영석(2010). 설득 커뮤니케이션. 서울: 나남출판.

민병곤(2004). 논증 교육의 내용 연구: 6, 8, 10학년 학습자의 작문 및 토론 분석을
　　바탕으로. 서울대학교 박사학위 논문.

유상희(2017). 논증 교육을 위한 합리성 개념 고찰. 독서연구, 44, 204-239.

유상희, 서수현(2017). 지식 탐구의 도구로서 논증적 글쓰기에 대한 고찰: CCSS 범교과
　　문식성 영역을 중심으로. 작문연구, 32, 83-116.

이영호(2012). 학습 논술 교육 연구: 학습 과정에서의 논증 능력을 중심으로. 서울대학교
　　박사학위 논문.

장성민(2021). 다양성 존중을 위한 논증 교육의 패러다임 탐색: 설득적 논증으로부터
　　성찰적 논증으로의 전환. 국어교육, 172, 77-113.

장지혜(2019). 탐구적 쓰기로서 가치 논제 글쓰기의 특성 고찰: 고등학생 필자의 논증
　　양상 분석을 중심으로. 국어교육, 167, 89-119.

홍종화(2006). 의사소통과 논증. 프랑스학연구, 37, 395-411.

Allen, M.(1991). Metaanalysis comparing the persuasiveness of one sided
　　and two sided messages using meta analysis. *Western journal of speech*
　　communication, 55, 390-404.

Backman, C. W. & Secord, P. F.(1966). *Problems in social psychology.* NY: Mcgrow
　　Hill.

Burgoon, M., Hunsaker, F. G., & Dawson, E. J.(1994). *Humans communication.*
　　Thousand Oaks, GA: Sage.

Crosswhite, J.(1996). 오형엽 역(2001). *The rhetoric of reason: writing and*
　　the attractions of argument. 이성의 수사학: 글쓰기와 논증의 매력. 서울:
　　고려대학교출판부.

Dance, F. E.(1967). Toward a theory of human communication. In F. E.
　　Dance(Eds.). Human communication theory: original essays, 288-309. NY:
　　Holt.

Donoghue, P. J. & Siegel, M. E.(2005). *Are you really listening?: keys to successful*
　　communication. Notre Dame: Sorin Books.

Felton, M., Garcia-Mila, M., Gilabert, S.(2009). Deliveration versus dispute: the impact of agumentative discoure goals on learning and reasoning in the science classroom. *Informal Logic, 29*(4), 417-446.

Gadamer, H.-G.(2004). *Truth and method.* NY: Continuum.

Goffman, E.(1981). *Forms of talk.* PA: University of Pennsylvania Press.

Grass, R. H. & Seiter, J. S.(1999). *Persuasion, social influence, and compliance gaining.* Boston, MA: Allyn & Bacon.

Grice, H. P.(1975). Logic and conversation. *Syntax and semantics, 3,* 41-58.

Grize, J.-B.(1990). *Logique et langage.* Paris: Ophrys.

Halliday, M. A. K. & Hasan, R.(1989). Language, context and text: aspects of language in a social-semiotic perspective. Oxford: Oxford University Press.

Haraway, D.(1988). Situated knowledge: the science question in feminism and the privilege of partial perspective. *Feminist Studies, 14*(3), 575-599.

Hovland, C. I., Janis, I. L., & Kelly, H. H.(1953). *Communication and persuasion: psychological studies of opinion change.* New Haven, CT: Yale University Press.

Hovland, C. I. & Weiss, W.(1951). The influence of source credibility on communication effectiveness. *Public opinion quarterly, 15,* 635-650.

Inch, E. S. & Warnick, B.(2010). *Critical thinking and communication: the use of reason in argument.* Boston, MA: Allyn & Bacon.(출판사 Pearson)

Klein, P. D. & Ehrhardt, J. S.(2015). The effects of discussion and persuasion writing goals on reasoning, cognitive load, and learning. *Alberta journal of educational research, 61*(1), 40-64.

Leitão, S.(2000). The potential of argument in knowledge building. *Human Deveipoment, 43*(6), 332-360.

Lewicki, R., Barry, B. & Saunders, D(2004), 김성형 역(2005). *Essentials of negotiation.* 최고의 협상. 서울: 스마트비즈니스.

Mateos, M., Rijlaarsdam, G., Martín, E., Cuevas, I., van den Bergh, H., & Solari, M.(2020). Learning paths in synthesis writing: which learning path contributes most to which learning outcome? *Instructional science, 48*(2), 137-157.

Meiland(1989). Argument as inquiry and argument as persuasion. *Argumentation 3*(2), 185-196.

Mercer, N.(2000). *Words and minds: how we use language to think together.* London: Routledge.

Miller, L. C. & Read, S. J.(1991). Inter personalism: understanding persons in relationships. *Advance in personal relationships, 2,* 233-267.

Mills, J.(1969). *Experimental social psychology.* NY: The Macmillan co.

Nussbaum, E. M.(2003). Appropriate appropriation: functionality of student arguments and support requests during small-group classroom discussions. *Journal of literacy research, 34*(4), 501-544.

Nussbaum, E. M.(2008). Using argumentation vee diagrams(AVDs) for promoting argument-counterargument integration in reflective writing. *Journal of educational psychology, 100*(3), 549-565.

Perelman, C. & Olbrechts-Tyteca, L.(1958). *The new rhetoric: a treatise on argumentation.* Notre Dame: University of Norte Dame Press.

Plantin, C.(1996). *L'argumentation.* Paris: Kime.

Pollock, J. L.(1987). Defeasible reasoning. *Cognitive science, 11,* 481-518.

Secord, P. & Backman, C. W.(1966). *Social Psychology.* NY: Mcgrow Hill.

Stewart, L. T.(1968). Explicit versus implicit conclusions and audience commitment. *Speech Monographs, 35,* 14-95.

Unnava, H. R., Burnkrant, R. E., & Erevelles, S.(1994). Effects of presentation order and communication modality on recall and attitude. *Journal of consumer research, 21*(3), 481-495.

van Eemeren, F. H. & Grootendorst, R.(1992). Argumentation, communication, and fallacies. *A Pragma-dialectical Perspective.* NJ: Lawrence Erlbaum Associates.

Walton, D. N.(1996). *Argumentation schemes for presumptive reasoning.* Mahwah, NJ: Lawrence Erlbaum Associates.

Walton, D. N.(2006). 권기대 역(2008). *Fundamenatals of critical argumentation.* 논리의 숲 논술의 꽃. 서울: 베가북스.

White, P. H. & Harkins, G. G.(1994). Race of source effects in the Elaboration Likelihood Model. *Journel of personality and social psychologh, 67,*$ 790-807.

IV

논증 교육의 설계

들어가며

Ⅳ장에서는 국어 교육에서 논증 교육을 실천하기 위해 필요한, 논증 교육을 위한 교육과정을 제시한다. 출발부터 방향성이 존재하지 않았거나 진행 과정에서 방향성을 상실한 교육은 일회성에 그칠 가능성이 크며, 교육을 통한 변화의 결과도 보장하기 어렵다. 논증 교육의 교육적 가치를 충분히 발휘할 수 있도록 하기 위해서는 논증 교육 내용 요소들을 열거하기에 앞서 논증 교육의 목적과 목표를 분명히 설정해야 한다. 여기서는 논증 교육의 목적을 '합리적인 의사소통 능력, 비판적 사고 능력, 통합적 문제 해결 능력, 다양성을 존중하는 태도 함양'으로 하고, 논증 교육의 목표를 '논증적 소통 능력 신장'으로 한다. 이를 위한 교육 내용 범주는 논증적 소통의 본질을 이해하기 위한 지식, 논증적 소통을 수행하기 위해 요구되는 기능, 논증적 소통의 목적 달성과 가치 실현을 위해 논증 참여자가 가져야 할 태도로 구성한다. 그리고 논증이라는 소통 양식에 대한 집중적이고 체계적인 교육을 위한 구체적인 교육 내용, 즉 논증적 소통 능력에 관여하는 지식, 기능, 태도 범주별 교육 내용을 제시하고 세부 교육 내용에 대한 이해를 돕기 위한 해설을 함께 제시한다. 이와 같이 일련의 체계를 갖춘 논증 교육과정을 제공하는 것은 교육 현장에서 논증 교육을 실행하는 데 유용한 정보가 될 것이다.

1. 논증 교육의 목적

교육의 목적은 학습자의 가치 있는 변화를 추구하는 것으로, 학습자의 행동 변화를 유도한 교육의 결과로 기대되는 궁극적인 상(像)을 고려하여 결정된다. 논증 교육은 합리적이고 비판적인 언어 사용 능력과 종합적인 사고 능력을 바탕으로, 여러 가지 갈등 및 문제적 사태에 이성적으로 대처하는 합리적이고 성숙한 민주 시민을 길러 내는 것을 목적으로 한다.

논증 활동은 의사소통 참여자 간의 진정한 상호 교섭을 경험할 수 있는 계기를 마련하여 합리적인 소통 능력을 함양하는 데 기여한다. 진정한 상호 교섭이란 상대방과 의견을 조율하면서 사안에 대한 이해는 물론이고, 사안에 대한 자신의 입장과 상대방의 입장을 보다 깊이 이해하고 서로의 차이를 알아 가면서 상호 간 인식의 폭을 넓히는 상호작용을 의미한다. 이는 논증적 소통의 본질이기도 하다. 논증은 나와 다른 생각을 지닌 상대방에게 주장을 펼치고 상대방이 나의 생각을 존중하고 인정하도록 하거나 더 나아가 동의하고 공감하도록 설득하는 것으로, 혼자서 수행하는 일방적 언어 행위가 아니라 상대방을 전제로 한다. 그러므로 상대방의 입장에 적절하게 반응하지 못하거나 상대방의 주장을 간과한 채 일방적으로 의사소통하는 것은 상호 교섭이 제대로 이루어지지 못하는 것이며, 동시에 논증 행위라고 할 수 없다. 그러므로 논증적 소통은 갈등을 위한 갈등, 대립을 위한 대립이 아닌 서로의 발전에 기여하는 생산적인 대화로서 합리적인 의사소통 능력의 발달을 촉진한다.

논증 활동은 여러 가지 시각에서 따져 보고 추론하고 평가하는 활동을 동반함으로써 분석적 사고와 비판적 사고의 발달에 기여한다. 논증 활동에 참여하는 학습자는 사안에 대한 자신의 논증을 구성하기 위해서, 논란이 되는 사안과 관련된 기존 논증에 사용된 이유나 근거를 찾고, 숨어 있는 전제나 함축 등을 탐색하며, 맥락을 따져 보는 분석과 비판 활동을 전개한다. 논증을 준비하는 단계뿐만 아니라 논증적 소통을 전개하는 단계에서도 자신의 논증과 상대방의 논증을 비판적으로 평가하게 된다. 주장과 근거의 관계는 물론이고 이유나 근거의 충분성, 신뢰성, 보편성 등을 따져 보고, 정치·사회·문화적 맥락에 대한 고려가 적절한지, 청자 혹은 독자에 대한 고려가 적절한지도 따져 본다. 비판적 사고력이 신장되면 기존의 생각을 새로운 생각들과 조화시켜 한층 더 발전된 사고 체계를 형성할 수도 있다. 생각의 차이를 인정하고 이해하며 새로운 인지 체계를 재구성하는 것은 곧 종합적이고 총체적인 사고력의 신장으로 이어진다.

논증 활동은 창의적 사고력의 발달에도 영향을 미친다. 논증의 일차적 목표는 상대방을 설득하는 것으로, 상대방을 설득할 수 있도록 주장을 탄탄하게 지지하는 이유나 근거를 생성하기 위해서는 고도의 창의성을 발휘해야 한다. 논증을 시도하는 것은 당대의 지배적인 가치관이나 당대 사람들의 통념에 자리 잡은 기존의 관점을 재조명하는 것이다. 새로운 관점에 착안하고, 발상을 전환하며, 대안을 제시하는 등 고정관념을 탈피하여 새롭게 문제를 제기하고 해결 방안을 제안하는 것은 창의적 사고를 훈련하는 기회가 될 수 있다. 한편 아무리 논리적으로 탄탄한 논증이라도 효과적으로 표현되지 못하면 설득력이 떨어지며, 다소 미흡한 논증이라도 효과적으로 표현되면 설득력이 증폭될 수 있다. 참신한 비유나, 공감할 수 있는 사례를 제시하면 매우 강력한 흡인력을 발휘한다. 즉 논증 과정에서 상대방과 소통할 수 있는 적절하고 효과적인 표현을 찾는 것 역시 창의적인 사고를 촉진한다.

요컨대, 논증 교육은 의사소통 능력과 총체적인 사고 능력 발달을 촉진한다. 나아가 살아가면서 대면하게 될 크고 작은 갈등이나 문제적 사태를 보다 조화롭고 합리적으로 해결할 수 있도록 돕고 비판적 의사 결정 능력의 함양에 기여한다. 논증 교육의 효과는 이러한 인지적 영역의 성장으로만 그치지 않는다. 인격적·정의적 영역에까지 기여함으로써, 개인의 내적 성장을 도모한다.

논증적 소통에의 참여는 상대방의 생각은 나와 다를 수 있음을 확인하는 계기를 마련한다. 내 생각이 잘못되었을 수도 있다는 점을 전제해야 상대와의 소통 과정에서 새로운 것을 배우게 된다. 상대방과의 입장 차이로 인한 갈등이 단순한 의견 대립이나 배격의 대상이 아니라 호혜적이고 생산적인 논의로 발전할 수 있다는 점을 경험하게 해 준다. 즉 다른 사람의 의견을 존중하고 다른 사람에 대해 열린 태도를 지녀야 함을 배우게 된다.

논증에 참여하는 자는 자신의 주장을 전개해 가는 과정에서 자신의 주장이 다른 사람의 주장과 어떻게 다른지, 왜 다른지를 추적해 보면서 자신의 정체성을 확인할 수 있다. 또한 자신의 주장만이 옳고 다른 사람의 주장은 틀렸다는 편협한 생각에서 벗어나, 자신의 관점이 좁고 식견이 짧을 수도 있음을 직접 깨달아 객관적인 위치에서 겸손한 자세로 자신을 성찰할 수 있다.

아울러 갈등이나 문제의 해결은 이성을 통해 가능하다는 것을 경험하게 된다. 삶 속에서 부딪히는 많은 문제들을 이성적으로 해결하지 못하면, 문제를 해결하기 위해서 물리적 폭력이나 권력에 의존하게 될 수도 있다. 공동체 안에서 발생할 수 있는 갈등이나 대립을 이성과 소통을 통해 합리적으로 해결해 보는 논증적 의사소통을 체험해 봄으로써 합리적이고 이성적인 태도의 중요성을 깨닫게 된다.

논증은 적절한 이유와 근거를 사용하여 논란이 되는 문제점에 대한 해결점이나 합의점을 찾으며 지식의 폭을 넓히는 과정이라 할 수 있다. 따라서 우리는 논증의 결과보다, 다양한 화제를 놓고 토론하며, 다양한 논증 상황에서 협력적으로 소통하고, 찬반의 이유와 근거를 제시하며 자신의 논리와 타인의 논리를 연결하고, 다양한 관점을 이해하는 등, 논증의 과정을 경험하는 것의 가치에 주목해야 한다.

논증 교육의 의의에 대한 이상의 논의를 바탕으로 논증 교육의 목적을 도식화하면 [그림 4-1]과 같다.

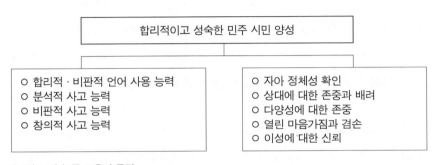

[그림 4-1] 논증 교육의 목적

결국 논증 교육의 궁극적인 목적은 논증 교육을 통해서 함양할 수 있는 여러 가지 능력과 태도를 바탕으로 합리적이고 성숙한 민주 시민을 양성하는 것이다. Crosswhite(1996/2001: 377-378)도 추론을 핵심으로 하는 논증 교육은 성숙한 시민을 길러 내는 교육이라 하였다. 추론 잘하는 법을 배운다는 것은 여러 가지 사회적 역할 속에서 상상해 보고, 상반되는 목소리, 특히 도전적이고 새로운 변화를 요청하는 목소리를 듣는 것이며, 존중하는 대화를 배우는 것이기 때문이다. 논증에 대한 일체의 교육적 의의를 종합해 볼 때도 논증 교육을 통해 함양될 능력과 태도는 끊임없이 변화하는 불확실성의 세계를 보다 합리적이고 성숙하게 살아가게 하고, 보다 발전된 민주 시민 사회 문화를 조성하는 데 기여하게 될 것이다.

2. 논증 교육의 목표

논증 교육의 목표는 논증적 소통 능력의 신장이다. 즉 논증 담화 및 글을 주체적으로 생산하고, 비판적으로 수용하는 것이다. 단순히 논증을 주고받는 것이 아니라, 논증이라는 양식을 바탕으로 각자의 입장을 상호 조율하고 통합하며 소통하는 능력을 신장하는 것이다. 즉 논증적 소통의 중요성을 인식하고, 논증에 대한 기본적인 지식 및 논증 담화와 글을 수용하고 생산하는 데 필요한 지식 및 기능을 익혀, 다양한 논증 상황에서 자신의 입장을 효과적으로 표현하고 상대방의 의견을 비판적으로 수용하되 상호 교섭적 소통을 원활히 하는 것이다. 논증에 대한 지식을 배우는 이유는 지식 자체의 습득에 있는 것이 아니라 자신의 생각을 논증의 형태로 표현하고, 상대방의 논증 언어를 비판적으로 수용할 수 있는 능력의 기초를 배양하는 데 있다. 한편 논증을 통해서 건설적이고 합리적인 소통 문화 창조에 이바지할 수 있도록 노력하고 참여하는 태도도 강조되어야 한다. 논증 교육의 세부 목표를 정리하면 다음과 같다.

논증 담화와 글을 운용하는 데 필요한 지식과 기능을 익혀, 다양한 논증 담화와 글을 통한 소통에서 효과적으로 상호 교섭하고, 발전적이고 합리적인 사회 문화를 형성하는 능력과 태도를 기른다.

가. 논증에 대한 기본적인 지식을 익혀, 이를 다양한 논증적 의사소통 상황에 활용한다.
나. 논증 담화와 글을 수용하고 생산하는 데 필요한 지식, 기능 및 전략을 익혀, 다양한 논증 담화와 글을 통한 소통에서 비판적이고 합리적으로 상호 교섭한다.

다. 사회의 논증 현상에 적극적으로 참여하여 합리적인 사회 문화 형성에
　　이바지하는 태도를 기른다.

　이러한 능력은 첨예한 이해관계의 복합체인 현대 사회의 구성원들이
필수적으로 추구해야 할 덕목이며 시민 사회 구성원으로서 학습자가 학
습해야 할 기초적인 소양이다. 상대방과 견해 차이를 인정하고 상호 간의
인식의 폭을 확장하는 논증 활동을 통해서 타인과 합리적으로 소통할 수
있음은 물론이고, 세상에 존재하는 문제에 대해 옳고 그름을 판단할 수 있
을 뿐만 아니라, 하나의 문제를 다양한 관점에서 조망하고 문제의 본질을
파악하여 합리적인 해결 방안을 모색하여 사회 발전에 기여할 수 있을 것
이다.

3. 논증 교육의 내용 체계

　논증 교육의 세부 목표는 크게 세 가지로 나뉘는데, 그것은 논증적 소통에 대한 지식(知識, Knowledge), 기능(技能, skill), 태도(態度, attitude)와 관련된다. 논증 교육 내용도 지식, 기능, 태도 범주를 고려하여 제시하는 것이 논증 교육 목표와의 연계성을 높이는 데 효과적일 것이다.

　지식은 담화와 글의 수용 및 생산 활동을 위해서 알고 있어야 하는 형식적·본질적·명제적 지식을 의미한다.

　기능은 경험과 반복 연습에 의해 획득되어 자동화된 것으로, 수행에 필요한 방법적·조건적 지식들의 내면화와 실행을 통해 형성된다. 기능은 담화와 텍스트의 수용 및 생산 활동에 관여하는 사고의 절차, 원리, 과정, 방법 등이다.[1]

　태도는 어떤 유형의 언어적 실체·행위·현상에 대한 개인의 선택에 영향을 미치는 학습된 성향으로 특정한 대상에 대해 일관성 있는 반응을 일으키는 인지적·정의적 상태이다. 특정 대상에 대한 행위 자체가 아니라 그 행위를 가능하게 하는 의도나 성향이므로, 특정 담화나 글의 생산과 수용에 대해 긍정적으로 형성된 태도는 장차 그것에 대한 개인의 발전 가

....

1　기능(skill)과 전략(strategy)은 언어 사용 능력을 논의하는 과정에서 예외 없이 가장 중요한 개념으로 다루어지고 있지만, 그것에 대한 개념 설정은 연구자마다 상이하고 분명하지 않다. 기능과 전략 개념의 혼란 및 사용 문제에 대한 논의는 천경록(1995), 최영환(1997), 이천희(2005) 등에서 확인할 수 있다. 논의가 계속 이어졌던 것은 결국 이들 개념이 확실하게 구별되지 않고 있다는 증거이다. 다만 언어 능력은 전략과 기능의 상호 보완적 작용을 통해서 완성되는 것이라는 점은 분명하다. 전략과 기능은 구별되는 개념이겠으나, 여기서는 문제 상황에서 그 문제를 해결하기 위해 언어 사용자가 의식적·의도적·계획적으로 수행하는 정신 작용을 일컫는 전략적 속성까지 기능 범주로 처리한다.

능성을 보장해 줄 수 있는 요소이다.

지식 범주의 내용은 논증적 상호 교섭 행위 자체에 대한 일반적 이해를 돕기 위한 형식적·본질적 지식 등으로 구성할 수 있다. 상호 교섭적 관점을 반영한 논증의 성격, 목적, 요소가 지식 범주의 교육 내용이 된다.

기능 범주의 내용은 논증적 상호 교섭을 하기 위한 사고의 절차·과정·방법·원리로 구성할 수 있다. 논증적 상호 교섭을 원활히 하기 위해서는 기본적으로 합리적인 논증을 생산하고, 비판적으로 수용할 줄 알아야 하며, 상호 교섭을 원활히 하기 위한 소통 규칙을 내면화하고 준수할 수 있어야 한다. 한편 상호 교섭적 관점에 따라 논증의 맥락을 고려하여 논증 수준을 조절하고 타인과 협력하며 서로의 논증을 성찰하며 합리성을 탐구할 수 있어야 한다.

태도 범주의 내용은 논증자의 태도와 논평자의 태도로 구성할 수 있다. 논증적 상호 교섭의 궁극적인 목적인 상호 이해의 확장과 합리적인 의사소통 능력 신장을 위해 논증 참여자들이 지녀야 할 태도를 중심으로 할 수 있다.

요컨대 논증 교육의 내용 체계 및 내용 범주는 [표 4-1]과 같다.

[표 4-1] 논증 교육 내용 체계 및 범주

내용 범주	지식	기능	태도
내용 하위 범주	○ 논증의 성격 ○ 논증의 목적 ○ 논증의 요소	○ 논증의 구성과 표현 ○ 논증의 분석과 비판 ○ 맥락 인식과 상호 교섭 ○ 협력적 참여와 상호 교섭	○ 논증자의 태도 ○ 논평자의 태도
내용 요소	내용 요소 ① 내용 요소 ② 내용 요소 ③ : :	내용 요소 ① 내용 요소 ② 내용 요소 ③ : :	내용 요소 ① 내용 요소 ② 내용 요소 ③ : :
관련 세부 교육 목표	'가'	'나'	'다'

4. 논증 교육의 내용 요소 및 해설

교육 내용을 선정할 때는 교육 목표를 충실하게 반영하면서 교육 내용 설정의 취지와 의도에 적합한 교수·학습 활동이 이루어질 수 있도록 교육 내용을 구체화해야 한다. 또한 언어 공동체의 일반적인 국어 사용의 실제적 양상을 충분히 반영해야 한다. 학습자의 심리적·문화적 특성과 요구도 분석하여 교수·학습 가능성과 효율성을 제고하고, 교육 내용과 그 실천이 유기적으로 조응할 수 있도록 해야 한다. 뿐만 아니라 교육 내용을 뒷받침하는 배경 학문의 내용 구조도 반영해야 한다. 논증 교육의 내용 역시 논증 교육의 목표, 논증적 의사소통의 실제적 양상, 학습자의 특성, 논증 이론 및 소통 이론 등의 학문적 구조 기반을 고려하여 선정해야 한다.

내용 범주별로 세부 내용 요소를 정리하면 [표 4-2]와 같다. 또한 각 내용 범주별로 내용 요소 설정의 취지 및 각 내용 요소에 대한 해설을 제시하면 다음과 같다.

1) 지식

논증의 본질과 관련하여 학습자들에게 가장 시급하게 요청되는 것은 논증의 목적과 성격에 대한 이해이다. 많은 학습자들은 논증을 기반으로 하는 가장 대표적인 담화 유형인 토론을 서로 이기고 지는 게임으로 인식하는 경향이 있다. TV 토론에 등장하는 전문가들도 상호 협력적인 논증 방식을 보여 주기보다는 상호 대립적이고 경쟁적인 논증 방식을 보인다. 학생이나 전문가들의 토론을 보면 상대방의 논증을 대하는 방식에서 정

[표 4-2] 논증 교육의 내용 요소

내용 체계	내용 범주	내용 요소
지식	논증의 성격	① 이유와 근거를 바탕으로 주장을 정당화하는 행위로서 논증의 성격을 　이해한다. ② 사회적 소통 행위로서 논증의 성격을 이해한다. ③ 상호 교섭을 통한 성찰 행위로서 논증의 성격을 이해한다.
	논증의 목적	① 상호 이해를 바탕으로 인식의 지평을 확장하려는 논증의 목적을 　이해한다. ② 협력적 소통을 바탕으로 발전적 대안을 모색하려는 논증의 목적을 　이해한다.
	논증의 요소	① 논증 참여자의 역할을 이해한다. ② 논증 메시지의 구성 요소를 이해한다. ③ 논증의 맥락을 이해한다.
기능	논증의 구성과 표현	〈논증 내용의 생성〉 ① 논란의 여지가 있는 사안에 대한 자신의 입장을 명료한 주장으로 　제시한다. ② 주장의 성격을 고려하여 핵심적인 논점을 분석한다. ③ 주장을 뒷받침하는 적절한 이유와 근거를 제시한다. ④ 주장과 이유의 연결을 정당화하고 상대방이 수용할 수 있는 전제를 　설정한다. ⑤ 상대방의 관점에서 자신의 논증을 검증하고 제기될 수 있는 반론을 　예측한다. 〈논증 내용의 조직〉 ① 설득 강도를 고려하여 논증 메시지의 제시 순서를 조정한다. ② 이유의 성격과 관계에 따라 적절한 조직 방법을 선택한다. 〈논증의 표현〉 ① 논증 메시지를 간결하고 명료하게 전달한다. ② 메시지의 전달 효과를 높일 수 있는 표현 방법을 활용한다.
	논증의 분석과 비판	〈논증의 의미 해석〉 ① 논증에서 다루는 용어와 논증 메시지의 의미를 정확하게 파악한다. ② 논증을 구성하는 핵심적인 진술을 가려내고 주장과 이유 및 전제를 　확인한다. 〈논증의 구조 분석〉 ① 이유들 간의 관계를 바탕으로 논증의 구조를 분석한다. ② 진술되지 않은 이유와 주장을 재구성한다.

내용 체계	내용 범주	내용 요소
기능	논증의 분석과 비판	〈이의 제기 및 반론〉 ① 논증의 적절성에 대해 이의를 제기하고 건설적으로 반론한다. ② 논증자가 시도한 논증 도식의 특성을 고려하여 그에 적절한 비판적 　의문을 제기한다.
기능	맥락 인식과 상호 교섭	① 논증 수신자를 고려하여 논증의 수준을 조절한다. ② 논증의 사회·문화적 맥락에 따라 논증적 소통 방식을 조절한다.
기능	협력적 참여와 상호 교섭	① 주제 관련성과 입증 관련성을 고려하여 논증한다. ② 쟁점을 검토하는 데 적극적으로 참여하고 협력적으로 소통하며 서로의 　논증을 성찰한다. ③ 옳다고 인정되거나 동의할 수 있을 만한 것에 대해서는 수긍하며 　논증한다. ④ 명확하게 표현하고 정확하게 해석하며 서로의 논증을 성찰한다.
태도	논증자의 태도	① 자신의 논증에 대해 책임을 지는 태도를 지닌다. ② 상대방이 현명한 선택을 할 수 있도록 협조하는 태도를 지닌다. ③ 상대방과 긍정적인 관계를 맺으려는 태도를 지닌다. ④ 논증하는 사안에 대해 개방적이고 열린 태도를 지닌다.
태도	논평자의 태도	① 상대방이 지속적으로 자신을 설득하고 있음을 인식하는 태도를 지닌다. ② 논증하는 사안에 대해 많은 정보를 확보하려는 태도를 지닌다. ③ 상대방의 논증을 왜곡하여 받아들일 수도 있음을 인식하는 태도를 　지닌다. ④ 논증하는 사안에 대해 개방적이고 열린 태도를 지닌다.

확하고 객관적으로 이해하기보다 자신이 반박하기 유리하도록 상대방의 의견을 왜곡하는 경향이 드러나는데, 이는 논증을 상호 경쟁적인 활동으로 인식하는 데서 비롯되는 결과이다.[2]

　물론 승패가 분명한 토론 대회나 판정이 중요한 토론에서의 논증적 소통이라면 상호 대립적이고 경쟁적인 방식을 취할 수밖에 없을 것이다.

....

2　학생들의 토론 수행 양상과 전문가 집단의 토론 수행 양상을 구체적으로 비교 또는 대조한 결과는 서영진(2012)을 참조.

그러나 이렇게 최선을 다하는 것도 결국은 문제를 깊이 이해하기 위함이어야 하고, 함께 문제를 해결하기 위함이라는 궁극적 목적을 간과해서는 안 된다.

논증은 본래 자신의 주장을 상대에게 설복시켜 상대의 주장을 무력하게 하는 것이 아니다. 논증은 상호 이해를 바탕으로 인식 지평을 확장하기 위한 합리성을 추구하기 위해 시도하는 것임을 알 수 있도록 해야 하며, 이를 위해서는 논증의 의사소통적 특성, 특히 상호 교섭적 특성을 강조해야 한다.

(1) 논증의 성격

① 이유와 근거를 바탕으로 주장을 정당화하는 행위로서 논증의 성격을 이해한다.

논증이기 위해서는 주장과 이유의 결합이라는 최소한의 형식적 조건을 만족해야 한다. 충분히 납득할 수 있을 만한 타당하고 합리적인 이유가 주장을 논리적으로 뒷받침하고 있어야 그 논증은 정당화될 수 있다. 또한 그 이유를 뒷받침하는, 현실에 기반한 객관적인 근거를 갖추어야 한다. 즉 논증을 잘하기 위해서는 무엇보다도 쟁점을 명확하게 파악하여 그에 알맞은 적절한 이유나 근거를 찾아, 자신의 주장이나 입장을 논리적으로 펼쳐야 한다.

② 사회적 소통 행위로서 논증의 성격을 이해한다.

논증은 일차적으로 상대방에게 자신의 입장을 정당화하거나 합리적으로 입증하려는 목적에서 시도된다. 즉 사회적 설득 행위라는 속성을 띤다. 논증에서 주장은 본질적으로 어떤 것에 대한 주장이 아니라, 누군가에 대한 어떤 주장으로, 상대를 설정하지 않은 주장이란 있을 수 없다. 또한 항상 반박의 여지가 있는 입장을 선택하기 때문에 자신과 견해가 다른 상대방을 설득하려는 의사소통 상황에서 상대방과 상호작용해야 한다는 점에서 사회적이며 대화적인 소통 행위이다.

③ 상호 교섭을 통한 성찰 행위로서 논증의 성격을 이해한다.

논증은 누군가로 하여금 사안에 대해 주목하도록 유도하여 특정한 방식으로 세계를 경험하도록 이끈다. 그 과정에서 자신의 주장이나 관점에 대해서도 변화를 시도하며 대안을 모색하는 상호 교섭을 통해 사안에 대한 성찰적 소통을 시도하게 된다. 논증자는 사회·문화적 맥락이나 메시지의 수신 양상을 고려하여 상대방에게 수용될 수 있는 전제나 근거를 제시하며 소통을 시도한다. 상대방이 이미 동의하고 있는 전제에 대한 계속적 탐색을 바탕으로 아직 동의하지 않은 결론을 향해 가며 소통하는데, 그 과정에서 상대방이 제기하는 반론에 대해서도 적극적으로 검토하며 자신의 논증에 숨어 있던 불합리성을 확인하고 조정하기도 한다. 이를 통해 사안을 다양한 관점에서 이해하고 상호 대립을 넘어서 통합적 결론을 도출하는 성찰의 계기를 마련하게 된다.

(2) 논증의 목적
① 상호 이해를 바탕으로 인식의 지평을 확장하려는 논증의 목적을 이해한다.

논증의 궁극적인 목적은 한쪽이 다른 한쪽으로부터 설득에 대한 승복을 받아 내는 것이 아니다. 논증의 목적은 논란의 여지가 있는 문제적 사태에 대한 각자의 입장이나 관점, 이유나 근거를 이해함으로써 논제와 그것에서 파생된 여러 가지 결과를 더 깊이 이해하는 데 있다. 논증은 서로에 대한 인식을 공유하고 나아가 인식의 지평을 확장하여 문제적 사태를 보다 깊게 통찰하기 위해서 시도된다.

② 협력적 소통을 바탕으로 발전적 대안을 모색하려는 논증의 목적을 이해한다.

논증의 궁극적 목적은 상호 간 협력적 소통을 통해 보다 나은 대안을 모색하는 데 있다. 상반되는 입장을 지닌 논증 참여자 간의 합의를 이끌어내지는 못하더라도, 최초 발의자가 상대방을 설득하고자 했던 의도를 달성하지 못하더라도, 논증 참여자 모두 논제에 대해 통찰하는 기회를 가짐으로써, 논의를 보다 건설적이고 생산적으로 이끌어 발전적 대안을 모색할 수 있다.

(3) 논증의 요소
① 논증 참여자의 역할을 이해한다.

논증적 소통의 주체인 논증자와 수신자는 개인일 수도 있고 집단일 수도 있다. 논증 참여자는 나름의 의도와 속성을 가지고 있다. 논증자의 의도란 논증적 의사소통을 시도한 목적이고, 속성이란 논증 참여자들이 가지고 있는 태도, 지식, 기능 등을 말한다. 한편 논증을 수용하는 역할로 의사소통 상황에 참여하기 시작했던 수신자는 상대방의 논증을 수신만 하지 않는다. 논증자의 자극에 반사적인 반응만을 보이는 것도 아니고, 동의나 거부의 결정만을 최종적으로 전달하는 것도 아니다. 수신자는 자신의 내부에 존재하는 태도, 피설득 성향, 사회적 지위, 사회문화적 상황 등의 영향을 받으면서 상대방의 논증에 능동적으로 반응하며 공감하거나 다른 관점을 제시하거나 반론을 제기하는 등 제2의 논증을 생산한다.

즉 논증자와 수신자의 관계는 일방적이지 않다. 양측은 상호 조율과 조정 작업에 적극적으로 참여해야 하며, 논증이 진행됨에 따라 서로에 대한 인식을 확장하고 논증을 역동적으로 전개해 가야 한다.

② 논증 메시지의 구성 요소를 이해한다.

논증 메시지를 구성하는 가장 핵심적인 요소는 '주장'과 '이유'이다. '주장'이란 상대방에게 수용되기를 바라는 결론이나 견해이다. '이유'는 주장을 견고하고 확실하게 뒷받침할 수 있는 널리 통용되는 사실이나 믿음, 일반적으로 진실 또는 진리라고 수용될 수 있는 진술, 이미 확립된 결론이다. 또한 어떠한 사실에 기초하여 그러한 이유를 내세우는지, 이유를 뒷받침하는 객관적으로 관찰 가능한 조건이나 사실 등을 '근거'로 제시하면 보다 설득력을 강화할 수 있다. 한편 이유와 주장의 연결이 합리적이고 이성적이며 논리적이라는 것을 증명할 수 있는 연결 고리로서, 이유로부터 주장이 도출되는 과정에 정당성을 부여하는 '전제'가 필요할 수도 있다. 한편 어떠한 논증이든지 논증을 받아들이는 입장에 있는 사람은, 논증을 시도하는 사람의 입장이 아니라 자신의 입장에서 비판적으로 판단한다. 논증자가 제시한 이유와 근거에서 전혀 다른 새로운 결론을 이끌어 낼 수도 있고, 생각하지 못했던 이유나 근거를 찾아내어 반대의 입장을 논증하고자 할 수도 있다. 이에 논증적 메시지 구성에는 '반론 고려 및 대응'의 요소도 고려하는 것이 효과적이다.

③ 논증의 맥락을 이해한다.

논증은 결코 진공 상태에서 일어나지 않는다. 논증적 의사소통 행위는 맥락 속에서 전개된다. 맥락이란 논증적 소통이 일어나는 시간적 및 공간적 배경이다. 이 맥락은 좁게는 논증적 소통이 일어나고 있는 분위기, 장소, 시간, 수신자와의 관계 등의 수사학적 상황 맥락일 수도 있고, 넓게는 사회적·정치적·문화적 맥락까지를 포함할 수 있다. 맥락은 논증 참여자가 공유하는 견해나 가치, 그것에 영향을 주는 사회·문화적 관습으로, 논증 행위보다 앞서 형성되는 것이며, 이유와 근거를 선택하고, 제시된 이유와 근거를 수용하거나 거부하는 등의 다양한 상호작용을 유도하는 역할을 한다. 즉 맥락에 따라 논증을 구상하는 방식이나 내용이 달라지며, 제시된 이유와 근거를 수용하거나 거부하는 양상과 평가하는 방식이 달라진다.

2) 기능

논증적 소통에 관여하는 사고의 절차나 과정에 요구되는 다양한 기능 및 전략을 체계적으로 익히는 것은 논증 능력 제고와 직결된다. 기능은 크게 두 가지로 범주화할 수 있다. 하나는 논증을 생산하고 수용하는 데 필요한 논증적 언어 표현 및 이해를 목표로 하는 기능이다. 다른 하나는 논증 참여자 모두에게 호혜적인 논증을 전개하기 위한 상호 교섭 능력을 목표로 하는 기능이다.

논증의 생산과 수용 측면의 교육 내용 요소는 수용과 생산의 시간적 흐름에 따른 일반적 과정을 고려하여 제시할 수 있다. 즉 논증 생산의 과정은 논증 내용의 생성, 조직, 표현으로 설정할 수 있다. 논증 수용의 과정은 논증 내용의 해석, 분석, 평가 및 반론으로 설정할 수 있다. 물론 실제 논증적 소통 활동은 논증 참여자의 능력이나 논증의 맥락 등 다양한 요인에 따라서, 단선적이고 평면적인 양상을 띠는 것이 아니라 회귀적이고 복합적인 양상을 보일 것이다. 그럼에도 불구하고 이 과정에 대한 이해가 충분히 이루어지고 부단한 연습을 통해 숙달된다면, 연속적이고 동시다발적으로 생산과 수용 활동을 할 수 있게 될 것이다.

논증적 상호 교섭과 관련해서는 논증의 맥락에 따라 논증의 수준을 조절하는 기능, 논증을 밀도 있게 전개하기 위해 접점을 형성하고 논증 참여자 간 입장을 성찰하는 기능 등을 설정할 수 있다.

(1) 논증의 구성과 표현

〔논증 내용의 생성〕

① 논란의 여지가 있는 사안에 대한 자신의 입장을 명료한 주장으로 제시한다.

주장은 논증의 목표와 방향을 결정하는 핵심적인 요소이다. 논증에서 주장은 논증할 만한 가치가 있는 것이어야 한다. 상대방이 이미 동의하고 있거나 누구나 동의하는 보편타당한 사실이나 진리에 대해서는 논증할 필요가 없다. 주장을 선택할 때는 논란이 될 만한 여지가 충분한지, 다른 사람이 가진 가치·믿음·행동에 변화를 시도하기 위한 도전이라고 할 만한지를 검토하고 이에 대한 자신의 입장을 명료하게 설정한다. 어떤 주장이든 이의를 제기할 수 있는 경우에 관심을 갖고 읽어 볼 가치가 있다고 판단한다. 즉 논쟁의 여지가 있는 주장이어야 하며, 잘못된 주장으로 판명날 수도 있는 것이어야 한다. 논증이란 관점을 교환하면서 배우는 것이다. 양쪽 모두 자신의 주장이 틀릴 수 있다고 생각할 때, 문제가 되는 대상에 대해 서로 불확정적인 태도를 취할 때, 끝까지 합의하지 못하고 해답을 잠정적으로 남겨 놓을 때 논증은 가장 생산적으로 전개된다.

주장은 현실적이고 윤리적이며 신중해야 한다. 예를 들어 정책 주장일 때 실행할 수 있는 해법인지, 합법적인지, 공정한지, 적절한지, 해결하려고 했던 문제를 해결하기보다는 더 큰 문제를 만들게 되지는 않을지 세심하게 심사숙고한 후 주장해야 한다. 무조건적이고 단호한 주장은 불신과 거부감을 불러일으킨다.

주장은 명료해야 한다. 애매모호한 주장, 다양하게 해석되는 주장, 오해를 유발하는 주장은 지양해야 한다. 주장이 명확하게 진술되면, 논증 내용이 논제와 관련된 것인지, 그렇지 않은지 쉽게 확인할 수 있다. 그러나 주장이 모호하면 논증자는 관련이 없는 화제에 대해 논의하게 될 수도 있다.

주장의 유형을 분류하는 방식은 여러 가지인데, 가장 널리 알려진 분류 방식은 주장의 성격에 따라 사실·가치·정책 주장으로 나누는 것이다.

사실 주장은 과거·현재·미래의 상황에 대한 사실이나 대상의 관계에 대한 것을 다룬다. 가치 주장은 논증자의 가치 기준에 따라 특정한 존재나 행위에 대한 긍정적이거나 부정적인 가치 평가를 다룬다. 정책 주장은 정책의 변화·행동의 대체 및 특정 행동에 대한 이행 요구를 다룬다. 정책 주장은 대개 복잡한 사회적·정치적·경제적 문제를 다루지만, 그것보다 더 작은 규모의 행동을 다룰 수도 있다.

주장을 세 가지 유형으로 정확하게 구별하는 것은 어렵다. 사실 주장은 가치 주장과 정책 주장의 기초가 되며, 가치 주장은 특정한 사실의 존재를 가정하고 정책의 기초를 마련한다. 세 가지 종류의 주장은 상호 의존적 관계를 맺으며 연속된 스펙트럼 위에 존재한다. 확실한 사실은 진실이므로 그것은 가치로 받아들여진다. 확실한 가치는 중요하므로 그것은 정책으로 입안된다. 비슷하게, 우리의 정책은 우리의 가치를 반영하고 있다. 가치는 세계의 사실을 어떻게 이해하고 있는지가 반영된다. 결국 다양한 유형의 주장은 서로 연결되어 있고 상호 의존적이다.

② 주장의 성격을 고려하여 핵심적인 논점을 분석한다.

주장의 성격은 논증에서 다루어야 할 세부 논점을 결정한다. 사실 논제를 다룰 때 검토해야 할 핵심적인 논점은 사실 자체에 대한 정의, 사실이 받아들여질 수 있는 범위와 한계, 사실을 입증할 수 있는 구체적인 사례나 현상 제시를 통한 적용 범위 등이다. 가치 논제를 다룰 때는 가치의 대상에 대한 규정, 가치의 우선순위를 고려한 가치 체계나 가치 판단의 기준, 가치 대상에 대한 구체적이고 실제적인 정보 제시를 통한 가치 판단의 적용 범위 등을 검토해야 한다. 정책 논제를 다룰 때는 문제 상황의 심각성, 문제 해결 가능성, 문제 해결을 위한 비용과 혜택 등을 검토한다.

한편 사실 혹은 가치 논제에 대한 논점 탐색을 한데 묶어서 살피기도 한다. 사실 논제와 가치 논제에 대한 논점 탐색 모형에서 제시하는 논점은 크게 네 가지이다. 첫째는, 사실의 진위 여부로, 주장하는 것이 사실인가 아닌가를 검토해 본다. 둘째는, 정의상의 문제로, 논점 속에서 주어진 개념들이 어떻게 규정되는지 살펴본다. 셋째는, 특수성에 대한 고려로, 논점에 대해 일상적인 잣대를 적용하기에는 곤란한 어떤 다른 고려사항이 있는지 검토해 본다. 넷째는, 절차의 문제로, 주장된 논점이 어떤 절차 속에서 진행되었는지를 살펴본다.

정책 논제에 대한 논점 탐색 모형에서 제시하는 논점은 크게 여섯 가지이다. 첫째는, 정책 변화의 필요성에 대한 검토로, 새로운 정책이나 시스템을 도입하고자 하는 이유를 살핀다. 둘째는, 현 정책의 한계 제시로, 현 정책이나 시스템의 한계나 문제점을 검토해 본다. 셋째는, 새로운 정책의 해결력으로, 새롭게 제안된 정책이나 시스템이 문제를 해결할 수 있는지 검토해 본다. 넷째는, 비용에 대한 검토로, 제안된 정책의 실행에 따르는 손익 비용을 분석한다. 다섯째는, 비교 검토로, 제안된 정책과 잠재적인 대안들을 비교하며 검토해 본다. 마지막은 절차상의 문제 검토로, 정책적 문제를 처리하면서 절차적 타당성을 준수했는지 검토해 본다.

③ 주장을 뒷받침하는 적절한 이유와 근거를 제시한다.
이유는 논증하고자 하는 주장을 뒷받침하는 논증자의 판단이나 의견

이다. 근거는 주장을 뒷받침하는 내용이라고 판단되는 논증자의 믿음과는 상관없이 외부 세계에 존재하는 객관적인 사실, 가공되지 않은 중립적인 자료이다. 이유는 객관적인 사실인 근거가 의미하는 바가 무엇이며 그것이 어떻게 주장과 연결되는지 설명하는 것, 근거에서 어떠한 정보에 주목하여야 하는지, 논증자의 논리적 의식에 기반을 둔 근거에 대한 해석적 판단이나 의견이다. 객관적인 사실로서의 근거도 중요하지만, 근거가 담고 있는 정보가 지극히 단순하고 명확한 경우가 아니라면 주장과 근거를 직접 연결하는 것보다 둘의 관계를 밝혀 주는 이유를 제시하는 것이 효과적이다. 이유는 복잡한 근거를 빠르고 분명하게 이해하고 해석하도록 도와주며, 전체적인 논증의 구조를 쉽게 파악하고 기억할 수 있도록 길잡이 역할을 해 준다.

이유는 수신자들에게 왜 그것을 받아들여야 하는지를 알려 주고 다른 주장들을 뒷받침해 주는 역할을 하는 것으로 주장과 관련성을 가져야 한다. 또한 논증은 상대방이 이미 동의하고 있는 것을 바탕으로 동의하지 못하는 것으로 나아가는 것이므로 이유는 상대방이 받아들일 수 있는 내용이어야 한다. 이유를 제시할 때는 논증자의 관점을 상대방에게 관철하기 위해 논증자에게 유리한 방향으로 근거를 왜곡되고 편향되게 해석해서는 안 된다. 구체적인 근거 자료에 대해 공정한 관점을 유지하고 보편적 추론 규칙을 적용하여 해석해야 한다. 일반적으로 받아들여지는 믿음이나 전제, 이전에 확립되었던 결론을 바탕으로 해당 근거가 어떻게 주장과 연결되는지 설명할 수 있어야 한다. 둘 이상의 이유를 바탕으로 주장을 뒷받침할 때는 그 자체로도 내적 모순 없이 일관되어야 하지만 다른 이유들과의 관계 속에서도 일관성을 유지해야 한다.

근거는 일반적으로 구체적인 현상이나 사건, 통계, 기사 등으로 있는 그대로의 물리적 실재로 구성된다. 근거는 신뢰성·정확성·적정성·구체성·최신성·참신성·접근성·대표성 등을 갖추어야 한다. 논증의 목적 달성을 위해서 근거를 인위적으로 조작하거나 왜곡하여 제시하면 근거에 대한 신뢰도가 떨어지고 근거를 바탕으로 한 이유와 주장도 흔들리게 된다. 과거에 여러 차례 정확하다는 것이 입증된 신뢰할 수 있는 근거를 제시해야 한다. 또한 공정하고 왜곡되지 않은 관점의 근거로서 객관성을 확보해야 한다. 신뢰할 수 있고 객관적이며 정확한 근거라도, 근거를 지나치게 많이 제시하는 것도 효과적이지 못하다. 근거를 아무리 많이 제시하더라도 상대방이 제대로 소화하지 못한다면 소용이 없으므로 상대방이 수용하기에 적정한지, 청중들의 일반적인 가치관에 적합한지를 판단하여 근거는 정확하고 객관적이며 필요한 만큼 제시할 수 있어야 한다. 구체성은 근거를 사용하는 목적과 논증 참여자에 의해 결정된다. 급변하는 시대와 관련된 민감한 주제를 다루는 경우에는 최신의 정보인지도 고려해야 한다. 이미 잘 알려진 정보에 의존하기보다는 청중에게 참신하고 새로운 정보와 사실을 제공해야 한다. 사람들은 처음 접한 근거에 대해서는 충격적으로 받아들이고 그것의 의미를 다시 한번 생각하게 된다. 한편 다른 사람을 통해서 간접적으로 경험한 것을 근거로 사용하는 것은 지양해야 한다. 간접 경험한 것은 이차적인 해석 과정을 거치며 왜곡될 수도 있기 때문이다.

논증의 정확성을 위해서 통계 자료를 활용하는 경우가 많은데, 통계 자료도 인간이 하는 일이므로 왜곡되거나 실수가 일어날 수 있다. 그러므로 통계 자료를 활용할 때도 그것이 거짓된 허위의 통계는 아닌지, 통계적 방법으로 처리하기에는 부적절한 현상에 억지로 통계적 방법을 활용하여 얻은 결과는 아닌지, 비교 불가능한 집단을 비교한 것은 아닌지, 해당 집단의 가장 중요한 특징을 포함하고 있는 대표성 있는 연구 대상자를 바탕으로 한 것인지 검토하고 사용해야 한다.

한편 근거를 제시할 때는 인용 출처를 생략하지 않도록 한다. 논증자의 주장을 보다 매력적으로 만들기 위해 인용 출처를 생략하는 것은 비윤리적이다. 생략하는 것은 쉽지만, 그것은 청중을 오도하고 속이는 것으로 바람직하지 않다. 표절은 다른 사람의 생각이나 말을 적절한 허락 및 동의 절차 없이 사용하는 것으로, 논증자의 신뢰성을 떨어트리며, 학술적이고 개인적인 진실성에도 치명적이다. 친구 간의 개인적 논증에서 특별히 완전한 인용 절차가 필요한 것은 아니지만, 대부분의 기술적 영역의 논증이나 공적 영역의 논증에서는 신뢰성과 정확성이 중요하므로 인용 출처를 분명히 밝히고 표절하지 않도록 해야 한다. 그리고 2차 자료인지 아닌지를 확인해야 한다. 논증자가 1차 자료와 2차 자료를 구분하는 것에 실패할 때 그들은 잠재적으로 수신자를 속일 수 있다. 1차 자료는 근거의 본래 자료이다. 2차 자료는 1차 자료를 요약하고 분석하고 조합한 자료이다. 논증자는 가능한 한 1차 자료를 사용하도록 해야 한다. 그래야 오류 가능성을 줄일 수 있다. 논증자는 근거로 채택한 모든 자료에 대한 관련 정보, 예를 들면, 저자, 서명, 그의 전문가로서의 자격, 그렇게 진술한 날, 출판 정보 등을 제공해야 한다.

④ 주장과 이유의 연결을 정당화하고 상대방이 수용할 수 있는 전제를 설정한다.

주장과 이유의 관계 맺음이 의심받을 때 이유의 제시가 타당하다는 것을 확신시켜 주는 요소가 필요한데, 이것이 바로 전제이다. 어떤 상황에서도 적용될 수 있는 보편적인 원칙에 비추어 당면한 논증 상황에서의 추론 과정이 합당하다는 것을 제시해야 한다.

전제가 누구나 받아들이는 보편적인 원리이며 상대방도 이미 알고 있는 경우라면 생략된다. 일반적으로 상대방과 문화적으로 친밀한 경우는 공유하고 있는 진리, 가치 체계가 유사하기 때문에 굳이 전제를 명시할 필요가 없다. 누구나 아는 전제를 진술하면 오히려 논증자가 상대방을 무시한다고 생각할 수 있다. 반면 논증자가 기반하고 있는 경험과 가치가 상대방의 경험과 가치와 다른 경우에는 중요한 가정, 가치에 대한 정의를 별도로 진술해야 한다. 논증자가 제시하는 이유와 주장이 어떻게 연결되는지를 상대방이 깨닫지 못하는 상황, 논증자가 생각하는 전제가 아닌 다른 전제를 독자들이 떠올릴 수 있는 상황이 예상될 때 전제는 명시적으로 진술되어야 한다.

상대방이 동의하지 못하는 전제는 전제로서 기능을 하지 못한다. 이유와 주장을 제대로 뒷받침하며 일반적인 가치관에 부합하는 전제를 설정해야 하는데, 전제는 같은 시대라도 공간에 따라 달라질 수 있고, 같은 공간이라도 시대에 따라 수용될 수 있는 보편적인 가치 체계가 달라질 수 있다. 그러므로 논증의 전제가 상대방의 집단 문화에 어울리는 것인지, 진실이라 하더라도 전제를 적용하기에 극단적이거나 예외적인 상황은 아닌지 살펴야 한다. 진실하고 보편적이며, 주장과 이유를 합리적으로 연결하며, 상대방의 집단 문화에 적절한 전제를 설정한다.

⑤ 상대방의 관점에서 자신의 논증을 검증하고 제기될 수 있는 반론을 예측한다.

남들이 다르게 생각할 수 있다는 사실을 인정하지 않고 자신의 생각만을 고수하면 논증은 공정성을 잃게 되고 자신의 주장을 상대방에게 강요하게 되면서 논증의 본래 목적에서 벗어난다. 심리적 편향성과 왜곡을 최소화하기 위해서는 자신의 생각에 반대하는 의견을 적극적이고 능동적으로 찾아 나서야 한다. 그리고 반대 의견을 제시하는 이유를 찾아 상대방의 관점을 연구해야 한다. 논증 자체의 타당성을 의심해 봐야 하며, 논증 자체에는 오류가 없을지라도 다른 의견도 있을 수 있음을 고려해야 한다.

논증 전반에 걸쳐서 자신과 다른 견해들을 차분하고 솔직하게 상상하고 이에 대응할 수 있을 때, 논증을 폭넓고 깊이 있게 만들 수 있다.

자신이 구상한 논증에 대해 제기될 수 있는 반론을 예측하고 그것에 대해 미리 대응하는 것은 논증의 설득력을 강화할 수 있는 방법이다. 논증하고 있는 사안의 문제적 사태와 해결 방법에 대한 제안이 적절한지, 논증에서 제기한 문제가 진짜 문제인지, 해결책은 정확히 무엇인지, 주장의 한계는 없는지, 문제로 인해 발생하는 손실보다 해법을 적용함으로써 발생하는 손실이 더 크지 않은지, 다른 해법이 아닌 굳이 이 해법을 선택해야 하는지 등 문제 상황과 해결 방안의 적절성에 대해 다시 검토한다. 그리고 근거로 제시한 자료들이 적절한지, 암시적이거나 명시적인 전제들이 적절한지와 같은 질문이나 반론에 대한 최선의 대응책도 찾아본다.

논증을 하다 보면 자기 목적에 맞을 때는 전제를 적용하고 맞지 않을 때는 무시함으로써 스스로 모순되는 진술을 하는 경우도 있다. 같은 논증 안에서도 서로 모순되는 진술이 존재하거나 주장에 대한 명확한 반론이나 반증하는 사례가 있음에도 불구하고 무시하고 넘어가면 논증자는 지적 일관성이 부재한 사람이라고 인식되므로 논리적 일관성을 유지하고 있는지 상대방의 시선으로 성찰할 필요가 있다. 논증을 시도할 때는 해결하고자 하는 상황에 적용할 원칙은 비슷한 다른 상황에도 적용될 수 있다는 점을 명심해야 한다. 자신이 논증하는 상황에만 원칙을 적용하고자 한다면, 그러한 상황을 구분할 수 있는 보다 폭이 좁은 원칙을 만들어야 한다.

〔논증 내용의 조직〕

① 설득 강도를 고려하여 논증 메시지의 제시 순서를 조정한다.

논증 메시지를 구성하는 요소들의 제시 순서와 설득 강도 및 효과 여부는 메시지 내용, 논증 상황, 수신자 등 다른 요소들과의 관계에 의해 결정된다. 다만 인간의 인지 과정과 기억 구조에 대한 연구에 의하면, 일반적으로는 전체 논증의 끝이나 처음에 강한 메시지를 제시하는 것이 효과적이다. 수신자가 전체 논증적 소통 과정에서 처음부터 끝까지 집중하여 논증 메시지를 세심하게 듣거나 읽을 것이라고 확신하는 경우에는 강조하고 싶은 바를 마지막에 두는 것이 효과적이며, 그렇지 않을 것이라고 추측된다면 강조하고 싶은 내용을 앞쪽에 배치한다. 주장을 제일 마지막에 위치시키는 것은 최신성 효과에 근거한 것이다. 반면 주장을 제일 처음에 위치시키는 것은 초두 효과에 근거한 것이다.

한편 논증 메시지를 제시할 때는 메시지의 설득 강도 이외에 수신자의 반응 및 수용 양상을 고려할 필요가 있다. 예를 들어, 어떤 이유는 수신자들이 듣고 싶어 하지 않을 수도 있고 반발할 확률이 높을 수도 있다. 이러한 메시지들은 되도록 뒤쪽으로 배치하는 것이 효과적이다. 또한 수신자들은 복잡한 이유보다 단순한 이유를 더 쉽게 받아들이며, 친숙하지 않은 것보다 친숙한 것을 더 쉽게 받아들인다는 특성도 고려할 필요가 있다.

② 이유의 성격과 관계에 따라 적절한 조직 방법을 선택한다.

믿을 만한 이유가 주장을 뒷받침하더라도 단 하나의 이유만으로 주장을 뒷받침하는 것은 설득력이 부족하다. 이에 다양한 이유를 제시하게 되는데, 여러 가지 이유를 일정한 질서나 순서 없이 제시하는 것은 논증의 논리적인 전개를 방해하므로 이유의 성격 및 다른 이유들과의 관계를 고려하여 일정한 순서를 정하고 적절한 조직 방법을 선택해야 한다. 이유를 제시하는 방법으로는 주장을 직접적으로 지지하는 이유를 나란히 제시하는 방법, 제각각 다른 이유를 차곡차곡 쌓아 제시하는 방법, 차곡차곡 쌓은 이유들을 나란히 제시하는 방법 등 다양하다.

이유를 병렬적으로 구성하여 주장을 뒷받침할 때는 수신자들이 이해하는 데 도움이 될 수 있도록, 일관성 있게 배열한다. 화제의 대상을 구분하여 순서대로 나열할 수도 있고, 시간이나 공간 기준으로, 난이도나 수용성과 같은 속성을 고려하여 이유를 배치할 수도 있다. 개인적 측면과 사회적 측면으로 나누어 나열할 수도 있다. 상대방의 반응에 따라 이유를 배열할 수도 있다. 상대방에게 충격적인 정도가 가장 약한 것에서 가장 강한 것으로, 또는 반대로 배열할 수도 있다. 물론 어떤 이유가 강하고 약한지 판단하는 것은 수신자에 따라 달라진다.

이유를 단계적으로 제시할 때에는 한 이유가 다른 이유를 떠받치는 것으로, 차곡차곡 이유를 쌓아 올려 주장을 뒷받침한다. 이때 이유는 기본적으로 발생 순서를 반영하거나 추론 순서를 반영하여 배열한다. 원인과 결과와 같이 외적인 진행 과정을 따르는 이유는 흐름에 따라 배열한다. 외적인 발생 순서보다는 독자들이 추론한 내적인 논리 순서에 따라 이유를 배열할 수도 있다.

〔논증의 표현〕
① 논증 메시지를 간결하고 명료하게 전달한다.

언어를 사용할 때는 수신자가 논증을 이해하고, 기억하고, 수용 여부를 결정하는 데 용이하도록 기술적으로 사용해야 한다. 논증 참여자들 사이의 의미 공유를 최대화하고 오해와 혼돈을 최소화할 수 있도록 논증을 보다 명확하고, 생생하고, 설득적으로 표현해야 한다. 논증의 언어 선택과 사용은 논증에 참여하는 수신자와 논증 맥락에 따라 달라져야 하겠지만 일반적으로 지켜져야 할 것들을 고려해야 한다.

논증을 시도할 때는 주장하는 바를 명시적으로 제시하는 것이 효과적이다. 주장이 명시적으로 제시되지 않으면 수신자들은 생략된 내용과 내용들 사이의 빈틈을 채우는 과정에서 논증자가 의도한 것과 상반되는 결론에 도달할 수 있으며, 이러한 경우 논증자는 논증에 대한 통제력을 잃을 수 있다. 청중의 인지 능력이 상당히 높고, 논증이 매우 탄탄하게 구성되어 있다면 굳이 주장을 명시적으로 제시할 필요가 없을 수도 있겠지만, 그렇지 않을 경우 수신자들로부터 논증자의 주장에 대한 동의를 이끌어 내기는 어렵다.

주장을 명료하고 분명하게 제시하는 것은 수신자들이 오해를 하지 않도록 하는 것 외에 논증자 스스로에게도 도움이 된다. 주장이 명확하게 진술되면, 논증되는 내용들이 화제와 관련된 것인지, 그렇지 않은지 쉽게 확인할 수 있다. 반면 주장을 명시적으로 제시하지 않으면 화제도 모호해지고, 논증자 스스로 관련이 없는 화제에 대해 논의하게 될 수도 있다.

논증자는 간결하고 명료하게 표현하여 메시지가 모호하거나 이중적인 의미를 갖는 것을 피해야 한다. 수신자들이 알아야 할 내용을 쉽게 알려 준다면, 수신자들은 주장에 대해서 더 진지하게 고민할 것이다. 하지만 어렵고 복잡한 문장들은 이해하기 어려워 합리적이고 공정하게 판단하지 못할 수도 있다. 되도록 명확하고 간결하게 전달할 때 논리적인 힘이 생기고 논증자의 신뢰성을 확보할 수 있다. 간결 명료하게 표현하기 위해서는 반복과 혼란, 지나친 의미 분해를 유의해야 한다. 똑같은 말을 반복하거나 특별한 의미가 없는 말을 장황하게 늘어놓아 혼란을 야기해서는 안 된다. 또한 한 단어로 충분히 표현할 수 있는 의미를 분해하여 여러 단어로 표현하여 개념을 희미하게 만들어서도 안 된다.

논증자는 수신자가 오해할 여지가 있는 용어에 대해서는 정의를 내려 주어야 한다. 특정 용어가 논증에서 중요한 역할을 하거나, 논증자가 사용하는 용어의 의미가 일상적으로 사용하는 의미의 용법과 달라서 다른 방향으로 이해될 수 있는 가능성이 있다면, 해당 용어에 대해서는 별도로 정의할 필요가 있다.

② 메시지의 전달 효과를 높일 수 있는 표현 방법을 활용한다.

논증적 메시지를 전달할 때 논증자는 수신자에게 적절한 언어를 섬세하게 선택할 수 있어야 한다. 특히 논증자는 언어의 사용을 통해서 논증 표현의 효율성을 제고할 수 있어야 한다. 이를 위해서는 소극적인 목소리보다 적극적인 목소리로 표현하고, 다채로운 표현과 억양 등 비언어적인 요소들을 활용하여 상대방이 더욱 집중하고 쉽게 받아들일 수 있도록 한다. 수신자의 경험과 배경지식에 비추어 적절한 단어를 찾고, 수신자의 일상과 친숙하게, 다채롭고, 필요할 경우 비유나 적절한 감정어도 활용한다.

(2) 논증의 분석과 비판

다양한 주장을 뒷받침하는 논증을 만들어 내는 것과 마찬가지로, 우리는 끊임없이 다른 사람에게 설득의 대상이 된다. 캠페인, 연설, 상업 광고, 사설 및 논설, 사업 제안, 기타 개인적인 결정에 대해 논증이 시도되면 우리는 해당 논증을 정확하게 이해하고 비판적으로 평가할 수 있어야 한다. 이 과정에서는 주의 깊게 듣고, 분석하고, 해당 논증을 과연 우리가 받아들일 만한 가치가 있는지 그 질을 따져 평가하는 것이 중요하다.

〔논증의 의미 해석〕

① 논증에서 다루고 있는 용어와 논증 메시지의 의미를 정확하게 파악한다.

상대방의 논증에 대해 비판적으로 접근하기 위해서는 무엇보다 논증에 대한 정확한 이해가 필요하다. 상대방의 메시지를 정확하게 듣기 전에 자신이 듣고 싶은 방향, 즉 자신이 비판하기 좋은 방향으로 왜곡하거나 확대 해석하여 받아들이는 사람이 적지 않다. 비판하기에 앞서 있는 그대로 객관적으로 정확하게 듣고, 상대방의 의도를 신중하게 파악하도록 해야 한다. 이러한 과정이 생략될 경우 논증자가 의미했던 것을 잘못 해석하여 건설적이고 발전적인 소통을 가로막게 된다. 논증의 의미를 확인하고 해석한 결과는 논증자 본래의 의도를 재구할 수 있도록 공정해야 하며, 평가와 비판을 자제하는 것이 바람직하다.

② 논증을 구성하는 핵심적인 진술을 가려내고 주장과 이유 및 전제를 확인한다.

논증 메시지에는 수사적인 효과를 거두기 위해 논증 내용과는 직접적이고 밀접한 관련이 없는 요소가 반영되기도 하고, 논증 전개를 안내하는 표지가 사용되기도 하고, 반복적인 내용이 포함되기도 한다. 그러므로 상대방의 논증을 분석하고 평가하는 데 불필요한 요소와 필요한 요소를 구분하여 접근할 수 있어야 한다. 논증을 구성하는 핵심적인 진술을 확인할 때는 논증의 사고 단위를 고려한다. 완전한 생각으로 표현된 문장이나 구는 고려해야 할 요소이나, 흐름에서 벗어난 진술은 불필요한 요소로 주의를 기울이지 않아도 되므로 생략한다.

어떤 것이 주장이고 어떤 것이 이유, 전제인지 구분하는 방법에는 두 가지가 있다. 하나는 진술의 성격을 고려하는 것이다. 일반적으로 널리 알려져 있거나 이미 입증되어 있어 누구나 수용할 수 있는 것, 진술의 진위에 대한 비판적 의문이 제기되지 않는 것은 이유나 전제이다. 이들에 의해 뒷받침되고 정당성을 확보하게 되는 것은 주장이라고 볼 수 있다.

다른 하나는 일련의 지시어들을 단서 표지로 활용하는 것이다. 흔히 결론 지시어와 전제 지시어라고 불리는 문맥적 단서를 활용하여 논증 메시지의 주장과 이유 및 전제를 구분할 수 있다. 전제 지시어로는 '~ 하므로, 왜냐하면 ~ 때문에, ~라는 상황이라면, ~라는 이유로, ~을 보니, ~에 근거할 때' 등이 사용된다. 결론 지시어로는 '그러므로, 따라서, 그러니까,

결과적으로, 다음과 같은 결론으로, 그래서, 그 결과, 그런 까닭에, 결국 ~'
등이 사용된다. 주장과 이유 및 전제를 구분하는 과정을 통해 논증의 궁극
적이고 핵심적인 주장을 확인하고 그 정당성 및 설득력 정도를 평가할 수
있다.

〔논증의 구조 분석〕

① 이유들 간의 관계를 바탕으로 논증의 구조를 분석한다.

개별 단위의 국지적 논증들이 연쇄되어 확장된 전체적 논증의 구조를
밝히는 것은 논증의 결함이나 문제를 찾아 이를 비판하고 논증이 허약한
지 강력한지를 평가하는 데 유용하다. 논증은 일차적으로 단일 구조, 수렴
구조, 결합 구조, 확산 구조, 연쇄 구조를 띠며, 결과적으로는 기본 구조들
이 상호 결합하여 확장되는 복합 구조를 띠게 된다.

단일 구조는 주장을 뒷받침하는 단 한 개의 이유만 제시하는 유형으
로 가장 단순한 구조이다. 수렴 구조는 둘 이상의 이유가 제시되고 각 이
유가 개별적으로 주장을 뒷받침하는 유형이다. 각각의 이유는 독립적으로
작용하며 그 자체로서 논증을 완성할 수 있으므로 둘 이상의 개별 논증을
합쳐 놓은 것이라 할 수 있다. 결합 구조는 둘 이상의 이유가 서로 함께 연
결되며 협력하여 하나의 주장을 뒷받침하는 유형이다. 둘 이상의 이유가
제시된다는 점에서 수렴 구조와 유사하다. 하지만 수렴 구조에서는 이유
하나를 생략하더라도 논증이 성립하는 데 반해 결합 구조에서는 이유들
이 상호 의존하고 있어 이유 중 하나를 생략하게 되면 주장을 뒷받침하는
힘이 약해지면서 논증이 성립하지 않을 수도 있다. 확산 구조는 하나의 이
유가 몇 개의 다른 주장을 지지하는 구조이다. 연쇄 구조는 하나의 이유에
의해 뒷받침된 단일 논증의 주장이 두 번째 단일 논증의 이유로 기능하며
매개 역할을 하는 연결 방식이다.

② 진술되지 않은 이유와 주장을 재구성한다.

논증적 소통 과정에서는 이유와 궁극적인 주장에 해당하는 핵심 주장이 진술되지 않을 때도 종종 있다. 이유와 주장을 모두 구체적으로 진술하는 것이 구태의연하고 논증을 불필요하게 복잡하게 만들 수도 있기 때문이다. 어떤 경우는 직접적으로 표현되지 않은 진술에 대해서는 반대하지 않을 것이라 생각하고 의도적으로 자명한 이유와 주장을 숨기기도 한다. 이처럼 불완전한 부분이 많으면 메시지를 왜곡하여 해석할 수도 있으므로 주의가 요구된다. 불완전한 논증은 수신자 스스로 부족하거나 생략된 부분을 채워 가며 메시지를 이해해야 한다.

진술되지 않은 이유와 주장이 있는 논증의 빈칸을 채우며 재구성하는 데는 삭제, 추가, 치환, 대체 등 네 가지 방법을 활용할 수 있다. 삭제는 이유와 주장을 나타내는 데 필요하지 않은 항목은 추려 내는 것이다. 논증의 일부는 묘사나 설명, 부연으로 이루어져 있는데, 이유와 주장 기능을 하지 않은 수사적 장치들은 삭제한다. 추가는 논증을 완전하게 이해하는 데 필요하지만 진술되지 않는 이유와 주장을 찾아 추가해 넣는 것이다. 치환은 주장을 뒷받침하는 명제들을 가지런히 재배치하는 것이다. 대체는 수사적 질문이라도 그것이 논증에서 어떤 기능을 하는지를 따져 명제로 바꾸는 것이다.

논증의 구조를 밝히기 위해서 함부로 재구성 작업을 하는 것은 주의를 필요로 한다. 진술되지 않은 이유와 주장을 추가하는 것은 논증자의 의도에서 벗어날 수도 있어 추후에 수신자의 분석이 거부당할 수도 있으며, 진술하지 않은 이유나 주장이 가진 문제점이나 오류를 논증자에게 잘못 전가하는 문제가 발생할 수도 있다.

〔이의 제기 및 반론〕

① 논증의 적절성에 대해 이의를 제기하고 건설적으로 반론한다.

심각한 주제를 놓고 논증할 때 상대방의 주장에 동의하거나 동의하지 않는다는 것을 드러내지 않고 그냥 묵인하고 있는 것은 상대방을 도와주는 태도가 아니다. 논증에 참여하는 사람은 모두 상대방의 주장에 대해서 대안을 제시하고 반대 의견을 내세울 의무가 있다. 물론 싸우고 트집을 잡으려는 목적이 아니라 협력하고자 하는 목적에서 제기하는 이의를 통해 비로소 타당하고 건강한 논증이 완성된다.

상대방의 논증에 대해 비판적 회의를 가지는 것은 논증자의 주장과 이유 및 근거를 명확하게 밝히기 위해 질문을 하는 것으로부터 시작한다. 공존할 수 없는 모순되는 내용이나 논증자의 입장을 약화시키는 논증을 조사하거나, 이유 및 근거에 대한 평가 기준을 적용해 본다. 근거는 왜곡되거나 이미 오래되어 최신성이 떨어지거나 관련이 없거나 전문성이 없거나 일시적이거나 믿을 수 없거나 정확하지 않거나 접근 불가능한 것일 수도 있다. 왜곡되거나 비전문적인 근거가 반복적으로 사용될 때는, 근거가 부적절하고 불완전하다는 것을 지적해 줌으로써 상대방 논증의 강도를 약화시킬 수 있다. 논리적 추론의 전개 과정에 대한 평가 기준, 즉 논증을 약화시키거나 손상시키는 전제가 없는지 살피기, 논증에 논리적 오류가 없는지 살피기 등을 통해서 상대방 논증의 강도를 약화시킬 수도 있다.

반박의 목적은 상대방의 논증을 무너뜨리기 위함이기보다 반박당하는 논증이 보다 강해질 수 있도록 하는 데 있다. 하나의 논증은 반박당하기 직전까지 확실하고 공격할 틈이 없는 것처럼 보이지만, 이의 제기와 반박을 받으면서 추가적으로 어떠한 논리가 더 요구되는지 알 수 있고, 현재 상태를 점검할 수 있게 된다. 또한 반박을 통해 상대방의 입장을 서로 이해하고 좀 더 심화된 논증으로 확장·발전시켜 갈 수 있다.

② 논증자가 시도한 논증 도식의 특성을 고려하여 그에 적절한 비판적 의문을 제기한다.

논증 도식은 주장과 이유의 연결을 표상하는 관습이다. 논증 도식에 대한 인식과 활용은 논증을 발견하고 평가하는 데 유용한 방법으로, 논증 도식의 특성에 적절한 비판적 의문을 제기하며 상대방의 논증을 효과적으로 검증할 수 있다. 유사 연역 논증은 전제가 참이며, 추론 과정이 타당한지를 검토하여 의문을 제기한다. 귀납 논증은 특정한 또는 일부 사례의 수는 충분한지, 그 사례는 해당 집단을 대표하는 전형적인 사례인지, 주장을 부정하는 사례는 없는지 등을 통해 해당 논증의 적절성을 점검하고 평가한다. 유비 논증은 비교되는 대상들이 공유하고 있는 유사점의 충분성, 비교 특성의 대표성, 비교 특성들 간의 관련성, 비교되는 대상 사이의 상이성 등을 검토한다. 인과 논증은 추정된 원인과 결과 사이의 일관성, 시간 관계성, 충분성, 유의미성, 언급된 원인이 단독으로 특정 결과를 충분히 보증할 수 있는지 여부, 주장하는 원인과 결과 관계를 거스르는 반대 사례의 여부 등을 검토한다. 징후 논증은 기호와 사건의 상호 관계성, 밀접성, 기호나 상징의 항상성, 사건을 가리키는 기호의 충분성, 관계를 부정하거나 모순되는 기호나 상징의 존재 여부 등을 검토한다. 결과에 대한 긍정적 또는 부정적 기대를 바탕으로 한 논증은 예측되는 결과와 사안의 관련성, 예측되는 결과의 발생 가능성 및 개연성의 정도, 예측되는 결과의 심각성 정도 등을 검토한다. 권위에 의한 논증은 인용하고자 하는 권위의 신뢰성, 다른 전문가와의 의견 일치, 의견을 뒷받침하는 구체적 증거에 대해 비판적 의문을 가져야 한다. 관습이나 여론의 경우 다수가 받아들인다고 하여서 자신도 받아들여야 하는지, 다수가 받아들이는 것이 보편타당한 것인지에 대한 비판적 회의를 필요로 한다. 특히 여론에 기대는 논증의 경우는 그것의 논리적 뒷받침보다는 대다수 그룹으로부터 소외되고 있다는 느낌에 대한 부정적 인식을 바탕으로 집단에 속하고자 하는 열망에 호소할 수도 있다는 점을 비판적으로 검토한다.

(3) 맥락 인식과 상호 교섭
① 논증 수신자를 고려하여 논증의 수준을 조절한다.

일반적으로 논증은 수신자에게 이미 수용된 또는 충분히 수용할 수 있는 이유와 근거를 바탕으로 출발한다. 논증의 수준을 조절하는 데 결정적인 영향력을 발휘하는 것은 논증적 의사소통에 참여하는 수신자의 인식 수준이나 태도이다. 아무리 전문적이고 객관적으로 입증된 근거와 이유를 토대로 주장을 제기하더라도, 그것이 너무 전문적이어서 수신자가 이해할 수 없다면 논증은 설득력을 잃을 뿐 아니라 상호 교섭도 이루어질 수 없다.

수신자가 논란이 되는 문제적 상황에 대해서 매우 다양한 경험과 지식을 가지고 있어 논증자와 공유할 수 있는 내용이 많을 경우, 일반적으로 논증의 수준은 높게 설정된다. 반면 수신자의 경험이나 지식이 부족할 경우 논증의 수준은 비교적 낮게 설정된다. 또한 논증적 의사소통을 통해서 설득해야 하는 상대가 둘 이상일 경우에, 논증을 시도한 자는 개별적인 수신자에 맞추어 각기 적절한 수준을 따로 설정하거나 함께 공유할 수 있는 수준을 조율해야 한다.

수신자들이 보편적으로 추구하는 가치, 가치에 영향을 미치는 민족적 성격, 경제적 수준, 직업 등을 고려하여 논증 메시지를 구성하고, 수신자들이 선호하는 논증의 추론 유형, 수신자의 기대 및 수준에 적합한 근거 제시, 주장에 대한 저항 정도 등의 정서적·감정적 상태 등을 고려하여 논증의 수준을 조절할 때 상호 교섭은 원활하게 진행된다.

논증의 목적 중 하나는 상대방에 대한 설득에 있으므로 논증을 시도할 때 청자 중심적 관점을 취할 필요가 있다.

② 논증의 사회·문화적 맥락에 따라 논증적 소통 방식을 조절한다.

논증의 사회·문화적 맥락은 논증의 수사학적 상황보다 상위의 층위에서 논의되는 것으로 논증의 영역, 논증의 분야, 사회·문화적 가치 체계로 나누어 살필 수 있다. 그중 논증의 영역은 논증이 어떻게 생산되고 평가되며 소통되는지에 영향을 주는 사회적 구조이다. 논증 참여자의 사회적 성격 및 관계나 수에 의해 결정되는 것으로 크게 사적 영역, 공적 영역, 기술적 영역으로 나눌 수 있다. 논증적 소통이 어떠한 영역에서 전개되는 것이냐에 따라 논증의 강도와 방향, 표현 양식, 이해 방식, 평가는 달라진다.

논증적 의사소통 행위는 하나의 고정된 영역으로만 제한되어 전개되는 것은 아니다. 사적 영역의 논증으로 출발했다 하더라도 사안의 심각성에 대한 사회적 공감대가 형성되거나, 제3의 의사 결정자가 추가로 참여하게 되면 기술적 영역의 논증, 공적 영역의 논증으로 심화 확장될 수 있다. 그에 따라 논증적 의사소통에 요구되는 양식이나 내용, 평가 기준이 달라질 수 있다.

논증의 분야는 논증 참여자의 의사소통 방식을 결정하는 사회학적인 맥락이다. 논증의 분야에 따라 논증의 표현 방식, 근거를 제시하거나 평가하는 방식, 논증을 수행하는 절차 및 규칙이 달라진다. 예를 들면, 의사, 변호사, 교사, 과학자, 철학자, 미학자 집단 등 매우 다양한 분야의 집단에 따라 논증적 의사소통의 행위 방식은 달라진다. 변호사들은 주장을 뒷받침하기 위한 이유나 근거로서 매우 엄격한 법률이나 규칙을 강조하며, 과학자들은 유추를 바탕으로 한 추정보다는 객관적으로 입증 가능한 인과 관계에 주목한다. 논증자의 논증이 성공했는지 실패했는지, 좋았는지 나빴는지, 유용했는지 유용하지 않았는지 등을 판단하고 평가할 때 우리는 분야 의존적인 기준과 분야 독립적인 기준을 적용해서 평가하게 된다. 분야 의존적인 기준이란 특별한 분야의 논증을 생산하는 데 관여하는 규칙, 관습, 인식의 틀이며, 분야 독립적인 기준은 논증의 분야와 상관없이 일반적으로 적용되는 것이다. 분야 의존적인 기준에 따라 평가해야 할 지점이 존재하기 때문에 논증 분야에 대한 인식은 논증을 이해하는 데 중요한 요소이다.

사회·문화적 가치 체계는 논증하고자 하는 사안에 대한 관점과 입장에 영향을 미치는 기저 요소로, 사회 구성원의 인식에 영향을 주는 제도·정책·풍습·종교·학문·예술 등 문화 현상 전반 그 자체나 그 문화 현상 전반에 대한 개별 주체의 평가 및 인식이다. 개인이 추구하는 가치 체계 및 개인이 속한 사회가 추구하는 가치 체계가 어떠한 것인가에 따라서 근거를 해석하는 방법이 달라지고, 근거로부터 도출하는 이유의 의미가 달라지며, 주장이 달라진다. 주장을 이해하고, 평가하는 방향도 달라진다. 즉 문화적 가치 체계란 현실을 지각하는 관점에 영향을 주는 가치 기반 및 태도이다.

(4) 협력적 참여와 상호 교섭

논증을 기반으로 소통하는 과정에서 서로의 입장과 관점을 조율하며 보다 발전적이고 건설적인 소통을 하기 위해서는 참여자들이 적극적으로 상호 교섭하며 서로의 논증에 대해 성찰할 수 있어야 한다. 하지만 일상에서 접하게 되는 논증 장면을 관찰해 보면 상대방의 논증을 무너뜨릴 대상으로 생각하며 상대의 반론 제기를 저지하는 경우도 있다. 동의할 수 있거나 인정할 만한 것에 대해서도 배타적인 자세를 보이기도 한다. 상대의 입장 중에서 옳다고 인정할 만한 것인데도 불구하고 끝까지 부정하려고 하면 결국은 해당 쟁점이 논의된 본래의 취지에서 벗어나 서로의 입장에 대한 말꼬리 잡기식 논쟁이 벌어지기도 한다.

논증적 상호 교섭을 원활히 하기 위해서는 논증의 맥락을 고려하여 논증의 수준이나 소통 방식을 적극 조절하고, 상호 교섭을 위한 소통 규칙을 준수하며 논증의 궁극적 목적 달성을 위해 적극적이고 협력적으로 참여해야 한다.

① 주제 관련성과 입증 관련성을 고려하여 논증한다.

논증적 상호 교섭을 원활히 하기 위해서는 기본적으로 당면한 논제와 관련된 논증만을 해야 하며 서로의 논증에 신중하게 응답해야 한다. 단순히 서로를 공격한다든지, 상대방이 제시한 논의를 무시하면 상호 접점을 형성하며 상호 교섭하는 것이 불가능하다. 논증적 상호 교섭의 밀도를 높이고 생산적인 논증을 하기 위해서, 논증은 주제 관련성 안에서 전개되어야 한다. 한편 국지적으로 연결된 논증들도 상호 연관성을 가져야 한다. 개별 단위의 논증이 다른 논증을 증명하거나 다른 논증에 합리적인 의구심을 제기하는 데 쓰일 수 있어야 한다. 즉 입증 관련성도 고려되어야 한다. 상대방이 내세운 주장, 이유와 근거에 대해 질문을 던지거나 반론을 제기하는 경우 그 비판은 상대방이 옹호하는 핵심적인 관점을 향해야 한다. 상대방 주장을 과장하거나 왜곡해서 비판하면 상대방 주장, 이유와 근거와 관련 없는 부적절한 반론을 제기하게 하는 출발점이 되어 논증적 상호 교섭을 위한 접점 형성을 방해한다. 상대방이 제기한 반론과 관련해서는 그에 상응하는 내용으로 해명하거나 반박하거나 수용하는 등의 적절한 피드백을 제공해야만 한다. 또한 자신의 입장을 방어할 때는 그 입장과 관련된 논증만을 해야 한다.

② 쟁점을 검토하는 데 적극적으로 참여하고 협력적으로 소통하며 서로의 논증을 성찰한다.

논증 참여자들은 쟁점을 발굴하며 접점을 형성하기 위해 적극적으로 참여하고 서로 돕고 노력해야 할 책임이 있다. 논증 참여자는 서로 상대방의 관점에 건전한 회의를 갖고 자신의 입장을 개진하거나 질문을 하거나 반론을 제기하는 것을 가로막거나 방해해서는 안 된다. 또한 상대방이 제기한 질문에 대해서는 회피하지 말고 대답해야 한다. 상대방의 주장이나 이유 및 근거에 무관심하고, 자신의 주장만을 내세우려고 하는 것은 의사소통이라고 할 수 없다. 한편 상대방이 그의 논증을 정당화하는 데 필요한 전제를 확실하게 드러내지 않고 암묵적으로 남겨 놓으면, 그에 대한 책임을 물으며 전제를 분명히 밝히기 위해 노력해야 하며, 상대방이 전제에 대해 직접적으로 물어 올 때 이에 응해야 한다.

③ 옳다고 인정되거나 동의할 수 있을 만한 것에 대해서는 수긍하며 논증한다.

논증적 상호 교섭에서 반론은 반대를 위한 반대가 아니라 상호 이해를 확장하기 위한 과정이므로 반론 과정에서도 옳다고 인정할 만한 내용에 대해서는 그 타당성을 인정하고 다음 단계의 논증이 생산적으로 전개될 수 있도록 해야 한다. 특정한 하위 쟁점에 대한 자신의 입장을 방어하는 데 실패하면 그것을 끝까지 옹호하려는 태도를 버려야 한다. 한편 타당한 논증을 펼쳐 자신의 입장이 갖는 의의가 충분히 인정되었음에도 불구하고, 상대방이 계속적으로 이의를 제기하면 그것을 포기시키고 새로운 쟁점을 발굴하여 다음 단계로 나아갈 수 있도록 해야 한다. 이미 상호 인정한 전제를 다시 부정하는 것은 논증적 상호 교섭의 생산적이고 발전적인 진행을 방해하므로 지양해야 한다.

④ 명확하게 표현하고 정확하게 해석하며 서로의 논증을 성찰한다.

논증 참여자는 분명하고 명료한 내용과 형식을 바탕으로 논증을 전개해야 한다. 정확하고 신뢰성이 있는 자료에 근거하고 논리적으로 타당한 이유를 바탕으로 주장을 해야 하며, 거짓 근거를 논증의 출발점으로 삼아서는 안 된다. 한편 모호하거나 혼란스럽고 애매한 형식으로 주장을 펼쳐서도 안 된다. 모호하고 중의적인 표현은 발화된 내용의 의미를 확인하기 위한 불필요한 절차를 요구하여 생산적인 논증을 방해하므로 가능한 정확하게 해석될 수 있도록 표현되어야 한다. 즉 내용적 측면의 명징(明徵)함과 표현적 측면의 명징함을 두루 갖추어야 한다.

3) 태도

태도는 다양한 논증적 소통에 참여할 때 견지해야 할 성향이다. 논증 참여자로서 내면화해야 할 태도가 형성될 때 논증적 소통에 보다 적극적이고 능동적으로 참여하여 논증의 본질적 목적을 구현할 수 있다.

(1) 논증자의 태도
① 자신의 논증에 대해 책임을 지는 태도를 지닌다.

우리는 자유롭게 말할 수 있는 권리가 있지만, 그 권리는 그것을 책임감 있게 사용하는 것으로부터 온다. 논증자는 논증에 참여하고 있는 상대방을 오도하거나 잘못된 행동을 하도록 이끌 수도 있으므로, 양질의 논증, 윤리적 논증을 해야 할 책임이 있다.

② 상대방이 현명한 선택을 할 수 있도록 협조하는 태도를 지닌다.

논증은 논증에 참여하고 있는 상대방이 심리적이고 물리적인 억압으로부터 자유로운 상태에서 자발적으로 결정할 수 있는 기회를 제공해야 한다. 논증자는 수신자에게 최선의 가능한 정보를 제공하여 수신자들이 논제와 관련된 정보를 제대로 알고 이성적이고 합리적인 판단을 할 수 있도록 해야 한다. 논증자는 수신자들에게 가능한 모든 대안과 그들의 결정이 가져올 수 있는 잠재적인 결과들을 알려 줘야 한다. 논증자가 의도적으로 증거를 조작하거나, 논리적 오류를 범하거나, 어떤 행동을 취하는 등 수신자의 합리적인 판단을 방해하는 것은 비윤리적인 행동이다.

③ 상대방과 긍정적인 관계를 맺으려는 태도를 지닌다.

긍정적인 관계란 수신자를 논증적 소통 상황에서 의사 결정을 위한 협력적인 파트너로 인식하는 것이다. 논증 참여자 간의 관계 유형은 경쟁적·수용적·회피적·협동적 유형으로 구분할 수 있는데, 이 가운데 협동적 관계가 긍정적 관계라고 할 수 있다.

협동적 관계는 논증 참여자들 모두가 다자간에 성공할 수 있는 논증 방식을 추구한다. 논증을 상호 이해의 영역을 확장할 수 있는 기회로 인식하고 모든 참여자들이 논증적 소통의 혜택을 누릴 수 있는 논증 방식이 요구된다.

④ 논증하는 사안에 대해 개방적이고 열린 태도를 지닌다.

논증이란 관점을 교환하면서 배우는 것이다. 양쪽 모두 자신의 주장이 틀릴 수 있다고 생각할 때, 문제가 되는 대상에 대해 서로 불확정적인 태도를 취할 때, 끝까지 합의하지 못하고 해답을 잠정적으로 남겨 놓을 때 논증은 가장 생산적으로 전개된다. 양쪽 모두 새로운 근거가 나오면 자신의 생각을 바꿀 수 있는 열린 자세를 취해야 한다. 상대방에게 자신의 의견에 마음을 열라고 요구하는 것만큼, 자신의 생각에 반대하는 상대방의 논증에도 마음을 열어야 한다.

(2) 논평자의 태도
① 상대방이 지속적으로 자신을 설득하고 있음을 인식하는 태도를 지닌다.
우리는 매일 우리에게 영향을 미치고자 시도하는 논증의 지배 아래 살고 있다. 상업적 광고에서부터 공공 연설에 이르기까지, 논증자들은 어떻게 투표하거나, 무엇을 소비해야 하는지에 대해서 우리에게 영향력을 발휘하고자 시도한다. 만약 우리가 이러한 메시지들을 심사숙고하지 않고 받아들이게 되면, 무책임하게 행동할 수도 있다. 논증적 소통의 참여자들은 계속하여 '이 메시지들이 나에게 어떻게 영향을 주고 있는가?'를 스스로에게 질문해야 한다. 논증자의 논증 메시지에 반영된 관점과 왜곡된 것들을 이해하고 메시지 표면을 넘어서 논증의 가치와 다양성을 찾으려고 노력해야 한다.

② 논증하는 사안에 대해 많은 정보를 확보하려는 태도를 지닌다.
모든 것에 대해서 알고 있는 것이 불가능하다고 하더라도, 수신자는 논제에 대한 중요한 사항들을 알아 둘 필요가 있다. 수신자가 논증자가 제공하는 정보에만 극단적으로 의존하고 있다면 수신자는 어리석은 선택을 할 수도 있다. 논증자의 말에만 의존하는 것이 메시지의 의미를 조사하느라 시간을 보내는 것보다 훨씬 쉬운 일이겠지만, '더 나은 대안이나 그에 상응하는 다른 답이 있는가?', '발견되지 않고 남아 있는 다른 가능성이 있는가?' 등에 대한 많은 정보를 확보하고 그것을 바탕으로 결정을 내려야

한다. 논증자에게 관련 정보를 잘 모르는 수신자를 설득하기란 쉽다. 비윤리적인 논증 시도에 대한 최선의 방어책은 지식이라는 것을 알고 있어야 한다.

③ 상대방의 논증을 왜곡하여 받아들일 수 있음을 인식하는 태도를 지닌다.

수신자들 각자에게는 듣기를 원하는 메시지가 있고, 듣기를 피하려는 메시지들이 있다. 수신자의 입장을 지지해 주는 메시지를 듣는 것은 좋아한다. 반면 수신자를 공격하는 듯한 메시지와 수신자의 이해를 방해하거나 이해하기 어려운 메시지는 듣기 싫어한다. 수신자의 입장과 모순되는 메시지나 수신자를 불쾌하게 하는 정보들도 듣기 싫어하고 회피한다. 그러나 책임감 있는 수신자는 여러 가지 다양한 관점을 발견하고 자신이 수용하기 꺼리는 메시지들도 적극적으로 이해하려고 노력해야 한다.

④ 논증하는 사안에 대해 개방적이고 열린 태도를 지닌다.

수신자는 과거에는 그것을 받아들이지 않았다 하더라도 현재 논증이 정당성을 가지고 있으며 충분히 납득할 수 있을 만하다면 그것을 받아들일 수 있어야 한다. 논증적 소통의 참여자들은 결론을 잘 뒷받침하는 근거를 가진 논증이 제시될 경우 자신의 의견을 기꺼이 바꿀 수 있는 태도를 지녀야 한다. 설득력 있는 논증이 제시되었음에도 불구하고 신념, 가치, 태도의 수정, 행동의 변화를 거부한다면, 그 사람은 사실상 논증적 소통 자체를 거부하는 것이다. 논증적 소통에서는 열린 자세로 임해야 한다.

5. 논증 교육 실행의 원리 및 유의점

논증 교육을 실행하기 위한 원리나 유의점은 다음과 같다.

첫째, 논증 교육을 실행할 때는 맥락을 고려하지 않은 채 논증의 형식이나 구조만을 익히게 하는 방법은 지양한다. 논증은 맥락 의존적인 활동이다. 누군가 시도한 논증을 이해하는 측면에서 논증을 분석하고 평가하고 재구성하는 활동을 할 때 사회적 맥락, 문화적 맥락, 정치적 맥락은 물론이고 논증을 둘러싼 시간적 맥락과 공간적 맥락 등의 상황적 맥락과 논증자의 속성이나 청중의 속성을 고려해야 한다. 논증은 논증적 소통 장면의 참여자, 공간, 소통 양식, 담론의 목적에 따라 차이가 나며, 당대인이 공유하는 관습과 가치에 의존적이다.

둘째, 논증 교육은 교수자 중심이 아니라 학습자 중심으로 운영되어야 한다. 논증하는 사안에 대한 교수자의 관점을 내세우기보다는 학습자들이 자신만의 관점을 구성하고 동료 학습자들과 상호 교섭하는 과정에서 보다 합리적인 의사 결정을 할 수 있도록 기다려야 한다. 가능한 다양한 관점과 다양한 시각을 허용하고 학생들이 유연하게 사고하는 가운데 변증법적으로 성찰하고 최종의 결론을 도출할 수 있도록 적극 격려한다. 교수자는 탐구와 성찰에 필요한 다양한 자료를 안내하거나 사고의 틀을 전환할 수 있는 질문을 통해 논증적 상호 교섭을 장려한다.

셋째, 논증 교육을 위해서는 다양한 방식의 추론을 허용하고 자극하는 주제를 정한다. 합리적이고 이성적인 사유와 판단 능력을 길러주기 위해서는 찬성과 반대, 혹은 옳고 그름이 분명한 이분법적인 선택지로 수렴되는 주제는 가급적 지양한다. 이런 주제들은 입장을 선택하기에는 편리하지만 다양한 방향으로의 추론을 제약한다. 학생들의 흥미를 유발하면서도 교육적 가치가 있는 주제를 선택하되, 다양한 관점을 검토할 수 있는 주제를 적극 고려한다.

넷째, 논증 교육을 위해서는 학습자들이 자신의 고유한 관점을 형성할 수 있는 주제를 정한다. 논증 교육을 하는 시기에 한창 논란이 되는 시사적인 논제는 학생들의 높은 관심을 반영할 수는 있지만, 논제에 대한 타인의 의견을 매체를 통해 쉽게 검색할 수 있어 학습자들이 자신만의 관점과 논리를 구성하는 것을 방해할 수 있다. 자신만의 문제 의식을 형성하지 못한 채 매체를 통해 접한 타인의 의견을 자신의 것처럼 선택하게 될 가능성이 있다. 논제의 시의성을 완전히 배제하기는 어렵겠지만, 기존에 형성된 담론들이 논제에 대한 주체적 관점 형성을 저해하고 있지는 않은지 검토해야 한다.

참고문헌

서영진(2012). 상호 교섭적 논증 교육의 내용 구성 연구. 부산대학교 박사학위 논문.

이천희(2005). 국어 능력의 개념 정립을 위한 시론. 국어교육, 118, 5-30.

천경록(1995). 기능, 전략, 능력의 개념 비교: 국어과 교육의 개념과 관련하여. 청람어문교육, 13(1), 316-330.

최영환(1997). 기능과 전략 중심의 교육과정 설계 방안. 국어교육, 95, 147-173.

Crosswhite, J.(1996). 오형엽 역(2001). *The rhetoric of reason: writing and the attractions of argument*. 이성의 수사학: 글쓰기와 논증의 매력. 서울: 고려대학교출판부.

V

논증 교육의 실제와 과제

들어가며

  V장에서는 현재 학교 국어 교육에서 논증 교육이 어떻게 전개되
고 있는지 논증 교육의 실제 현황을 확인하고 향후 과제를 생각해 본
다. 먼저, 국어 교과서 속 논증 관련 단원 내용에서 논증을 어떻게 정
의하며 논증 텍스트를 대표하는 논설문에 대한 비판적 이해를 위해
시도하는 교육 활동은 어떠한 것인지, 이를 통해 알 수 있는 현재 국
어 교육의 논증에 대한 관점은 어떠하며 어떻게 개선 또는 보완되어
야 하는지를 살핀다. 한편 논증 담화를 대표하는 토론 담화 교육을 위
한 자료로서 교과서의 토론 담화 예시문에서 논증적 상호 교섭은 어
떻게 구현되어 있는지, 토론 교육의 목표를 생각할 때 교과서 토론 담
화 예시문이 어떻게 개선되어야 할지에 대해서도 생각해 본다. 그리
고 국어과 교육과정과 교과서에서 논증에 대한 비판적 이해를 위해
논증 평가의 기준을 어떻게 구체화하는지 분석하여, 논증의 본질적
성격을 고려할 때 논증의 적절성을 평가하기 위한 대안은 무엇일지
생각해 본다. 끝으로 초·중등 학습자들을 대상으로 한 논증 교육 연
구 동향을 짚어 보고, 학교 현장에서의 논증 교육을 지원하기 위한 연
구 과제를 제안한다.

1. 국어 교과서의 논증에 대한 관점과 교육 양상[1]

국어과 교육과정과 국어 교과서에서 논증을 어떻게 정의하고 있으며, 논증 관련 단원 구성 방식을 참고할 때 국어 교육에서 논증에 접근하는 관점은 어떠한지 살펴본다.

1) 논증에 대한 국어과 교육과정의 정의

과거의 교육과정에서는 설득을 목적으로 하는 담화 및 텍스트에 대한 교육 내용을 제시할 때, 그것이 논증과 관련된 내용이라도 '논증'이라는 용어를 직접 노출하지 않았다. 하지만 논증을 바탕으로 한 소통 능력에 대한 요구가 높아짐으로 인해, 2007 개정 교육과정 이후부터는 교육과정과 교과서에 '논증'이라는 용어를 명시적으로 제시하고 있다. 2007 개정 교육과정, 2009 개정 교육과정, 2015 개정 교육과정의 교육 내용 중 '논증'과 관련된 성취기준으로는 다음과 같은 것이 있다.

▶ **2007 개정 교육과정**

【8-읽-(2)】주장하는 글을 읽고 주장의 타당성을 평가한다.

　[내용 요소의 예]

　　○ 논증의 요소와 논증 방식 이해하기

....

1　이 내용은 서영진(2022a)의 「국어 교과서 논증 교육 내용의 타당성 고찰: 중학교 국어 교과서의 '논증 방법 파악하며 읽기' 단원을 중심으로」 중 일부 내용을 재구성한 것임을 밝혀 둔다.

○ 주장과 근거를 파악하여 주장의 타당성 평가하기

○ 시대 상황을 고려하여 글쓴이의 주장 평가하기

【9-쓰-(2)】의견의 차이가 드러나는 문제에 대하여 적절한 근거를 들어 논증하는 글을 쓴다.

[내용 요소의 예]

○ 논증하는 글의 특성 이해하기

○ 의견의 차이가 드러나는 문제를 분석하고 자신의 의견 제시하기

○ 연역, 귀납, 유추와 같은 논리적 증명 방법 활용하여 쓰기

○ 논증하는 글의 문화적 관습 고려하기

▶ **2009 개정 교육과정**

【중 1~3학년군-읽-(5)】논증 방식을 파악하며 주장하는 글을 읽는다.

【국어 II-화법-(1)】토론의 본질과 원리를 이해하고, 쟁점별로 논증하여 공동체의 문제를 합리적으로 해결한다.

【화법-설득-(1)】논증의 원리와 방법을 이해하고 새로운 주장을 입증할 책임이 자신에게 있음을 안다.

▶ **2015 개정 교육과정**

[9국02-05] 글에 사용된 다양한 논증 방법을 파악하며 읽는다.

[10국01-03] 논제에 따라 쟁점별로 논증을 구성하여 토론에 참여한다.

각 교육과정마다 논증이라는 용어를 명시적으로 사용한 경우와 명시적으로 사용하지 않은 경우가 섞여 있어 논증 교육의 범위를 어떻게 설정하고 있는지 구체적으로 파악하기 어렵다. 확대 해석을 경계하기 위해, 교육과정에서 '논증'이라는 용어를 직접적으로 노출한 성취기준만을 대상

으로 2015 개정 교육과정에서 논증을 바라보는 관점을 확인하고자 한다면, 아래의 성취기준 해설을 참고할 수 있다.

[9국02-05] 글에 사용된 다양한 논증 방법을 파악하며 읽는다.

글에 사용된 논증 방법을 중심으로 글의 논지 전개 방식이나 구조 등을 체계적으로 이해하며 읽는 능력을 기르기 위해 설정하였다. 논증이란 주장과 근거 간의 관계를 뜻하기도 하고, 하나 이상의 명제를 근거로 들어서 주장을 펼치는 방식을 뜻하기도 한다. 논증은 주로 설득을 목적으로 하는 글에서 사용된다. 전통적으로 귀납, 연역이 대표적인 논증 방법이다. 귀납은 충분한 양의 특수한 사례들을 검토한 뒤 그 결론으로 일반적인 사실이나 진리를 이끌어 내는 방법으로, 일반화나 유추도 여기에 속한다. 연역은 일반적인 원리나 진리를 전제로 하여 특수한 사실을 결론으로 이끌어 내는 방법으로, 참인 대전제를 사용하는 삼단 논법이 대표적이다(교육부, 2015: 44-45).

국어과 교육과정에서는 논증을 '주장과 근거 간의 관계'로 정의함과 동시에 '하나 이상의 명제를 근거로 들어서 주장을 펼치는 방식'으로도 정의한다. 논리적 관계를 구축한 명제들의 집합과 결과로서의 논증에 주목하는 논리학적 관점과 상대를 설득하는 소통 과정으로서의 논증에 주목하는 수사학 또는 화용·대화론적 관점이 혼합되어 있다고 할 수 있다.

2) 논증에 대한 국어과 교과서의 정의

국어 교육 현장에서 통용되는 논증의 개념은 국어 교과서에 제시된 정의를 통해서 확인할 수 있다. 국어 교과서에 논증이 직접 등장한 것은

2007 개정 교육과정으로, 이에 따라 개발된 중학교 2학년 국어 교과서 중
'【8-읽-(2)】 주장하는 글을 읽고 주장의 타당성을 평가한다.'라는 성취기
준과 관련된 단원에서는 '논증'을 다음과 같이 정의하였다.

A. 논증이란 어떤 '전제'를 바탕으로 '결론'을 내리는 것을 말한다.
B. 논증이란 근거를 바탕으로 주장을 펼치는 것이다.

A는 전제와 결론의 관계에 초점을 맞추어 논증을 정의한 대표적인 사
례로, 논리학적 관점에 따라 논증을 정의하였다. B는 주장하는 행위에 초
점을 맞추어 논증을 정의한 대표적인 사례로, 수사학이나 화용·대화론적
관점에 따라 논증을 정의하였다. 2007 개정 교육과정에 따른 교과서들의
논증 개념은 이 두 가지를 벗어나지 않는다. 11종 교과서들의 논증에 대
한 개념 설명은 [표 5-1]과 같이 나누어 볼 수 있다.

[표 5-1] 2007 개정 교육과정에 따른 국어 교과서의 논증에 대한 정의

(1) 전제를 바탕으로 결론 도출	(2) 주장하는 행위
박경신 외(대교), 노미숙 외(천재교육), 이웅남 외(지학사), 조동길 외(비상교육) 총 4종	권영민 외(새롬교육), 김상욱 외(창비), 남미영 외(교학사), 오세영 외(해냄에듀), 윤여탁 외(미래엔컬처그룹), 윤희원 외(금성출판사), 이숭원 외(좋은책 신사고) 총 7종

최근 논증 이론의 연구 범위가 논증적 소통 행위 전반으로 확장되고
있는 흐름에 따라, 국어 교과서의 논증 개념도 (2)의 개념을 많이 따르고
있는 듯이 보인다. 하지만 (2)로 분류되는 교과서라 하더라도, 해당 개념
에 대한 부연 설명과 학습 활동으로 구체화된 내용을 살펴보면, 주장하는
언어 행위보다는 근거와 주장의 논리적 증명 관계에 초점을 맞추고 있다.

결국 교과서에서 정의하는 논증 개념은 전통적인 논리학에서 주목해 왔던 내용이 반영된 것인데, 이는 실제 언어생활에서 일어나는 논증적 사고와 논증적 소통 활동 전반에 대한 설명을 가로막고 논증을 의사소통 과정과 분리할 수 있는 우려가 있다.

2015 개정 교육과정에 따른 국어 교과서에서도 2015 개정 국어과 교육과정 '[9국02-05] 글에 사용된 다양한 논증 방법을 파악하며 읽는다.'라는 성취기준의 해설을 따라 논증을 정의한다. 다만 교과서별로 일부 상이한 내용들도 있다. 각 교과서에서 제시하고 있는 개념은 [표 5-2]와 같다.

대부분의 교과서들이 '근거'와 '주장'이라는 용어를 사용하여 논증을 정의하는 가운데, 일부 교과서는 '결론'이라는 용어를 사용하기도 한다. 또한 대부분의 교과서들이 근거를 들어 주장을 펼치거나 주장이 옳음을 증명하는 것으로 정의하는 가운데, 일부 교과서는 주장과 근거의 관계라고도 정의한다. 주장과 근거라는 용어를 사용하기는 했지만, 명제들 간의 관계를 강조하고 있다는 점에서 다분히 '전제'와 '결론'의 관계를 염두에 두고 있다고 할 수 있다.

논증을 정의하면서 전제와 결론이라는 용어를 사용하느냐, 근거와 주장이라는 용어를 사용하느냐는 옳고 그름의 문제가 아니라 논증을 대하는 접근 관점의 문제이다. 전제와 결론은 명제들의 논리적 관계를 분석할 때 사용하는 용어라면, 주장과 근거는 논증을 기반으로 한 설득적 소통 행위를 분석할 때 사용하는 용어이다. 일반적으로 형식 논리학에서는 결론과 전제라는 용어를 사용하며, 수사학이나 비형식 논리학에서는 주장과 근거라는 용어를 사용한다.

[표 5-2] 2015 개정 교육과정에 따른 중학교 3학년 '국어' 교과서의 논증 개념 설명 양상

출판사	대표 저자	학기	대단원	개념
교학사	남미영	3-2	2. 주장과 논증	근거를 바탕으로 주장을 펼치는 것
금성 출판사	류수열	3-2	3. 글의 설득력을 찾아서	어떤 주장이나 결론을 뒷받침하는 이유나 증거들을 밝히는 표현 방법
동아 출판사	이은영	3-1	4. 너와 나의 논리	근거를 들어 주장의 옳고 그름을 논리적으로 증명하는 것
미래엔	신유식	3-1	4. 설득의 힘	근거를 들어 주장이 참임을 증명하는 것
비상교육	김진수	3-2	4. 논리로 여는 세상	주장과 근거의 관계를 의미하거나, 근거를 들어서 주장이 타당하다는 것을 증명하는 과정
지학사	이삼형	3-1	5. 비판적인 읽기와 듣기	자신의 의견이 옳다는 것을 합당한 근거와 이유를 들어 논리적 추론을 통해 밝히는 것
창비	이도영	3-2	3. 논리적인 말과 글	주장과 근거의 관계를 뜻하기도 하고, 하나 이상의 명제를 근거로 들어서 주장을 펼치는 방식을 뜻하기도 함
천재교육	노미숙	3-2	4 세상을 보는 눈	어떤 문제와 관련하여 근거를 들어 결론을 이끌어 내는 논리적 전개 과정
천재교육	박영목	3-2	2. 논증과 설득 전략	주장과 근거 사이의 관계, 또는 하나 이상의 명제를 근거로 들어서 주장을 펼치는 것

3) 논증 방법에 대한 이해 양상

2007 개정 교육과정, 2009 개정 교육과정, 2015 개정 교육과정에 따른 교과서에서는 논증 방법으로 귀납, 연역, 유추를 제시하고 있다. 그중 2015 개정 교육과정에 따른 중학교 3학년 교과서를 중심으로 교과서에서 제시하는 귀납, 연역, 유추에 대한 설명을 살펴보면 [표 5-3]과 같다.

[표 5-3] 2015 개정 교육과정에 따른 중학교 3학년 '국어' 교과서의 '논증 방법 유형과 정의'

출판사	대표 저자	학기	대단원	논증 방법 유형	유형별 정의[2]
교학사	남미영	3-2	2. 주장과 논증	귀납 / 연역 / 유추	○귀납: 개별적이고 구체적인 (특수한) 사실(사례, 현상, 원리)로부터 일반적이고 보편적인 사실(진리, 명제, 법칙)을 이끌어 내는 논증 방법 ○연역: 일반적인 사실(원리, 진리, 법칙, 전제)을 전제로 하여 개별적이고 구체적인(특수한) 사실을 결론으로 이끌어 내는 논증 방법 ○유추: 두 개의 대상(사물, 현상)이 여러 면에서 비슷하다는 것을 근거로 다른 속성도 유사할 것이라고 추론하는(추측하는) 논증 방법
금성출판사	류수열	3-2	3. 글의 설득력을 찾아서	귀납(일반화, 유추) /연역(삼단논법)	
동아출판사	이은영	3-1	4. 너와 나의 논리	귀납 / 연역 / 유추	
미래엔	신유식	3-1	4. 설득의 힘	귀납(유추) / 연역	
비상교육	김진수	3-2	4. 논리로 여는 세상	귀납(유추, 일반화) / 연역	
지학사	이삼형	3-1	5. 비판적인 읽기와 듣기	귀납(일반화, 유추) / 연역	
창비	이도영	3-2	3. 논리적인 말과 글	귀납 / 연역 / 유추	
천재교육	노미숙	3-2	4. 세상을 보는 눈	귀납 / 연역	
천재교육	박영목	3-2	2. 논증과 설득 전략	귀납 / 연역 / 유추	

모든 교과서가 연역은 일반적인 것에서 특수한 것을 추론해 내는 논증이며, 귀납은 특수한 것에서 일반적인 것을 추론해 내는 논증이라고 정의한다. 하지만 이는 완전히 틀린 것은 아니지만, 연역 논증과 귀납 논증

---

2 각 교과서에서 제시하는 귀납, 연역, 유추에 대한 정의는 거의 동일하며, 대상을 가리키는 용어의 선택이나 수식어에 차이가 있을 뿐이다. 교과서마다 일부 차이가 있는 용어는 괄호 안에 넣어 처리하였다.

에 부분적으로만 적용되는 정의이다. 일반 명제인 전제로부터 특수 명제인 결론을 도출하지 않은 연역도 있고, 특수 명제인 전제로부터 일반 명제인 결론을 도출하지 않은 귀납도 있다. 즉 구체적 사실에서 구체적 사실을 이끌어 내거나 일반적 원리에서 일반적 원리를 이끌어 내거나 구체적 사례에서 일반적 원리를 제시하는 연역 논증도 있을 수 있다. 일반적 전제에서 시작하여 구체적 사례의 결론을 도출하는 귀납 논증도 있을 수 있다. 그럼에도 불구하고 귀납과 연역을 구분하는 기준으로 구체적인 것이 먼저 제시되냐, 일반적인 것이 먼저 제시되냐를 활용하도록 하고 있다.[3] 연역과 귀납의 성격을 전제가 결론을 지지하는 필연성과 개연성으로 설명하고 있는 교과서는 한 종에 불과하다.[4]

특수 명제와 일반 명제의 제시 순서를 기준으로 연역과 귀납을 설명하는 것은 예외가 너무 많고 특수성과 일반성의 정도를 어떻게 판단하느냐에 따라 유동적이라 연역과 귀납을 구별하는 기준이 될 수 없다. 즉 연역 논증과 귀납 논증을 구분하는 결정적인 기준은 전제와 결론에 해당하는 명제의 특수성과 일반성이 아니라 전제가 결론을 지지하는 강도이다.

한편 유추를 귀납 및 연역과 대등한 층위의 유형으로 제시하는 교과서도 있고, 유추를 귀납의 하위 종류로 제시하는 교과서도 있다. 유추를 귀납의 하위 종류로 분류하려면 유추도 귀납의 정의에 포함되어야 한다. 하지만 현재 국어 교과서와 같은 방식으로 귀납을 정의하면 유추를 귀납

....

3 예컨대 일부 교과서에서는 연역과 귀납을 구분하는 학습 활동의 도움말로 '구체적인 사실과 일반적인 원리 중 무엇이 먼저 제시되었는지 판단해 보세요.'(남미영 외, 2020: 76)라고 안내한다.

4 일부 교과서는 귀납을 설명하면서 '전제가 참이라도 결론이 항상 참은 아니다.'(신유식 외, 2020: 179)라는 속성을 덧붙였고, 연역을 설명하면서 '전제가 참이면 결론이 반드시 참이다.'(신유식 외, 2020: 179)라는 속성을 덧붙였다.

에 포함하기는 어렵다. 유추와 귀납은 구체적인 사례를 근거로 들어 주장을 뒷받침한다는 공통점이 있으나, 귀납은 '여러 가지' 사례를 근거로 들어 공통점을 찾아 일반화하는 반면, 유추는 '하나의' 사례를 근거로 들어 다른 사례에 적용하는 방식이라는 점에서 차이가 있다. 또한 귀납은 구체적인 사례로부터 '일반적인 원리'를 도출하지만, 유추는 구체적인 사례를 '또 다른 구체적 사례'에 적용한다는 점에서 차이가 있다. 즉 귀납을 구체적인 것에서 일반적인 것을 추론하는 것이라고 정의하게 되면, 유추는 귀납의 하위 종류로 보기 어렵다.

필연성과 개연성을 기준으로 연역과 귀납을 분류하는 논리학에 따르면 유추는 귀납의 한 종류가 맞다. 즉 유추는 유사성에 근거한 추론으로, 전제의 참이 결론의 참을 필연적으로 뒷받침하지 않기 때문에 귀납 논증의 하나로 볼 수 있다.[5] 하지만 전제 역할을 하는 명제와 결론 역할을 하는 명제의 일반성과 특수성으로 연역과 귀납을 분류하는 현행 교과서에 따르면 유추는 귀납의 하위 종류로 보기 어려워진다. 그렇다고 유추를 연역 및 귀납과 대등한 층위의 유형으로 분류하면 논리학에서의 분류 체계와 맞지 않는 문제가 생긴다. 이는 논증 방법을 연역과 귀납으로 나누어 설명하는 논리학의 관점을 따르면서도 그에 대한 정의는 논리학적 엄격성을 갖추지 못해서 발생하는 문제이다.

....

5　비교되는 두 개의 대상이나 상황이 어떤 점에서는 유사하지만 어떤 점에서는 달라서, 유사점과 차이점 중 어느 것에 주목할 것인지를 판단하는 것은 주관적이다. 그래서 유추는 다른 귀납 논증에 비해서 논증의 강도가 약하여 약한 귀납 논증이라고 한다.

4) 논증에 대한 인식 변화와 향후 과제

현대 사회에서 요구하는 논증적 소통 능력에는 자신의 견해나 주장을 합리적으로 설득시키는 것에서부터 생활 속에서 접하게 되는 다양한 논증의 타당성과 오류를 비판적으로 인식하고 대안적 논증을 생산해 내는 것까지 포함된다. 국어 교육에서 논증 교육은 단순히 전제와 결론의 형식적 타당성만 따질 것이 아니라, 평범한 일상에서 전개되는 논증적 소통에서 합리적인 의사 결정을 내릴 수 있는 능력을 신장시키는 것으로 확장되어야 한다.

최근 논증 이론의 연구 범위가 설득하는 언어 행위 전반으로 확장되고 있는 흐름에 따라, 국어 교과서에서도 논증을 정의함에 있어 논증을 의사소통 행위로 이해하는 시도가 엿보이기 시작했다. 하지만 아직까지 논증을 다루는 국어 교과서에서 논증에 대한 접근 관점은 논리학적 관점과 수사학적 관점이 혼재되어 있다. 논증을 전제와 결론 역할을 하는 명제들의 관계라고 정의하거나 논증 방법을 귀납과 연역으로 나누어 설명하는 것은 논리학적 관점을 반영한 것이며, 논증을 주장의 옳음을 입증하여 설득하는 행위라고 정의하는 것은 수사학적 관점을 반영한 것이다.

그러나 논증 글을 다루는 단원의 전체 구성은 논리학적 관점에 가깝다. 논증을 주장의 수용 가능성을 높이기 위한 설득적 소통 행위라고 정의하였음에도 불구하고 대부분의 학습 활동은 논설문 텍스트를 주장 명제와 이유 명제로 요약하고 해당 텍스트의 논증 방법이 귀납인지 연역인지 파악하는 것으로 설계되어 있다. 즉 근거와 주장의 논리적 증명 관계에 초점을 맞추고 있다. 결국 교과서에서 정의하는 논증 개념은 전통적인 논리학에서 추구하는 논증의 성격이 강하게 반영되어 있다고 할 수 있다.

논리학적 관점과 수사학적 관점 중 어느 하나가 다른 하나보다 우위에 있다고 할 수는 없다. 각각의 관점이 갖는 장점과 교육적 가치가 분명히 존재하기 때문에 특정한 하나의 관점만 견지하는 것이 더 낫다고 보기는 어렵다. 그럼에도 불구하고 논증 교육을 체계적으로 전개하고 논증 교육에 대해 관심 있는 연구자, 교사, 학습자들이 오해 없이 소통하기 위해서는 논증 관련 개념과 원리를 설명하고 학습 활동을 설계할 때 일관된 관점을 견지할 필요가 있다.

과거의 논증 교육에서는 추상적인 추론 규칙을 습득하게 하는 데 치중해 왔다. 논리학적 관점에 따라 논증의 형식을 분석하고 재구성하는 활동을 한 것인데, 이는 타당하고 건전한 논증 형식을 이해하는 기회가 된다. 하지만 일상의 논증은 형식적인 논증과 맞지 않는 경우가 많고, 그렇게 만들기 위해서는 인위적인 이론 작업을 거쳐야 한다. 타당한 논증 형식을 학습하는 것은 일상적 논증을 분석하기 위함인데도 불구하고, 오히려 타당한 논증 형식을 이해하기 위해 일상적 논증을 맥락이 제거된 표준화된 명제로 만들게 되면 논증을 단편화하고 왜곡하게 되어 목적과 수단이 전도될 수도 있다. 또한 논증 텍스트의 범위를 연역과 귀납과 같은 형식 논리학의 논증 방법을 사용한 텍스트로 한정함으로써 학습자가 논증의 개념을 제한적으로 이해하게 될 수도 있다. 중등 학습자를 대상으로 논리학의 논증을 가르치게 되면 학습자들은 형식 논리를 도식적으로 학습하여 논증을 피상적으로 이해할 가능성도 있다. 사실 연역과 귀납과 같은 논리학적 논증 방법을 이해하고 평가하는 것은 오랜 학습과 훈련이 필요하다.[6]

최근에는 다양한 수사학적 상황 속에서 적절한 논증 방법을 선택하여

....

6 비판적 사고와 논리에 대해 강의하는 김광수 교수는 그의 경험을 바탕으로 비판적 사고를 위한 논리학 강의에서 대학생들을 만족할 만한 수준으로 이해시키는 데 최소한 3학기(3개 강좌)의 수련이 필요하다고 하였으며, 미국 대학에서는 비판적 사고 관련 강좌를 9학점을 이수하도록 하고 있다(홍기찬, 2008: 132).

운용할 수 있는 실질적 소통 능력을 기르는 방향으로 논증 교육을 시도하는 연구들이 상당히 축적되고 있다(민병곤, 2004; 서영진 2012a; 2012b; 장성민, 2015; 장지혜, 2019 등). 비판적 사고 교육 연구에서도 논증에 대한 형식 논리학적 분석보다는 논증 행위 자체에 대한 분석으로 무게 중심을 옮겨야 한다는 견해가 확장되고 있다(배식한, 2011: 151). 논증의 결과물이 아닌 소통 행위나 과정 측면을 부각시키는 것은 논증에 대한 관심이 논리학적인 것에서, 인식론적이거나 대화론적인 것으로 이동함을 뜻한다.

논증을 국어 교육의 영역으로 들여올 때는 실제 삶의 맥락과 소통의 맥락에서 논증을 이해할 수 있어야 하는데, 실제 삶에서 논증은 행위의 문제라는 점에서 논증에 대한 접근 관점은 수사학적 관점으로의 이동을 요구한다. 논증의 궁극적인 목적이 논증하는 사안에 대한 깊은 통찰의 계기를 마련하고 다양성을 존중하는 데 있음에 주목하면, 대화론적 관점도 적극적으로 검토되어야 한다. 특히 토론을 논박을 통해 상대를 이기는 것으로 생각하는 왜곡된 인식을 바로잡고 논제에 대한 이해의 지평을 확장하는 것임을 가르치는 데 대화론적 관점은 상당히 유용하다. 시사 현안을 다각적으로 분석하고 기존의 입장을 비교 평가하며 가장 합리적인 입장을 정립하는 논평글 쓰기 활동을 뒷받침하는 데도 대화론적 관점은 기여하는 바가 크다. 다만 '논증 방법 파악하며 읽기' 단원에서는 이른바 논증의 유형을 핵심적인 교육 내용으로 다루고 있는 점을 고려하면, 적어도 해당 단원에서는 청중들의 인식 체계에서 수용될 가능성이 높은 논증 기법의 목록으로서 논증 도식을 제공하는 수사학적 관점에 주목할 만하다.

한편, 일상적 논증의 다양한 형태를 연역과 귀납만으로 설명할 수는 없다. 실재하는 논증 텍스트는 단순한 결합 구조 또는 수렴 구조가 아니라 복합적으로 연쇄되는 중층적인 구조로 되어 있어 간단히 연역과 귀납으로 분석하기 어렵다. Kienpointner(1992)도 논증 유형에 대한 전통적인 이원 분류인 연역 논증과 귀납 논증은 이론적으로도 실제적으로도 많은 문제를 갖고 있다고 보았으며, Williams & Colomb(2007)도 형식 논리학에서 제시하는 귀납과 연역은 현실 공간에서 잘 일어나지 않으며 우리가 생각하는 방식을 반영하지 못한다고 보았다.

텍스트의 논증이 연역 논증인지 귀납 논증인지를 파악하는 것은 산출물의 외적 구조를 이해하는 데는 도움이 될지라도 실제 논증적 소통에 적용하기에는 다소 추상적이고 헐거운 틀이다. 현실 공간에서 주장을 내세우게 될 때는 해결하고 싶은 문제에 대한 해법으로서의 주장을 세우고 관련 자료를 찾아가면서 자신의 생각을 완성해 가는데, 연역과 귀납은 이러한 행위 과정 수행의 구체적 전략이 되지 못한다.

문제를 해결하기 위해서는 거시적이고 일반적인 논리 구조로서 '연역'과 '귀납'을 아는 것에서 벗어나, 담화 공동체에서 관습적으로 사용되는 논증 방법을 이해하고 자신의 논증에 부려 사용할 수 있도록, 논증적 소통에 참여하는 구체적이고 실제적인 방법으로서 논증 도식에 주목할 필요가 있다. 논증 도식은 주장과 이유의 연결을 표상하는 관습으로서, 논증 도식에 대한 이해와 활용은 논증을 생성하고 조직하며 발견하고 평가하는 데 기여한다. 학습자들이 논증 도식을 내면화·자동화하여 능숙하게 활용할 수 있게 된다면 논증에 대한 인지적 부담을 줄이고 논증 텍스트 운용 능력을 효과적으로 제고할 수 있을 것이다.[7]

....

7 논증 도식의 학습 가능성에 대해 의구심을 제기할 수도 있을 것이다. 하지만 학습자들이 생산한 논증 텍스트의 논증 도식을 분석한 선행 연구(권대호, 2014; 김서윤, 2016; 김현미, 2014; 민병곤, 2004; 서영진, 2012a; 장성민, 2015; 장지혜, 2019 등)를 살펴보면 논증 도식에 대해 공식적이고 체계적으로 교육을 받았다고 가정하지 않고 현재적 발달 수준 상태에서 산출한 논증의 결과물을 분석하는데, 학습자들은 이미 다양한 논증 도식을 활용하여 논증 텍스트를 생산하고 있다.

2. 국어 교과서의 토론 담화에서 논증적 상호 교섭 양상[8]

논증적 상호 교섭 행위로서 토론의 특성에 대해 살펴보고, 국어 교과서의 토론 담화 예시문의 논증 구성 방식에 대한 반성적 성찰을 통해서, 토론 교육의 목적에 비추어 국어 교과서 토론 담화 예시문을 어떻게 개선하고 보완하는 것이 좋을지 고민해 본다.

1) 논증적 상호 교섭 행위로서 토론의 특성에 대한 이해

소통 행위로서 논증을 경험해 볼 수 있는 담화 유형으로는 토론이 대표적이다. 토론의 궁극적 목적은 논란의 여지가 있는 사안에 대해 각자의 관점을 주고받음으로써 논제를 보다 다양한 관점에서 살피고 서로에 대한 이해의 지평을 넓히는 데 있다. 상대가 보지 못한 면을 보여주고 자신이 볼 수 없었던 면을 보게 하여 각자의 모순이나 결점을 털어내게 하는 것이다. 문제에 대한 갈등 상황에서 출발하는 것이 토론이기 때문에 의견의 대립이 존재할 수밖에 없더라도 합리성을 추구해야 한다는 인식이 공유되고 있기 때문에 토론의 장에 모여 소통을 시도하게 된다.

이러한 본래적 목적에 따르면, 토론이란 어떤 주장을 지지하거나 거부하는 '합리적' 이유를 탐구하는 '소통' 과정이라 정의할 수 있다. 합리성이란 어떤 행위나 주장이 이치에 비추어 타당하다고 판단할 수 있을 만한

---

8 이 내용은 서영진(2014)의 「교과서 토론 담화 텍스트의 적합성 분석: 논증 구성 및 상호 교섭 양상을 중심으로」 중 일부 내용을 재구성한 것임을 밝혀 둔다.

이유와 근거를 제시하며 논리적으로 생각하는 것이다. 단순히 논리적으로 생각하는 것만으로 그치지 않고 생각의 논리성에 대해서 다시 논리적으로 따져 보는 것까지를 포함한다. 토론도 이러한 사고 작용과 언어 행위를 핵심으로 하는데, 그 과정에서 시도되는 대표적인 소통 양식이 바로 논증이다. 이에 '합리성'을 탐구하는 토론의 본질적 속성은 '논증'으로 구체화된다고 할 수 있다.

한편 토론에서 소통은 참여자 상호 간에 주장·반박·찬성·질의·응답·옹호 등의 대화를 주고받으며 자기의 주장이 옳음을 입증하고 상대에게 자기와 같이 믿고, 보고, 행동하도록 자극하는 형태로 나타난다. 뚜렷한 목적의식 아래 고도로 집중적이고 활발한 상호작용이 전개되는데, 상호작용은 일방향적이지 않고 양방향적이며, 상호 주장의 합리성을 검증하기 위해 의미 교섭을 시도하는 가운데, 서로의 입장에 대한 이해를 도모하는 방식으로 전개된다. 이러한 과정을 표상하는 용어가 바로 상호 교섭이다. 이에 '소통'을 추구하는 토론의 본질적 속성은 '상호 교섭' 작용으로 구체화된다고 할 수 있다. 즉 토론의 핵심적 속성은 '합리성과 논증', '소통과 상호 교섭'으로 정리된다.

토론이기 위해서는 일정한 형식과 절차가 있어야 하고, 참여자들이 문제 해결에 끝까지 합의하지 않아야 하며, 상대방이 아니라 청중을 설득 대상으로 해야 하며, 제3자에 의해 승패가 판정되어야 한다는 등의 조건을 추가로 요청하는 경우도 있다. 이러한 속성이 더해지지 않으면 형식과 절차가 느슨한 일상적 용법의 토론으로까지 그 외연이 확장되면서 토의 담화와의 개념 구분이 모호해질 수 있기 때문이다. 하지만 박종훈(2013: 137)은 지나치게 엄격한 유형 구분으로 교육 내용의 일상 전이성을 낮추기보다는 담화 유형 간 중첩이나 포섭의 가능성을 인정하며 융통성 있게 접근할 필요가 있다고 본다. 교육 내용의 구획을 위해 담화 유형에 대한 조작적 정의가 필요하기도 하지만, 부차적인 속성까지를 강제하며 전이성과 실제성을 잃을 필요는 없다는 것이다. 특정한 형식의 토론을 상정해 놓고 최대한의 엄격한 조건을 요구하는 토론 개념을 추구하기보다 토론의 본래적 목적에 충실한 토론 개념을 추구하며 그에 부합하는 원리를 고찰할 필요가 있다.

한편 최근 토론 교육에 대한 논의는 단순히 토론의 형식이나 일반적 절차, 참여자의 역할에 대한 명제적 지식을 강조하는 것에서 벗어나 실제 토론을 수행하는 데 필요한 방법적·절차적 지식을 익히는 데 관심을 두고 있다. 이러한 움직임은 교육과정에도 나타나고 있어 교육과정의 내용도 논증과 상호 교섭 작용에 주목하고 있다.

2) 토론에서의 논증적 상호 교섭 양상

일반적으로 토론의 상호 교섭은 입론, 상호 질의, 반론으로 명명되는 행위들의 조합으로 대변된다. 물론 토론의 유형에 따라 단계별 행위 국면을 명명하는 용어가 다르고 발언 순서, 횟수, 시간도 달라진다. 일상의 자유 토론에서는 단계를 구분하는 것 자체가 어렵기도 하다. 하지만 토론의 상호 교섭 작용 과정에서 주장을 입증하는 언어 행위, 상대방의 주장을 반박하는 언어 행위, 상대방의 주장에 대해 질문을 던지고 답하는 언어 행위는 공통적으로 존재하기 마련이다.

토론의 입론·상호 질의·반론 국면별 상호 교섭을 원활히 하기 위해 고려해야 할 각 단계별 수행 원리는 널리 알려져 있는데,[9] 각 단계별 수행에

....

9 이두원(2008), 이정옥(2008), 이창덕 외(2017) 등을 참조.

서 부분적으로는 경쟁적이고 대립적인 상호 교섭이 필요하더라도, 토론 자체를 성립시키고 토론의 목적인 합리성을 추구하기 위해서는 협력적으로 상호 교섭해야 한다. 한편 상호 교섭을 보다 원활하게 전개하기 위해서는 양측 주장이 접점을 형성할 수 있도록 찬성 측은 입증의 책임을, 반대 측은 반증의 책임을 수행하며 의미 교섭을 이루어야 한다.[10] 자기주장만을 입증하며 평행선을 달리기보다, 찬성 측이 제시한 입증에 기반하여 입증 관련성을 유지한 쟁점을 제기하고 제기된 쟁점에 대해서는 서로가 서로의 주장에 대해 비판적 검증을 수행해야 접점이 형성될 수 있다.

토론 수행의 원동력이 되는 논증 구성과 상호 교섭 작용에 대한 상기의 논의를 간추려 도식화하면 [그림 5-1]과 같다.

[그림 5-1]에서 확인할 수 있듯이 토론은 논제와 관련하여 주장을 논증하고, 상대방이 생각하는 것의 합리성을 논리적이고 비판적으로 시험해 보는 상호 교섭 과정의 연속이다. 이러한 비판적 시험 과정에서 누군가는 설득을 당하고 상대적으로 합리성이 부족하다는 평가를 받게 될지라도, 궁극적으로는 토론 참여자 모두에게 문제에 대해 깊이 탐구하고 통찰할 수 있는 기회를 제공하고, 상대방의 의견에 동의하지는 않았더라도 상대방의 입장을 이해하며 공감할 수 있는 기회를 제공하며, 합리적이고 설득력 있는 결론을 선택할 수 있는 기회를 제공한다는 점에서 토론 참여자 모두는 특별한 혜택을 나누어 가지게 된다.

....

10 반대 측이 수행해야 할 반증의 책임이란 논제에 반대하는 별도의 이유를 입증하는 것이 아니다. 즉 주어진 논제의 역을 입증하는 것이라기보다 찬성 측 주장이 타당하지 않음을 이유나 근거를 들어 거부하는 것이다. 만약 반대 측이 논제의 역을 주장하는 새로운 이유나 근거를 들어 이를 입증하려고 하면 두 개의 논제에 대한 토론이 각기 진행되는 것과 다르지 않다. 각자의 논리로 자체적인 이유나 근거를 확대 재생산하는 것은 의견의 양극화를 부추기고 양측 사이에 벌어진 인식의 거리는 의사소통의 가능성과 설득의 개연성을 감소시킨다.

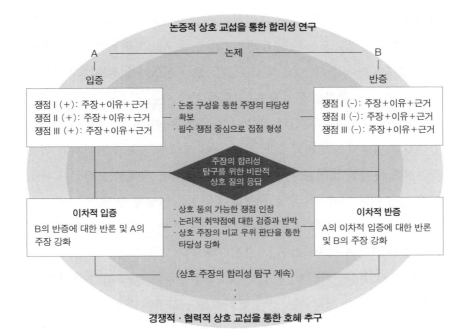

[그림 5-1] 토론에서 논증적 상호 교섭의 구조

3) 교과서의 토론 담화 예시문 구성 및 활용 방향

토론 담화 텍스트는 단순히 논증 텍스트 읽기 단원의 제재가 아니라 토론을 실제로 수행할 수 있는 소통 능력을 추구하는 화법 단원 제재로서, 논증적 상호 교섭 작용을 효과적으로 보여 줄 수 있어야 한다. 또한 토론 담화의 내용 구성 측면에서 탄탄한 논증 구성의 전형을 보여 주어야 한다. 이를 위한 구체적인 방법을 모색해 보고자 한다.

（1）토론의 상호 교섭 작용의 구체화

현재 국어 교과서의 토론 단원은 주로 제재 텍스트로 제시된 토론 담화문에서 확인되는 논증 구성 요소를 요약하며 논증 구조를 파악하는 학습, 토론 수행 단계에 대한 학습, 토론 참여자의 태도 등에 대한 학습을 바탕으로 토론을 실제 수행해 보도록 하는 방식으로 구성되어 있다. 토론의 상호 교섭 작용에 대해 생각해 보는 학습 활동은 상당히 부족하다 보니 제재 텍스트로 제시된 토론 담화 예시문에도 상호 교섭 작용이 충분히 구현되지 못하고 있다.

토론 단원답게 논증 메시지로 의미 교섭을 시도하는 소통 방법에 대한 학습을 도모하는 제제 텍스트가 되기 위해서는 하나의 논제에 대해 입증과 반증을 교환하며 상호 경쟁적·협력적 상호작용을 통한 의미 교섭이 전개되는 소통 장면을 의도적이고 의식적으로 고민하며 구현해야 한다.

상호 교섭 장면은 서로 공유할 수 있는 논리를 확보하여 양측의 주장이 서로 마주 보는 접점에서 이유와 근거를 제시함으로써 연출할 수 있다. 입론 단계에서는 양측이 주장을 펼칠 때 논제 관련성과 상대방 선행 입증과의 관련성 범위 내에서 입증과 반증을 제기하도록 구성한다. 상호 질의 단계에서는 단편적인 사실을 확인하거나 상대방 의견을 물어보는 질문을 일회적으로 구성하는 것이 아니라 상호 질의가 일정한 목적을 향해 나아가도록 복수의 질문을 짜임새 있게 구성한다. 반론 단계에서는 동의할 수 있는 쟁점은 인정하고, 동의할 수 없는 쟁점은 합리성을 따져보는 장면을 구성한다. 복식 토론에서는 팀원 간 역할을 분담하여 협력적인 상호 교섭을 보여 주는 것도 가능하다.[11]

....

11 이는 일부 토론 담화 텍스트에 이미 구현된 내용이기도 하다. 다만 보다 적극적으로 구현하고 이에 대한 메타적 인식을 유도하는 학습 활동을 설계해야 한다. 또한 입론·상호 질의·반론 국

이를 통해 제재 텍스트에 상호 교섭 작용 양상이 효과적으로 구현되면 그에 대한 분석을 학습자 수준에 맞는 학습 활동으로 설계하여 토론 수행의 핵심 원리로서 상호 교섭 방법을 직접·간접·잠재적으로 학습할 수 있는 기회를 마련해야 한다. 상호 교섭 작용에 대한 간과는 화법 단원 제재 텍스트로서의 특수성과 고유성을 잃어버린 것이나 마찬가지이다.

(2) 토론 담화 텍스트 분량에 대한 부담 완화하기

현재 국어 교과서에 제시된 토론 담화 예시문의 대부분은 주장을 뒷받침하는 이유는 제시되지만, 이유를 뒷받침하는 구체적이고 객관적인 근거가 생략되어 있다. 주장이 사실에 기반하지 못하고 있으며, 별도의 논증을 통해 정당화 과정을 거쳐야 하는 주장이 그것을 뒷받침할 수 있을 만한 이유나 근거도 없는 채로 상위 주장의 이유로 활용되고 있다. 이는 주장으로 주장을 뒷받침하고 있는 것과 마찬가지이다. 이처럼 논증 구조가 상당히 취약한 데에는 소단원 제재 텍스트를 위해 내어 줄 수 있는 지면이 제한적이라는 외적 조건이 강하게 작용하기 때문이다. 입론-상호 질의-반론으로 구성된 2:2 찬반 토론을 완결 담화 형태로 제시하면서 보다 탄탄한 구조를 갖춘 논증을 보여 주기 위해서는, 현재 국어 교과서 판형을 기준으로 최소 8쪽(사진, 삽화 포함) 정도의 지면을 할애해야 할 것으로 보인다.[12]

....

면의 수행을 위해서 토론자들이 어떠한 원칙에 따라 어떠한 전략을 구사하고 있는지, 각각의 국면에서 토론자들이 구사한 전략 중에서 향후 학습자 본인이 실제 토론을 수행할 때 본받을 만한 전략과 본받지 말아야 할 전략은 무엇인지 등을 분석하는 학습 활동 등도 설계할 수 있다. 이를 통해 토론 수행의 상호 교섭 작용을 점검하고 조정하는 것의 중요성을 알게 하고 그것을 경험하고 연습할 수 있는 계기를 마련해 주어야 한다.

12　이는 현행 국어 교과서 토론 담화 텍스트 중 입론의 논증 구조에서 근거가 포함된 경우, 상호 질의가 복수의 질의로 유기적으로 구성된 경우, 반론이 상대방의 주장에 대해 구체적인 근

짧은 제재 텍스트는 학습자들에게 풍부한 언어 경험을 제공하는 데 한계가 있다. 제재 내용의 질적 수준을 논의하기 이전에 기본적으로 교과서 내용과 분량이 많을 때와 적을 때를 비교할 때 후자보다 전자가 풍성한 언어 경험을 제공할 가능성이 높다는 것을 부인하기는 어렵다(정혜승, 2012: 10). 언어 능력이 텍스트를 이해하고 생산하는 활동과 밀접한 관련을 맺는다고 할 때 학생들이 양질의 텍스트를 경험하도록 지원하는 것은 교수 학습 자료로서 국어 교과서가 수행해야 할 중요한 과업이고(정혜승 2012: 11), 이 과업은 제재 텍스트를 통해 보다 풍부한 언어 경험을 제공하는 데서 실천될 수 있다. 학생들이 경험하는 텍스트가 짧고 단순한 구조로 가공된 것으로 제한될 경우 교실 밖 삶 속에서 대면하게 되는 길고 복잡하고 어려운 텍스트에 대한 적응력이 떨어진다. 실제적이고 양질의 토론 담화에 대한 경험을 보장할 수 있도록 분량에 대한 부담을 완화해 줄 필요가 있다.

물론 토론 담화 텍스트의 분량만 대폭 확대할 것을 요구하는 것은 다른 제재 텍스트들과의 형평이나 조화 측면에서 원만하지 못한 방안일 수 있다. 또한 30~40분 분량의 구두 의사소통 담화를 8쪽 내외에 달하는 문자 텍스트로 제시할 경우, 집중력이 떨어져 학습의 효율성이 저하될 수도 있다. 이러한 문제를 보완하기 위해서는 멀티미디어 자료를 활용할 수 있을 것이다. 이들은 매체 특성상 지면 분량에 제한이 없으며, 맥락이 제거된 가상의 토론이 아닌 현장감 넘치는 실제 토론 장면을 보여 줄 수 있어 구두 의사소통의 특성을 효과적으로 구현할 수 있다.

....

거를 들어 반박하면서도 자기의 주장을 효과적으로 강조한 경우 등의 사례를 종합한 것에 근거한다.

(3) 미완결 · 결여 · 단식 토론 담화 텍스트의 활용

지면 분량 제한에 대한 부담 자체를 완화하는 것도 필요하지만, 분량 제한 현실을 인정하면서 문제를 해결할 수 있는 방법도 모색할 필요가 있다. 이에 미완결 토론 담화 텍스트, 결여 토론 담화 텍스트, 단식 토론 담화 텍스트의 활용 가능성도 타진해 본다. 논리 구성의 밀도가 떨어지고 상호 교섭 양상을 구체적으로 구현하기 어려웠던 것은 일차적으로 지면 분량의 제약에서 기인하겠지만, 제한된 지면 범위 내에서 2:2 복식 토론을 구현하면서 입론-상호 질의-반론까지 전체 단계를 모두 제시해야 하는 데서 비롯되었을 가능성도 있다. 여기에 각 토론자의 토론 수행이 일정 수준 이상의 질을 담보하는 것이 좋겠다는 잠정적으로나마 모범 텍스트를 지향하는 의도까지 보태어지면서 취약한 텍스트가 산출되었을 수 있다.

하지만 반드시 입론부터 최종 발언에 이르기까지 토론의 전 과정을 다 보여 주는 완결 담화를 제시해야 하는 것은 아니다. 논증 메시지 구축과 상호 교섭을 보여 줄 수 있는 일부 단계만이라도 내실 있게 구성하여 모범적으로 수행하는 장면을 보이고 그 외의 단계는 생략할 수도 있다. 이 경우 생략된 단계에 대해서는 학생들로 하여금 구성해 볼 수 있도록 할 수 있다. 토론 유형별 절차를 익히고 본인이 발언해야 할 순서를 아는 것도 중요하지만, 성공적인 토론 수행의 핵심은 전후 담화 맥락을 고려하여 얼마나 내실 있는 논증 메시지를 생산하고 그것에 대해 얼마나 효과적으로 상호 교섭할 수 있는가에 있다.

한편 아무리 가상의 토론 담화라 하더라도 제한된 분량 안에 토론 수행의 이상적인 모습들을 온전하게 구현한 텍스트를 제시하는 것은 어렵다. 오히려 불완전한 텍스트일 수 있음을 인정하거나 의도적으로 일부 불완전한 요소를 포함시켜 두고 비판적으로 분석하는 학습 활동으로 이를 보완하는 방법을 활용할 수도 있다. 실제 교실에서 모든 학습자들이 일정 수준 이상의 논증을 구축하며 원활하게 상호 교섭하지 못한다는 점을 고려할 때, 일부 불완전하고 결여적 속성이 가미된 것이 보다 실제적일 수 있다. 최근 교과서에서 제재를 대하는 태도는 제재 텍스트에 대한 사실적이고 분석적인 이해에 머물기보다 비판적인 사고와 창의적인 언어 경험까지 고려하는 쪽으로 변화하고 있음에 주목할 필요가 있다.

2:2나 3:3의 복식 토론만 고집해야 하는지도 검토할 필요가 있다. 총 4명의 토론자가 번갈아 가며 입론-상호 질의-반론을 할 수 있도록 분량을 안배하다 보니 어느 한 명의 토론자도 제대로 된 논증을 보여 주지 못하는 한계가 있다. 다인수 학급에서 실제 토론 수행 기회가 개별 학습자에게 골고루 돌아갈 수 있게 하기 위해서 단식 토론보다 복식 토론이 선호되고 있는 것은 사실이다. 하지만 그것은 학습자들의 토론 수행 경험을 위해 필요한 선택이지 교과서 제재 텍스트도 반드시 복식 토론이어야 할 필요는 없다. 물론 이는 학생들이 수행하게 될 복식 토론의 모델을 보여 주기 위함이라고 할 수도 있다. 하지만 실제 토론 텍스트에는 복식 토론의 전략적 수행 양상이나 복식 토론의 특징이 효과적으로 구현되어 있지 못하므로 굳이 복식 토론을 고집할 이유가 없다. 향후 학생들이 일상에서 경험하게 될 토론적 언어 수행도 복식보다는 단식일 경우가 더 많을 수 있다. 학습자들이 교실에서 직접 토론을 수행해 보는 것은 복식 토론으로 계획하더라도 제재 텍스트는 단식 토론으로 구성하여 전체적인 발화 횟수를 줄이면서 단위 발화의 분량을 확보하여 보다 내실 있는 논증과 상호 교섭을 보여 주는 방법도 참고할 만하다.

(4) 기타

토론 담화 텍스트 집필 및 수록의 방향과 관련된 상기의 논의들은 현재 토론 담화 텍스트의 취약점 등을 두루 살피면서 토론 담화 수행에 개입하는 각종 지식, 기능, 태도들을 보다 의식적이고 의도적으로 구현할 수 있도록 집필해야 함을 강조하고 있다. 하지만 이러한 요구들을 한 편의 제재 텍스트에 온전하게 담아내기는 어렵다. 실제로 하나의 소단원에서 토론의 모든 것을 가르치려 하는 것은 과욕이다.[13] 토론 수행을 위한 지식이나 기능을 A부터 Z까지 소단원 하나에 백화점식으로 나열하는 것은 교과서 지면의 물리적 한계, 학습 가능성 측면에서 바람직하지 못하다.

결국 해당 단원에서 배워야 할 핵심 요소에 대한 선택과 집중을 통해 학습의 효율화를 도모할 수밖에 없을 것이며, 이는 해당 학년의 토론 단원에서 초점을 맞추고 있는 토론의 세부 기능이나 능력이 무엇이냐에 따라 판단되어야 한다. 토론 담화 텍스트의 취약점을 개선할 수 있도록 토론 담화 텍스트의 특수 요건을 고려하면서도 토론 교육 내용의 계속성과 계열성에 비추어 해당 학교급에서 배워야 할 핵심적 기능을 효과적으로 구현할 수 있도록 토론 담화 텍스트를 집필해야 한다.

다만 토론 능력 신장에 모델이 될 만한 요소를 많이 포함하고 있어서 메타적으로 살펴볼 만한 가치가 있는 텍스트, 토론 수행과 관련하여 배울 거리가 풍부하여 다양한 학습 활동을 추가로 설계할 수 있는 고함량의 텍스트라면, 개별 교사 차원에서 학습자의 수준이나 요구를 고려하여 정해진 학습 목표 이외의 지식이나 기능에 대해서 추가로 심화 학습하는 기회를 마련할 수 있다. 즉 토론 능력을 구성하는 모든 지식과 기능을 학습 활

....

13 토론 단원을 분석하는 기존 논의들은 하나의 소단원에서 토론 교육이 완벽하게 이루어지기를 바라고 있는 듯하다. 예를 들어 김주환(2012: 233)은 교과서에서는 토론의 유형으로 고전식 토론, 직파식 토론, 반대 신문식 토론만 소개하고, 링컨 더글러스 토론, 칼 포퍼 토론, 의회식 토론, 자유 토론 등은 소개하지 않았다고 비판한다. 김지현(2012: 74)은 입론의 구체적인 과정, 교차 조사의 방법, 반론의 구조, 마무리 발언의 유의점 등을 언급해 주어야 하며, 그것과 관련된 학습 활동도 꼭 구성해야 함을 강조한다.

동이나 원리 학습으로 제시하고 모든 학생에게 그것에 대한 학습을 요구하기보다 추가적인 학습을 선택적으로 설계할 수 있는 여지를 제재 텍스트에 간접적으로 표상해 놓는다면 개별 교실 수업 층위에서 보다 다양하게 활용할 수 있을 것이다.

3. 국어 교과서의 논증 평가하기 준거에 대한 이해 양상[14]

논증을 비판적으로 분석하고 평가하기 위해 널리 인용되는 준거는 '타당성'이다. 논리학에서 타당성은 추론 절차의 형식적 올바름을 뜻하나, 일상에서 타당성은 사물의 이치에 맞는 옳은 성질을 뜻한다. 국어 교육에서는 '타당한 근거를 들어…', '근거의 타당성을 판단하며…', '…내용의 타당성을 판단한다.', '논거가 타당한지 생각하며…' 등과 같은 성취기준을 통해 타당성에 대한 학습을 지속하는데, 논증의 타당성을 평가하는 것은 텍스트에 대한 비판적 이해 능력 신장을 위해 가르쳐야 할 핵심적인 내용으로, 교육과정 개정에 따른 부침 없이 항존적인 교육 내용으로 인정되어 왔다.

하지만 관련 내용을 검토해 보면, 타당성은 '진리성', '적절성', '논리성', '보편성', '합리성', '공정성', '정확성' 등과 교차 사용되며 그것들과 동일한 것으로 이해되기도 하고, 부분 집합의 관계로 풀이되기도 하는 등 관련 용어나 개념을 섬세하게 다루지 못했던 흔적이 곳곳에서 발견된다. 이에 여기서는 국어 교육에서 논증 교육의 일환으로 가르치는 '타당성 평가하기' 개념의 특징과 문제적 양상을 확인하고, 논증 평가하기 교육에 적절한 논증 평가의 준거와 세부 기준을 재구조화해 본다. 논증 평가하기 준거를 고찰하면서 타당성 평가하기에서부터 출발하는 까닭은, 논증 이론의 확장에 따라 타당성 개념의 외연이 확대되면서 타당성이 논증 텍스트에 대한 평가 준거 전반을 아우르는 개념으로 사용되는 경향이 있기 때문이다.

....
14 이 내용은 서영진(2022b)의 「국어과 논증 교육에서 '논증 평가하기'를 위한 준거의 재구조화」 중 일부 내용을 재구성한 것임을 밝혀둔다.

1) 국어 교육에서 '논증의 타당성 평가하기'의 양상

'타당성 판단하기'나 '타당한 주장, 이유, 근거 마련하기'에 대한 교육 내용은 공통 교육과정의 국어 과목은 물론이고 화법, 독서, 작문 등의 선택 과목에서도 빠짐없이 등장하며 계속성을 확보하고 있을 정도로, 중요한 교육 내용으로 다루어지고 있다.

(1) 국어과 교육과정의 '타당성 평가하기' 관련 내용 분석

7차 국어과 교육과정, 2007 개정 국어과 교육과정, 2009 개정 국어과 교육과정, 2015 개정 국어과 교육과정 또는 해설서를 대상으로, '타당'이라는 검색어를 활용하여 '타당성', '타당한', '타당한지' 등의 표현이 확인되는 문장을 수집하고, 분석한 결과는 [표 5-4]와 같다.

[표 5-4] 국어과 교육과정 중 '타당성 평가하기' 관련 성취기준 및 해설

시기	사례	관련 성취기준 및 해설, 지도상의 유의사항	비고
7차	1	〔6-읽-(4)〕 주장에 대한 근거의 적절성을 판단하며 글을 읽는다. 학습 활동은 … 주장에 대한 근거가 타당한지 적절성을 판단하기 등이 있다. 기본 활동은 주장에 대한 근거가 적절한지 적절성을 비판적으로 평가하는 것이고, 심화 활동은 기본 활동을 토대로 글쓴이가 제시하지 않은 근거를 더 찾아보는 활동이다.(교육부, 1997c: 105)	적절성
	2	〔6-쓰-(3)〕 주장을 뒷받침하기에 알맞은 근거를 제시하며 글을 쓴다. 타당한 근거를 들어 설득력 있게 주장하는 글을 쓸 수 있도록 …. (교육부, 1997c: 108)	주장 뒷받침
	3	〔9-듣-(3)〕 들은 내용의 신뢰성과 타당성을 판단한다. '내용의 신뢰성(credibity)'이란 말하는 이 또는 말하는 이가 인용한 증거 자료의 출처, 말하는 내용 그 자체가 얼마나 믿음직한지를 뜻한다. '내용의 타당성'이란 담화의 내용이 옳거나 그른 정도를 말한다.(교육부, 1997b: 67)	진리성

시기	사례	관련 성취기준 및 해설, 지도상의 유의사항	비고
7차	4	〔9-읽-(4)〕읽은 내용의 신뢰성과 타당성을 판단한다. '신뢰성'이란 글의 내용이 담고 있는 사실이나 전제들이 일반적 진리에 비추어 옳은지를 판단하는 것을 의미하며, '타당성'이란 글이 담고 있는 생각이 두루 보편적으로 인정할 만한 것인지를 의미한다. (교육부, 1997b: 74)	진리성
	5	〔10-읽-(5)〕읽은 내용의 신뢰성과 타당성을 평가한다. '신뢰성'이란 글의 내용이 담고 있는 사실이나 전제들이 일반적 진리에 비추어 옳은지를 판단하는 것을 의미하며, '타당성'이란 글이 담고 있는 생각이 두루 보편적으로 인정할 만한 것인지를 의미하는 것이다. … 내용의 '타당성'은 글쓴이의 주장에 대한 근거가 적절하며, 주장을 효과적으로 뒷받침하고 있는지를 중심으로 평가해야 할 것이다. (교육부, 1997a: 44)	진리성 총괄 (적절성, 주장 뒷받침 포함)
	6	〔12화법-(2)-(라)-③〕상대의 논거가 타당한지 생각하며 듣는다. 상대방이 수집한 증거 자료의 정확성과 신뢰성 등을 검증해 보아야 한다. … 그리고 질과 양을 검증하여 보아야 하는데, 질(質)의 검증은 주어진 자료가 사실임을 증명할 수 있는가, 일관성이 있는가, 정확한가, 최근의 자료인가 등을 검토하는 것이다. 양(量)의 검증은 자료가 충분하며 완벽한지를 검토하는 것이다. (교육부, 1997a: 155)	총괄 (정확성, 신뢰성, 사실성, 일관성, 최신성, 충분성 포함)
	7	〔12독서-(1)-(나)-②-③-㉮〕글을 읽고, 내용의 타당성과 공정성, 자료의 정확성과 적절성 등을 판단한다. 내용의 타당성을 판단하기 위해서는 내용의 정확성, 객관성, 적절성, 공정성 등을 점검할 필요가 있다. 정확성과 적절성은 정보의 출처와 믿을 만한 근거의 제시 여부로 판단할 수 있다. 타당성과 공정성은 필자의 태도가 얼마나 공정성을 띠고 있는지 여부로 판단할 수 있다. 자료의 적절성 판단하기란 필자가 글을 쓸 때에 근거로 사용한 자료가 얼마나 정확하고 객관적이며, 주장을 증명하기에 합당하게 선택되었는지 여부를 판단하는 것이다. (교육부, 1997a: 191)	총괄 (정확성, 객관성, 적절성, 공정성 포함) 공정성
2007	8	〔5-듣-(2)〕토론에서 상대의 주장과 근거가 적절한지 판단한다. 상대방이 수집한 증거 자료의 정확성과 신뢰성 등을 검증해 보아야 한다. …그리고 질과 양을 검증하여 보아야 하는데, 질(質)의 검증은 주어진 자료가 사실임을 증명할 수 있는가, 일관성이 있는가, 정확한가, 최근의 자료인가 등을 검토하는 것이다. 양(量)의 검증은 자료가 충분하며 완벽한지를 검토하는 것이다. (교육과학기술부, 2007c: 109)	총괄 (정확성, 신뢰성, 사실성, 일관성, 최신성, 충분성 포함)

시기	사례	관련 성취기준 및 해설, 지도상의 유의사항	비고
2007	9	〔6-읽-(2)〕 논설문을 읽고 <u>주장과 근거의 타당성</u>과 적절성을 평가한다. 주장에 대해서는 논제에 대한 <u>글쓴이의 견해나 입장이 옳은가를 판단하는 타당성</u> 측면과 그 견해나 입장이 논제를 해결하는 데 실제로 도움이 될 수 있겠는가를 판단하는 적절성 측면에서 평가를 하게 한다. 근거에 대해서도 근거로 제시한 사항들이 있는 그대로의 사실인가, 옳은 생각인가 등 정확성이나 타당성을 판단하게 하고, 이들 근거가 주장을 뒷받침하는 내용으로 적합한가를 판단하는 적절성 평가를 하게 한다. 〔교육과학기술부, 2007c: 140〕	진리성 총괄 (사실성, 정확성 포함)
	10	〔8-읽-(2)〕 주장하는 글을 읽고 주장의 타당성을 평가한다. 글의 결론이 타당한 것이 되기 위해서는 <u>결론을 이끌어 내는 전제들이 결론과 관련성이 있으면서 글과 현실의 맥락에 비추어 타당하고 충분히 근거가 있는 것</u>이어야 한다. 〔교육과학기술부, 2007b: 60〕	총괄 (관련성, 진리성, 충분성 포함)
	11	〔12화법-(2)-(가)-③-㉰〕 의사소통 내용의 신뢰성, 타당성, 공정성을 평가하며 듣는다. 의사소통 내용의 타당성이란 말의 내용이 이치에 맞는가 하는 것이다. 말의 내용이 이치에 맞는지 여부는 말의 전후 맥락에서 <u>자료나 근거로부터 결론을 이끌어 내는 방식이 합리적인지, 그것이 현실이나 삶의 이치에 부합한 것인지</u> 등을 따짐으로써 평가할 수 있다. 〔교육과학기술부, 2007a: 132〕	진리성 총괄 (논리성, 진리성 포함)
	12	〔12화법-(3)-(라)-③〕 상대의 <u>주장과 근거가 타당한지</u> 평가하며 듣는다. 상대방이 수집한 증거 자료의 정확성과 신뢰성 등을 검증해 보아야 한다. … 그리고 질과 양을 검증하여 보아야 하는데, 질(質)의 검증은 주어진 자료가 사실임을 증명할 수 있는가, 일관성이 있는가, 정확한가, 최근의 자료인가 등을 검토하는 것이다. 양(量)의 검증은 자료가 충분하며 완벽한지를 검토하는 것이다. 〔교육과학기술부, 2007a: 159〕	총괄 (정확성, 신뢰성, 사실성, 일관성, 최신성, 충분성 포함)
	13	〔독서-(2)-(나)-③-㉰〕 내용의 타당성과 공정성, 자료의 정확성과 적절성 등을 판단한다. 타당성이란 필자가 글에서 제시하고 있는 내용이 옳은가의 문제이다. … 독자는 이러한 내용들에 잘못된 정보가 지는 않은지, 객관적 사실에 입각한 것인지 등을 판단하며 읽어야 한다. 〔교육과학기술부, 2007a: 221〕	진리성

시기	사례	관련 성취기준 및 해설, 지도상의 유의사항	비고
2009	14	〔6-듣말-(3)〕설득하거나 주장하는 말의 타당성을 판단하며 듣는다. 설득하거나 주장하는 말의 근거가 타당한지 판단하며 듣는 능력은 참과 거짓을 분별하는 능력이다. … 주장이 신뢰성, 타당성, 가치성, 실천 가능성이 있는지 비판적 안목을 가지고 따져 보고 논리적인 이성보다 지나치게 감정적인 자극을 하지 않는지 평가하면서 듣도록 한다. (교육과학기술부, 2012: 31)	진리성 총괄 (신뢰성, 타당성, 가치성, 실천 가능성 포함)
	15	〔6-읽-(6)〕주장의 타당성을 판단하며 주장하는 글을 읽는다. 주장의 타당성 판단이란 논제에 대한 글쓴이의 견해나 입장이 일반적인 가치에 비추어 옳은지, 그 견해나 입장, 해결 방안이 논제를 해결하는 데 실제로 도움이 되는지, 근거로 제시한 내용과 자료가 정확한지, 이들 근거가 주장을 뒷받침하는 내용과 자료로 적합한지, 주장의 수용 가능성이 있는지 등에 대한 평가를 말한다. (교육과학기술부, 2012: 35-36)	총괄 (진리성, 효용성, 정확성, 주장 뒷받침, 수용 가능성 포함)
	16	〔10-국어Ⅱ-화법-(2)〕비판적 듣기의 기준인 신뢰성, 타당성, 공정성을 이해하고, 상대의 주장을 평가하며 듣는다. 비판적 듣기를 위해서는 정보나 자료가 믿을 만한지를 판단하는 신뢰성, 주장과 근거가 이치에 맞고 합리적인지를 판단하는 타당성, 주장이 공평하고 정의로운지를 판단하는 공정성 등의 평가 기준을 익힐 필요가 있다. (교육과학기술부, 2012: 87-88)	진리성
	17	〔10-국어Ⅱ-작문-(8)〕작문 맥락에 대한 분석을 바탕으로 여러 가지 타당한 근거를 제시하여 주장하는 글을 쓴다. 근거를 제시할 때에는 논리적 근거를 제시함과 동시에 객관적 자료나 사실 등을 제시할 수 있다. (교육과학기술부, 2012: 89)	총괄 (논리성, 객관성 포함)
	18	〔12독문-(19)〕글의 내용이나 자료, 관점 등에 나타난 필자의 생각을 비판하며 읽는다. 타당성이란 글에서 제시하고 있는 주장이나 의견과 그 근거가 합리적이고 일관성을 갖추고 있는가의 문제이다. 공정성이란 필자가 글의 내용과 관련하여 어느 한쪽에 치우치지 않고 균형적으로 접근하고 있는가의 문제이다. 자료의 적절성이란 필자가 사용한 자료가 글의 주장이나 설명한 내용에 적합하며, 필요한 정보 수준으로 구조화하여 제시되어 있는가와 관련된다. (교육과학기술부, 2012: 123)	총괄 (합리성, 일관성 포함)

시기	사례	관련 성취기준 및 해설, 지도상의 유의사항	비고
	19	〔6국02-04〕글을 읽고 내용의 타당성과 표현의 적절성을 판단한다. 내용의 타당성과 표현의 적절성을 판단하는 방법을 지도할 때에는 글에 나타난 주장이나 내용이 편견에 치우치지 않고 타당한지, 글쓴이가 자신의 생각을 드러내기 위해 사용한 표현이 적절한지를 평가하도록 지도한다. (교육부, 2015: 32)	공정성
2015	20	〔12화작02-03〕상대측 입론과 반론의 논리적 타당성에 대해 반대 신문하며 토론한다. 상대측 발언을 단순히 확인하는 수준에 머물지 않고 상대측 논증의 신뢰성, 타당성, 공정성을 비판적으로 검토하는 질의·응답으로 반대 신문 단계를 운영하면, 논제를 깊이 이해할 수 있고, 토론이 역동적으로 전개되고, …. (교육부, 2015: 79-80)	총괄 (신뢰성, 타당성, 공정성, 포함)
	21	〔12화작03-04〕타당한 논거를 수집하고 적절한 설득 전략을 활용하여 설득하는 글을 쓴다. 수집한 논거의 타당성, 신뢰성, 공정성 여부를 판단하고, 주제, 목적, 독자를 고려하여 적절한 설득 전략을 활용하도록 한다. …설득하는 글쓰기를 지도할 때에는 타당성, 신뢰성, 공정성을 갖춘 논거를 활용한 예, 효과적인 설득 전략을 활용한 예를 가능한 한 많이 보여 주도록 한다. (교육부, 2015: 82-84)	총괄 (타당성, 신뢰성, 공정성 포함)

　　교육과정에서는 타당성 평가하기의 맥락에서 타당성 개념을 별도로 정의하거나, 타당성을 평가하기 위해서 적용할 수 있는 세부 기준을 제시하거나, 동격 관형절을 통해 타당성의 의미를 짐작할 수 있는 맥락 단서를 제공함으로써 타당성의 의미를 설명한다. 하지만 성취기준에 따라 타당성의 의미가 달라지는 것은 물론이고, 하나의 성취기준 해설 내에서도 '타당성'의 의미가 문장 단위마다 달라지는 양상도 확인된다. 동일한 의미 맥락에서 '타당성'과 '적절성'이 일정한 기준 없이 교차 사용되기도 한다.[15] '타

────────

15　유사한 개념으로 사용되는 용어이지만 맥락에 따라 별도의 용어를 사용하면서 각 용어의 변별점에 대한 해설이나 안내는 없어 혼선이 초래될 수 있다. 어휘 선택에 대한 필자의 개성에 따

당'이라는 표현이 포함된 문장의 맥락 단서를 바탕으로 '타당성' 의미를 유형화하여, 구체적 양상을 살피면 다음과 같다.

첫째, 타당성은 논증을 평가하기 위한 다양한 준거들을 아우르는 총괄 개념으로 사용되는 경우가 많다. 타당성은 논증을 평가하기 위한 하나의 준거로 사용되기도 하지만, '타당한'은 '좋은' 주장, '좋은' 근거 등 좋은 논증이 갖추어야 할 요건을 두루 아우르는 개념으로도 사용된다. 관련 내용 총 21건 중 14건(사례 5~12, 14, 15, 17, 18, 20, 21)에서 이러한 경향이 확인된다.[16] 표준국어대사전에 따르면, '좋다'는 '대상의 성질이나 내용 따위가 보통 이상의 수준이어서 만족할 만하다.'라는 뜻으로, 여러 가지 측면에서 만족할 만한 수준의 논증 텍스트가 갖추어야 할 요건을 타당성이 대표한 것으로 보인다. 논증 교육의 배경 학문 중 하나인 형식 논리학에서는 좋은 논증을 판단하는 가장 중요한 기준으로 논증 형식이 지닌 '타당성'을 내세웠다. 하지만 다양한 학문적 관점에서 논증을 연구하면서 논증의 내포와 외연이 달라졌고, 좋은 논증이 갖추어야 할 요건이나 논증 평가의 기준도 다양해졌다. 그럼에도 아직 논리학의 영향력이 지대하다 보니, '타당성'이라는 용어가 좋은 논증이 갖추어야 할 속성을 대표하고 두루 아우르는 개념으로 사용되는 것으로 보인다.

일부 성취기준에서는 하나의 성취기준 안에서 타당성을 '좋은 논증'이 갖추어야 할 요건들을 아우르는 개념으로 사용함과 동시에 다양한 요

....

라 동일한 개념을 다른 용어로 표현하는 것은 독자 입장에서는 불필요한 의문과 혼란을 초래할 수 있어 각 용어의 개념을 구체화하고 가장 적확한 용어를 일관되게 사용할 필요가 있다(서영진, 2022a: 56).

16   예컨대, 사례 6 '[12화법-(2)-(라)-③] 상대의 논거가 타당한지 생각하며 듣는다.'에서는 근거의 정확성, 신뢰성, 최신성, 충분성 등을 평가하도록 하는데, 이를 '논거의 타당성 생각하기'로 표현한다. 사례 15 '[6-읽-(6)] 주장의 타당성을 판단하며 주장하는 글을 읽는다.'에서는 진리성, 효용성, 정확성, 수용 가능성 등을 갖추어야 타당한 주장이 된다고 설명한다.

건 중 하나의 준거로 사용하는 혼란을 보인다. 사례 7의 경우 '내용의 타당성을 판단하기 위해서는 내용의 정확성, 객관성, 적절성, 공정성 등을 점검할 필요가 있다.'라며 타당성을 통칭 개념으로 사용하고 있는데, 이어지는 문장에서는 '타당성은 필자의 태도가 얼마나 공정성을 띠고 있는지 여부로 판단한다.'라며 타당성을 논증 평가 준거 중 하나인 공정성으로 풀이한다. 이와 같은 서술은 교육과정 문서의 완결성 측면에서 일관성이 부족하다는 지적, 교수·학습 측면에서 타당성 개념 이해에 혼란을 야기한다는 지적을 피하기 어렵다.

둘째, 타당성이 논증을 평가하기 위한 하나의 준거로 이해될 때, 그것은 일의 이치로 보아 옳다는 진리성의 개념으로 풀이된다. 논리학에서는 좋은 논증이 갖추어야 할 요건으로 형식적 올바름에 대한 타당성과 전제의 진리 여부에 대한 건전성을 제시하는데, 타당성을 이치로 보아 옳다고 풀이하는 것은 건전성에 가까운 개념이라 할 수 있다. 다만 형식 논리학의 '건전성' 요건은 일상의 논증에서는 판단하기 어려운 경우도 있어, 비형식 논리학에서는 완전한 진리가 아니더라도 다수가 진리라고 인정할 만한 수용 가능성 요건으로 완화된다. 이에 교육과정에서도 타당성을 '옳고 그름의 여부', '이치에 맞는가 여부'라고 풀이하기도 하고, '보편적으로 인정할 만한'으로 풀이하기도 한다. 이는 사례 3, 4, 5, 9, 13, 14, 16 등의 해설에서 확인할 수 있다.[17]

셋째, 타당성은 적절성과 혼용되고 있다. 표준국어대사전에 따르면, '타당하다'는 '일의 이치로 보아 옳다.'라는 뜻이며, '적절하다'는 '꼭 알맞

---

17   예컨대, 사례 3의 '내용의 타당성이란 담화의 내용이 옳거나 그른 정도를 말한다.', 사례 4의 '타당성이란 글이 담고 있는 생각이 두루 보편적으로 인정할 만한 것인지를 의미한다.' 등을 통해 알 수 있듯이, 교육과정에서 타당성은 그 내용이 옳거나 두루 보편적으로 인정할 만한 것으로 풀이되기도 한다.

다'는 것으로 '알맞다'는 '일정한 기준, 조건, 정도 따위에 넘치거나 모자라지 아니하다.'라는 뜻이다. 둘의 의미에는 일부 차이가 있으나, 교육과정에서는 둘을 구분하지 않고 교차 사용한다. 이는 사례 1, 6, 8을 통해 확인할 수 있다.[18] '타당성'과 '적절성'의 차이점을 비판적 이해 기능에 대한 학습의 위계성을 드러내기 위한 장치라고 이해할 수도 있다. 즉 저학년에서는 비판적 이해 과정에서 주장과 근거가 갖추어야 할 요건을 다소 느슨하게 검토하도록 하되, 고학년에서는 그 요건을 다소 강화하여 검토하도록 한다는 암묵적 취지가 반영된 것이라 볼 수도 있다. 하지만 '타당하다'와 '적절하다'의 학년별 사용에 일정한 기준을 확인하기 어렵다. 위계성을 드러내고자 했다면, 개별 성취기준에서 다루어야 할 교육 내용의 폭과 깊이를 달리 설정했을 것인데, 초등학교 5학년 성취기준인 사례 8과 고등학교 2-3학년 성취기준인 사례 6의 해설에서 제시하는 교육 내용의 폭과 깊이는 동일하다.

넷째, 타당성은 편견에 치우침 없음을 뜻하는 공정성으로 풀이되기도 한다. 이는 사례 7과 19에서 확인할 수 있다.[19] 표준국어대사전에 따르면, '타당하다'는 '일의 이치로 보아 옳다.'라는 뜻이며, '공정하다'는 '공평하고 올바르다.'라는 뜻이다. '타당하다'의 의미에 포함된 '옳다'는 '사리에 맞고 바르다.'는 뜻이며, '공정하다'의 의미에 포함된 '올바르다'는 '말이나

....

18   사례 1에서는 '근거의 적절성'을 판단하도록 하는데 '근거가 타당한지 적절성을 판단하기'라고 풀이하여 '적절성'과 '타당성'을 동격으로 서술한다. 사례 2에서는 '주장을 뒷받침하기에 알맞은 근거'를 '타당한 근거'라고 바꿔서 서술하고 있다. 사례 6과 사례 8의 경우는 해설의 내용이 동일한데, 사례 6에서는 '논거가 타당한지'라고 표현하고 사례 8에서는 '주장과 근거가 적절한지'라고 표현한다.
19   예컨대, 사례 7의 '타당성은 필자의 태도가 얼마나 공정성을 띠고 있는지 여부로 판단한다.', 사례 19의 '글에 나타난 주장이나 내용이 편견에 치우치지 않고 타당한지'와 같이 타당성을 편견에 치우침이 없다는 뜻의 공정성 개념으로 풀이한다.

생각, 행동 따위가 이치나 규범에서 벗어남이 없이 옳고 바르다.'라는 뜻으로, 일부 의미가 중첩되기도 한다. 하지만 국어과 교육과정에서는 일반적으로 타당성과 공정성을 분리해 왔다. 공정성은 내용이 어느 한쪽에 치우치지 않고 균형을 유지하는 것으로 설명하는 경우가 일반적인데도 불구하고, 타당성과 공정성을 유사 개념으로 풀이하면 교육 현장의 혼란이 예상된다.

다섯째, 타당성을 비롯하여 논증에 대한 평가 준거로 제시된 것들 간의 경계가 불분명하다. 타당성이 논증 평가를 위한 하나의 준거로 사용될 때, 타당성은 진리성이나 보편적 수용 가능성으로 풀이되는 경우가 많으면서도 공정성, 정확성, 관련성으로 풀이되기도 하며 적절성으로 표현되기도 한다. 타당성이 논증을 평가하기 위한 준거들을 두루 아우르는 상위 개념으로 사용될 때, 그 속에는 신뢰성, 타당성, 공정성, 정확성, 충분성, 진리성, 적절성, 객관성, 관련성, 가치성, 실천 가능성, 효용성, 수용 가능성 등이 두루 포함되어 있는데, 각각의 준거들이 맞물려 있어, 일부 의미 중첩이 발생할 가능성이 높다. 예컨대, 객관성과 신뢰성의 경우, 텍스트의 내용이 얼마나 정확하고 사실과 일치하는가를 확인한 결과로 독자나 청자는 텍스트의 신뢰성 여부를 판단할 수 있다. 공정성과 수용 가능성의 경우, 대상을 바라보는 시각이 편견에 사로잡히지 않고 균형적이면 두루 보편적으로 인정할 만한 것으로 판단할 수 있다.

요컨대, 국어과 교육과정에서 타당성은 논증 평가를 위한 다양한 준거들을 두루 아우르는 총괄 개념임과 동시에 논증 평가를 위한 하나의 준거이다. 후자의 경우, 타당성은 진리성의 개념으로 사용되거나 완벽한 진리는 아니더라도 이성적으로 사고하는 사람이라면 충분히 수용할 수 있을 만한 속성으로 풀이된다. 한편 총괄 개념으로 사용되든, 대표 개념으로 사용되든, 타당성이 적절성과 교차 사용되는 양상도 확인되었다. 타당성을 공정성의 의미로 풀이하는 경우도 있는 등 논증 평가를 위한 각종 준거들 간의 경계가 모호하다.

논증 교육에 이론적 기반을 제공하는 학문 중 하나인 논리학에 따르면, 타당성은 연역 논증의 형식적 올바름을 의미한다. 이에 그 연원에 주목하는 이들은 타당성을 논증이 갖추어야 할 속성을 두루 아우르는 총괄 개념으로 사용하는 것을 자제하려고 한다. 즉 타당성을 평가한다는 것은 연역 논증에는 적합한데, 일상에서 주로 접하는 귀납 논증이나 가추 논증은 형식적 타당성에 의해 좋은 논증 또는 논증의 강도가 결정되는 것이 아니기 때문이다. 반면, 타당성을 '사물의 이치에 맞는 옳은 성질'이라는 일상적 개념으로 이해하는 이들은 논증이 갖추어야 할 속성을 두루 아우르는 대표 개념으로 타당성이라는 용어를 폭넓게 활용한다. 타당성 개념에 대한 내포를 엄격하게 하면 외연이 좁아져 쓰임이 줄어들고, 내포를 느슨하게 하면 외연이 넓어져 쓰임이 늘어난다. 현재 국어과 교육과정에서는 두 가지 경우가 함께 나타나, 국어과의 하위 영역에 따라, 선택 과목에 따라 용어 사용이나 개념 정의에 일관성이 부족한 상황이다.

(2) 국어 교과서의 '타당성 평가하기' 관련 내용 분석

2015 개정 교육과정에 따른 초·중·고등학교 국어 교과서에서 '타당성', '타당한', '타당한지' 등의 표현이 등장하는 문장 중 '타당성', '타당한 근거', '타당한 주장', '타당한 논증' 등의 개념을 정의하거나 그것을 판단하기 위한 세부 기준을 구체적으로 제시한 내용을 수집하고, 분석한 결과는 [표 5-5]와 같다.[20]

....

20 초등학교 1학년 1학기부터 6학년 2학기까지 국정 국어 교과서 총 24권과 국어활동 교과서 총 12권, 중학교 1학년 1학기부터 3학년 2학기까지 9종의 검정 국어 교과서 총 54권, 고등학교 1

[표 5-5] 초·중·고등학교 국어 교과서 속 '타당성 평가하기' 관련 내용

학교급	출판사	권호	내용	세부 기준
초	국정	5-1 ㈏	내용의 타당성 판단하기 · 무엇을 강조하는가? · 글쓴이의 의견이 옳다고 생각한 까닭은 무엇일까? · 근거를 납득할 수 있는가? · 의견이 옳다고 생각하는가? · 의심스러운 부분은 없는가? (교육부, 2017a: 283)	수용 가능성, 진리성, 신뢰성
		5-2 ㈏	근거 자료가 타당한지 평가하는 방법 주장의 근거로 사용한 자료가 믿을 만한지, 출처가 정확한지 확인해야 해. / 누가 언제 조사했는지 그 출처를 알 수 없는 자료는 좋은 근거가 자료가 되지 못해. (교육부, 2017b: 216-219)	신뢰성
		6-1 ㉮	내용이 타당한지 판단해 보고, 그렇게 생각한 까닭을 말해 봅시다. · 주장이 가치 있고 중요한지 판단해 보고,… · 근거가 주장과 관련 있는지 판단해 보고, … · 근거가 주장을 뒷받침하는지 판단해 보고, … (교육부, 2017c: 134-135)	가치성, 관련성, 주장 뒷받침
		6-2 ㉮	친구들과 근거의 타당성을 판단해 보세요. · 주장과 근거가 관련 있는가? · 근거가 주장을 뒷받침하는가? (교육부, 2017d: 124)	관련성, 주장 뒷받침
중	금성 (류수열 외)	1-1	'타당하다'라는 말은 '옳다, 적합하다, 마땅하다'라는 뜻이다. 언어 활동에서 타당성이란 의사소통 과정에서 말하는 이의 주장과 근거가 이치에 맞고 합리적인지를 판단하는 기준이다. … 내용의 타당성을 판단하며 들으려면 우선 말하는 이의 주장과 근거를 찾아 정리하고, 근거와 주장 간에 어떤 연관성이 있는지 생각해 본다. 그리고 근거로부터 주장을 이끌어 내는 과정에 오류는 없는지, 근거로부터 주장을 이끌어 내는 과정에 영향을 미치는 다른 정보는 없는지를 따져 본다. 아울러 말하는 이의 주장이 현실이나 삶의 이치에 부합하는지를 판단해 본다. (류수열 외, 2018: 103)	관련성, 논리성, 진리성

....

학년 12종의 검정 국어 교과서 총 12권의 교과서 PDF 파일에서 '타당', '타당한', '타당성' 등을 검색한 결과이다.

학교급	출판사	권호	내용	세부 기준
중	금성 (류수열 외)	2-1	내용의 타당성을 판단하며 듣기 · 주장하는 내용이 현실이나 삶의 이치와 맞는가? · 말하는 이의 주장과 근거가 연관성이 있는가? · 근거로부터 주장을 이끌어 내는 과정에 오류는 없는가? · 주장에 영향을 미치는 다른 정보는 없는가? (류수열 외, 2019: 187)	진리성, 관련성, 논리성
		3-2	주장하는 글이나 논리적으로 설명하는 글을 읽을 때, 글쓴이의 주장이나 결론이 타당한지 따져 보며 읽어야 합니다. 이때 근거를 찾고 근거가 사실인지, 주장이나 결론을 뒷받침할 수 있는지 등을 파악합니다. (류수열 외, 2020: 106)	사실성, 주장 뒷받침
			설득을 위한 글을 쓰기 위해서는 자신의 주장이 타당하다는 것을 근거로 들어 주장해야 한다. 이때 주장하는 것은 분명하고 실현 가능해야 하며 우리에게 유익해야 한다. 주장이 타당성을 지니려면 근거가 객관적이며 정확한 사실을 바탕으로 하고 있어야 하며, 주장과 관련이 있어야 한다. 또한 다양한 관점을 고려하여 근거를 선정하고 주장을 뒷받침하기에 충분한 근거를 들어야 한다. (류수열 외, 2020: 129)	명료성, 실현 가능성, 효용성, 객관성, 정확성, 관련성, 공정성, 충분성
			다음 점검표를 바탕으로 근거들이 타당한지 파악해 봅시다. · 사실성: 근거의 내용은 사실인가요? · 관련성: 근거는 주장과 관련이 있나요? · 타당성: 근거는 주장을 뒷받침하기에 충분한가요? · 반론 해결: 근거는 반론을 해결할 수 있나요? (류수열 외, 2020: 138)	사실성, 관련성, 주장 뒷받침, 반론 해결
	미래엔 (신유식 외)	1-1	타당성이란 사물의 이치에 맞는 성질을 말해요. 말의 내용이 이치에 맞아야 타당성이 있는 것이지요. 자료나 근거로부터 결론을 이끌어 내는 방식이 적절한가를 따져 보며 타당성을 평가할 수 있어요. (신유식 외, 2018: 80)	논리성

학교급	출판사	권호	내용	세부 기준
중	미래엔 (신유식 외)	1-1	타당성 판단의 기준 · 주장과 근거 사이에 연관성이 있는가? · 근거에서 주장을 이끌어 내는 과정에 오류는 없는가? · 근거에서 주장을 이끌어 내는 과정에 영향을 미치는 다른 정보는 없는가? (신유식 외, 2018: 81)	관련성, 논리성
			다음 기준에 따라 주장과 근거의 타당성을 판단해 보자. · 주장과 근거 사이에 연관성이 있는가? · 근거에서 주장을 이끌어 내는 과정에 오류는 없는가? · 근거에서 주장을 이끌어 내는 과정에 영향을 미치는 다른 정보는 없는가? (신유식 외, 2018: 89)	관련성, 논리성
		3-1	타당성이란 사물의 이치에 맞는 옳은 성질로, 주장과 근거의 관계가 적절한지를 살피는 방법 등으로 판단할 수 있어요. (신유식 외, 2020: 104)	주장과 근거 관계의 적절성
			논증의 타당성을 판단할 때는 주장이 명확한지, 주장과 근거가 분명하게 연관이 되는지, 근거가 참인지를 기준으로 생각해 볼 수 있어요. (신유식 외, 2020: 183)	주장 명료성, 관련성, 진리성
	지학사 (이삼형 외)	1-2	근거의 타당성 판단 기준 · 근거와 주장 간에 연관성이 있는가? · 근거가 주장을 적절하게 뒷받침하는가? (이삼형 외, 2018: 148)	관련성, 주장 뒷받침
			내용의 타당성을 판단하며 듣기 위해서는 근거가 주장과 관련이 있는지, 근거가 주장을 적절하게 뒷받침하는지 생각하고 타당한 주장인지 판단해야 합니다. (이삼형 외, 2018: 149)	관련성, 주장 뒷받침
	천재교육 (노미숙 외)	1-2	내용의 타당성을 판단할 때에는 근거와 주장 간에 연관성이 있는지, 근거로부터 주장을 이끌어 내는 과정에 오류는 없는지, 근거로부터 주장을 이끌어 내는 과정에 영향을 미치는 다른 정보는 없는지 등을 고려해야 한다. (노미숙 외, 2018: 154)	관련성, 논리성

학교급	출판사	권호	내용	세부 기준
중	동아출판사 (이은영 외)	1-2	내용의 타당성 판단하며 듣기 · 근거와 주장 간에 연관성이 있는지 파악한다. · 근거로부터 주장을 이끌어 내는 과정에 오류는 없는지 확인한다. · 근거로부터 주장을 이끌어 내는 과정에 영향을 미치는 다른 정보는 없는지 따져 본다. (이은영 외, 2018: 80)	관련성, 논리성
			타당성: 주로 설득하는 말하기에서 주장을 뒷받침하는 근거가 적절한지 따져 보는 것. (이은영 외, 2018: 93)	세부 기준 언급 없음
	비상교육 (김진수 외)	1-2	주장이 담긴 말의 타당성을 판단하는 방법 · 근거와 주장 간에 연관성이 있는지 판단한다. · 근거로부터 주장을 이끌어 내는 과정에 오류가 없는지 판단한다. · 주장을 이끌어 내는 과정에 영향을 미치는 다른 정보가 없는지 판단한다. (김진수 외, 2018: 17)	관련성, 논리성
			타당성: 사물의 이치에 맞는 옳은 성질. (김진수 외, 2018: 52)	세부 기준 언급 없음
	비상교육 (김진수 외)	3-2	타당성: 주장과 근거가 연관되어 있으며, 근거가 주장을 논리적으로 뒷받침하고 있는가? (김진수 외, 2020: 39)	관련성, 논리성
			타당한 근거 들기: 주장을 뒷받침할 수 있는 근거를 제시하고, 구체적인 예 들기. (김진수 외, 2020: 39)	주장 뒷받침, 구체성
	창비 (이도영 외)	1-2	타당성 판단 기준 · 근거와 주장 간에 연관성이 있는가? · 근거로부터 주장을 이끌어 내는 과정에 오류는 없는가? · 근거로부터 주장을 이끌어 내는 과정에 영향을 미치는 다른 정보는 없는가? (이도영 외, 2018: 67)	관련성, 논리성
	창비 (이도영 외)	3-1	내가 마련한 근거가 타당한지 알고 싶으면 다음 세 가지를 따져 봐야 해. 첫째, 근거가 주장과 관련이 있는가? 둘째, 근거가 주장을 뒷받침하는가? 셋째, 근거가 믿을 만한가? (이도영 외, 2020: 71)	관련성, 주장 뒷받침, 신뢰성

학교급	출판사	권호	내용	세부 기준
중	창비 (이도영 외)	3-1	타당성은 주장과 근거가 관련이 있는지, 근거가 주장을 뒷받침하는지, 근거에서 주장을 이끌어 내는 방식이 논리적인지 등을 따져 평가할 수 있어요.(이도영 외, 2020: 99)	관련성, 주장 뒷받침, 논리성
	천재교육 (박영목 외)	1-1	'내용의 타당성을 판단하며 듣기'란 주장과 근거가 이치에 맞는지를 판단하며 듣는 것을 말한다. 내용의 타당성을 판단하며 들을 때에는 다음과 같은 점을 고려해야 한다. · 주장을 뒷받침하는 근거가 있는가? · 근거와 주장 사이에 연관성이 있는가? · 근거로부터 주장을 이끌어 내는 과정에 오류는 없는가? · 근거로부터 주장을 이끌어 내는 과정에 영향을 미치는 다른 정보는 없는가? (박영목 외, 2018: 110)	근거의 유무, 관련성, 논리성
	천재교육 (박영목 외)	3-1	다음은 주장을 뒷받침하는 타당한 근거를 마련할 때 고려해야 할 점입니다. · 주장과 근거 사이에 연관성이 있는가? · 주장을 뒷받침하는 근거는 객관적인가? · 주장을 뒷받침하는 근거는 믿을 만한가? (박영목 외, 2020: 183)	관련성, 객관성, 신뢰성
고	교학사 (김동환 외)	1	주장을 뒷받침하는 근거는 객관적이어야 하는데, 객관적인 자료나 사실, 해당 분야 전문가의 의견 등 출처가 분명하고 누구나 객관적으로 수용할 수 있는 타당한 근거가 뒷받침되어야 독자의 신뢰를 얻을 수 있지요 (김동환 외, 2019: 213)	객관성, 신뢰성
			근거가 타당하려면 객관적인 자료나 사실, 해당 분야 전문가의 의견 등을 활용하는 게 좋다고 했는데… (김동환 외, 2019: 220)	객관성, 신뢰성
	좋은책 신사고 (민현식 외)	1	주장을 구체적으로 정리하고 타당한 근거를 마련해야 한다. … 근거를 마련할 때에는 가능한 한 자료를 풍부하게 모은 후 주장을 효과적으로 뒷받침할 수 있는 것을 선정해야 한다. 이때 통계나 실험 결과 등 객관적인 사실이나 역사적인 자료, 전문가나 권위 있는 사람의 견해나 증언 등을 활용할 수 있다. (민현식 외, 2018: 232)	주장 뒷받침, 객관성, 신뢰성

학교급	출판사	권호	내용	세부 기준
고	좋은책 신사고 (민현식 외)	1	타당성을 평가하는 것은 이치에 맞는지 여부를 따져 보는 것이고,… (민현식 외, 2018: 414)	세부 기준 언급 없음
	천재교육 (박영목 외)	1	글쓴이가 제시한 근거들이 타당한지 평가해 보자. · 글의 목적을 달성하는 데 도움이 되는가? · 예상 독자가 이해할 수 있는 수준인가? · 글의 주제와 긴밀하게 연관된 내용인가? · 사회·문화적 상황, 공동체의 가치에 비추어 볼 때 적절한가? (박영목 외, 2018: 225)	효과성, 이해 가능성, 관련성, 보편성

대다수 교과서들은 단원 도입부에서 '타당성을 판단하기 위해서는' 또는 '타당한 근거를 들어 글을 쓰려면' 어떻게 해야 할까를 물어봄으로써 학습 동기를 유발하고, 학습 내용을 설명하는 서술 텍스트, 도움말, 알아두기, 단원 마무리 등에서 그에 대한 답을 제시한다.[21] 국어 교과서에 제시된 타당성 평가를 위한 세부 기준들은 다음과 같은 특징을 보인다.

첫째, '타당성 평가하기'는 논증 평가를 위한 다양한 준거들을 아우르며 평가하는 행위를 이르는 총괄 개념으로 사용되는 경향이 강하다. 국어과 교육과정에서 타당성은 논증 평가를 위한 다양한 준거를 통틀어 이르는 용어로 사용됨과 동시에 논증 평가를 위한 하나의 준거로도 사용되었

....

21 일부 교과서에는 '타당한 주장/근거', '타당성'이 구체적으로 어떤 의미이며 그것을 판단하기 위해 고려할 수 있는 세부 기준이 무엇인지에 대한 안내나 설명이 없다. 물론 교과서의 단원을 설계할 때는, 타당성 개념과 타당성을 판단하기 위한 세부 기준을 안내하고 그에 따라 학습 활동을 수행하게 하는 연역적 방식도 가능하고, 학습자들이 가지고 있는 국어 능력을 바탕으로 내용이 타당한지 각자의 기준에 따라 판단하고 학습자들의 다양한 반응들을 수렴하여 타당성 개념을 학습자 주도적으로 재구성하는 귀납적 방식도 가능하다. 다만 후자의 경우, 교과서 학습 활동에서 유도하는 학습 내용에 대한 선지식이나 관련 경험이 부족한 학습자는 저마다의 반응을 산출하는 것이 어려울 수 있다. 학습자들의 반응을 통해 재구성된 타당성 개념의 스펙트럼이 너무 넓은 경우, 타당성 개념을 일정하게 합의해 내기가 어려워 타당성 개념 이해의 정확성이나 타당성 용어 사용의 적확성이 저하될 수도 있다.

던 반면, 국어 교과서에서 타당성은 논증 평가를 위한 세부 기준들을 아우르는 논증 평가의 지향점으로 서술되고 있다. 교과서에서 '타당성'은 '좋은' 논증이 갖추어야 할 속성을 아우르는 개념으로 사용된다. 실제로 초등학교 5-2 국어 교과서에서 '타당하다'는 표현은 '좋다'와 혼용되고 있다. '근거 자료가 타당한지' 평가하는 방법에 대한 도움말에는 '~하면 더 좋은 근거 자료가 될 수 있을 거야.'(교육부, 2017b: 219)라고 환언한다.

둘째, '타당성 평가하기'를 위한 세부 기준은 교과서마다 다양하다. 주장의 타당성과 근거의 타당성을 평가하는 기준을 분리하기도 하지만, 대부분은 근거의 타당성을 평가하기 위한 세부 기준을 제시하는데, 가장 널리 언급되는 기준은 관련성(22회), 논리성(12회), 주장 뒷받침(11회), 신뢰성(8회), 객관성(5회), 진리성(4회) 등의 순으로 확인된다.[22] 근거가 주장과 관련이 있는지, 논리 전개 과정에서의 형식적 결함은 없는지를 중심으로 근거의 타당성을 판단한다. 이는 논리학의 논증 평가 기준을 토대로 하는 것이다.

셋째, 근거의 타당성을 평가하기 위한 세부 기준 중 하나인 '근거는 주장을 뒷받침하는가?'는 일종의 선결 문제 요구의 오류에 해당한다. 근거가 타당한지 판단한다는 것은 근거가 주장을 뒷받침하기에 적절한지를 판단하는 것인데, 근거가 주장을 뒷받침하기에 적절한지를 판단하기 위해 근거는 주장을 뒷받침하는지 다시 되묻고 있다. 류수열 외(2020: 138)에서는 '근거가 타당한지 파악해 봅시다.'를 위한 점검 기준 중 하나로 '근거는 주장을 뒷받침하기에 충분한가요?'를 제시하고 이를 '타당성'이라고 기술

....

22 장성민(2013: 80)은 설득적 글쓰기 평가 준거에 대한 국어 교육학 분야 연구를 분석하여 '근거'와 관련된 평가 준거에서 자주 등장하는 요소는 '타당성', '신뢰성', '객관성'인데, 타당성은 주장과 관련을 맺고 이를 정당화하는 근거가 사용되었는지를 점검하는 것으로 이해되었다고 하였다.

하고 있다. 타당성을 평가하기 위해 타당한지를 묻는 형국이다.

요컨대, 국어 교과서에서 타당성은 '주장을 정당화하기에 이유나 근거가 적절한지'를 판단하는 행위를 두루 아우르는 개념으로 쓰인다. 이를 위해 근거의 타당성을 판단하기 위한 기준들을 상술하는 경우가 많은데, 관련성, 논리성, 주장 뒷받침, 신뢰성, 객관성 등이 세부 기준으로 제시되었으며, 세부 평가 기준으로서의 자격이 없는 기준도 포함되어 있었다.

어떤 행위를 평가할 때는 그 행위의 목적을 무엇으로 보느냐에 따라 평가 기준이 달라진다. 국어 교과서에서는 논증의 다양한 목적을 두루 고려하여 논증을 평가하기보다 '주장의 입증', '주장의 정당화'라는 목적을 중심으로 세부 평가 기준을 제시하는 경향을 보인다. 즉, 주장의 입증을 목적으로 하는 언어 구조에서 그 구성 요소들이 갖추어야 할 요건을 상세화하여 제시하는 특징을 보인다. 이러한 양상은 논증을 논리학적 관점으로 바라보는 것과 관련이 있다.

2) 논증 교육을 위한 '논증 평가하기' 준거의 재구조화

다양한 학문적 관점에서 논증을 연구하면서 논증 평가의 기준도 다양해지고 있지만, 아직도 많은 사람들은 논증을 평가할 때 '논증이 타당한지 평가한다.'라고 표현한다. 먹을거리가 다양해진 오늘날에도 식사 여부를 물을 때 '밥'을 먹었느냐고 물어보는 것과 유사한 맥락이다. 현재 국어 교육에서 논증을 바라보는 관점이 다소 논리학적 관점에 가까운 것도 타당성에 중요한 위상을 부여한다.

하지만 타당성은 논리적 추론의 타당성, 연역적 올바름을 뜻하는 협의의 개념으로 이해될 수도 있어, 논증의 형식을 평가하는 준거로만 작용할 가능성이 있다. 그렇다면 주장이나 근거가 갖추어야 할 요건을 두루 평가하도록 유도하는 국어과 교육과정이나 교과서에서 요구하는 논증 평가하기 활동 전반을 아우르는 개념으로는 적절하지 않다. 또한 일상의 논증은 연역 논증보다 귀납 논증 또는 가추 논증으로 전개되는 경우가 많은데, 일상의 소통 맥락에서 만나는 논증을 평가할 때는 형식적 올바름을 판단하기보다 논증의 강도를 판단하는 경우가 많다. 그러므로 좋은 논증인지 평가하는 준거를 대표하는 용어로 타당성을 관습적으로 사용하는 것은 재고가 필요하다.

어떤 행위를 평가한다는 것은 그 행위가 목적에 부합하는 방식으로 적절하게 수행되었는지, 그리하여 그 목적을 실현하였는지 여부나 실현한 정도를 판단하는 것이다. 그러므로 평가 기준은 그 행위의 목적을 고려하여 설정되어야 한다. 논증에 대한 평가 준거도 논증에 대한 개념이나 논증 행위의 목적에 비추어 설정되어야 한다.

그렇다면 국어 교육에서는 논증의 목적을 무엇으로 볼 것인가가 관건이 된다. 국어 교육에서 논증을 다룰 때는 논리학, 수사학, 화용·대화론 중 특정 학문의 관점에 주목하여 논증의 한쪽 부면만을 살필 것이 아니라, 논증 행위가 인간 삶에서 중요한 이유를 고려해야 한다. 사회적 존재로서 인간은 정보를 생산하고 유통하고 소비하는 과정에서 대립하고 갈등을 겪는데, 그 과정에서 의견 차이를 확인하고 보다 합리적으로 사유하고 행동하기 위해서 논증을 선택한다. 국어 교육에서 논증을 교육하는 것은 전제와 결론으로 구성된 명제의 집합물에 대한 논리의 형식적 타당성을 분석하는 능력을 기르기 위함이기보다 비판적 사유를 기반으로 한 합리적인 소통 능력을 기르기 위함이다. 논증 텍스트는 물론이고 그것을 둘러싼 맥락까지 깊이 있게 추론하고, 비판적으로 판단하여, 보다 합리적으로 문제를 해결하기 위해 논증적 소통에 적극적으로 참여할 수 있는 능력을 신장하기 위함이다.

국어 교육에서는 이러한 취지에 맞게 논증 개념을 설정하고,[23] 국어 교육에서 주목하는 논증 행위의 목적에 적절한 논증 평가 준거를 설정해야 한다. 즉 주장, 이유, 근거로 구성된 언어 구조물이 갖추어야 할 요건만 점검할 것이 아니라, 논증 구성 요소 간의 논리적 관계만 점검할 것이 아니라, 주장의 정당성을 입증하는 목적에만 주목할 것이 아니라, 상대를 설득하고 합리성을 탐구하는 행위를 독려하는 요건들도 두루 점검해야 한다. 결국 국어 교육에서 논증 평가하기는 논리적 모순이나 오류가 없는 상태로서 논리의 '형식'이 지니는 '타당성'만 평가하는 것이 아니라, 논증의 목적에 비추어 논증적 '소통 행위 수행'의 '적절성'을 평가하는 것으로 접근되어야 한다.

한편 논증 평가 준거와 세부 기준들은 교과서마다 다양하고 각 준거들이 일부 중첩되는 문제가 확인된 바, 논증 평가를 위한 준거를 통합하고 체계를 단순화할 필요가 있다. 논증의 대표적인 목적에 비추어서 논증적 소통이 적절하게 이루어졌는지를 평가하는 방식으로 논증 평가의 준거를 체계화하는 방법이 대안이 될 수 있다. 즉 논증이기 위해 갖추어야 할 형식 요건, 주장의 정당화 목적, 수용 가능성 제고를 통한 설득 목적, 합리성 탐구 목적에 비추어 평가 준거를 설정하고 그에 따른 세부 기준을 설정하는 것이다.

논증 목적에 비추어 논증적 소통 행위가 적절한지를 평가하기 위한 평가 준거와 세부 평가 기준을 구체화하면 [표 5-6]과 같다.

....

23 논증의 교육적 가치와 소통 행위적 특성을 고려할 때, 국어 교육에서 논증은 '주장', '이유', '근거', '전제', '반론 고려 및 대응' 등으로 구성된 메시지를 기반으로 주장의 정당성을 입증함으로써 그것의 수용 가능성을 높여 상대를 설득하고 합리성을 추구하려는 언어 행위라고 정의할 수 있다.

첫째, 논증은 단언이 아니라 '이유와 근거를 바탕으로' 주장을 뒷받침하는 행위라는 점에 비추어, 논증 평가에서 고려해야 할 준거는 '논증 메시지 구성 요소의 구비'이다. 논증 평가의 대상이 되기 위해서는 그 행위가 논증이어야 한다. 그러므로 주장하기만 있는 것이 아니라 이유와 근거 제시하기가 동반되어야 한다. 이것은 상대를 향한 이성적 설득 목적을 달성하기 위한 최소한의 필요 요건이다. Toulmin(1958)에서는 논증의 구성 요소를 '주장', '근거', '추론 규칙', '보강', '반론', '한정어'로 제시하였으며, Williams & Colomb(2007)은 '주장', '이유', '근거', '전제', '(반론에 대한) 인정과 대응'을 논증의 구성 요소로 제시하였다. 최근 국어 교육학 연구에서는 '주장', '이유', '근거'를 논증의 필수 요소로 제시한다(서영진, 2012a; 2014; 2022a; 송지언, 2015; 양경희·박재현, 2016; 장성민, 2015). 이를 참고할 때, '논증 메시지 구성 요소의 구비'라는 평가 준거에 대한 세부 평가 기준은 '주장, 이유, 근거를 갖추었는가?'로 설정할 수 있다.

둘째, 논증은 '주장의 정당성을 입증하는' 것을 일차적 목적으로 한다는 점에 비추어, 논증 평가에서 고려해야 할 준거는 '논증의 정당화 가능성'이다. 이는 '논증 메시지의 적절성'에 대한 평가라고 할 수 있다. 논증의 궁극적 목적이 합리성을 탐구하는 것이라 하여도 일차적으로는 주장을 도출하는 과정에 논리적 모순이나 비약이 없고, 적절한 이유와 근거가 주장을 강하게 지지하여 주장이 사리에 맞고 옳다는 것을 입증해야 한다. '논증의 정당화 가능성' 준거에 대한 세부 평가 기준은 형식 논리학의 연역적 올바름에 대한 논의, 비형식 논리학의 좋은 논증에 대한 요건에 대한 논의를 참고하여 '관련성',[24] '보편성',[25] '충분성',[26] '논리성'으로 설정할 수

....

24 화용론적 관련성 개념을 고려할 때 논증 내적 관련성, 화제 관련성, 청중 관련성을 모두 고려할 수 있다(Tindal, 1994: 75-79). 다만 여기는 논증 내적 관련성에 국한되며, 화제 관련성은 네

[표 5-6] 논증의 적절성 평가하기의 준거 및 세부 기준

논증의 성격	논증 평가 준거	논증 평가 세부 기준
이유와 근거를 바탕으로	논증 메시지 구성 요소의 구비: 논증이기 위한 형식 요건으로 주장, 이유 및 근거 등을 갖추고 있는가?	주장이 제시되었는가?[26]
		이유가 제시되었는가?
		근거가 제시되었는가?
주장의 정당성을 입증함으로써	논증의 정당화 가능성(논증 메시지의 적절성): 주장, 이유 및 근거 사이에 논리적 모순이나 비약이 없이 주장이 사리에 맞고 옳다는 것을 뒷받침하고 있는가?	관련성: 이유 및 근거가 주장과 관련되어 주장을 지지하는가?
		보편성: 일반적으로 수용될 수 있는 이유 또는 진리에 가까운 이유를 제시하여 주장을 지지하는가?
		충분성: 양적·질적으로 충분한 이유와 근거를 제시하여 주장을 지지하는가?
		논리성: 이유 및 근거로부터 주장을 이끌어 내는 과정에 논리적 모순, 오류, 비약은 없는가?
주장의 수용 가능성을 높여 상대를 이성적으로 설득하고	논증 맥락에의 수용 가능성(논증 맥락에의 적절성): 논증이 상황 맥락과 사회·문화적 맥락에 알맞아 상대를 이성적으로 설득할 수 있는가?	청자에의 적절성: 상대의 기존 입장, 지적 수준, 사전 지식, 주제 관련성, 관심도, 태도 등에 비추어 수용될 수 있는 것인가?
		사회·문화적 맥락에의 적절성: 공동체가 추구하는 가치관, 사회적 통념, 문화적 관습 등 사회·문화적 맥락에 비추어 수용될 수 있는 것인가?
합리성을 추구하려는 언어 행위	논증적 소통 방식의 합리성(논증적 소통 방식의 적절성): 논증적 상호 교섭 과정에서 자신과 상대의 논증을 비판적으로 검토하며 보다 합리적인 것을 추구하기 위해 적극적으로 소통하는가?	관련성: 서로의 논증이 주제 관련성과 입증 관련성을 유지하며 전개되는가?
		협력성: 서로의 논증에 건전한 회의를 갖고 상대의 질문이나 반론 제기를 가로막지는 않는가?
		수긍성: 옳다고 인정되는 점에 대해서는 상호 인정하는가?
		명확성: 서로의 메시지를 정확하게 이해하는 데 필요한 정보를 제공하며 모호하지 않고 명료한 표현으로 논증하는가?

....

번째 평가 준거의 세부 기준, 청중 관련성은 세 번째 평가 준거의 세부 기준에서 다룰 수 있다.

있다. 우선 이유와 근거는 주장과 관련되어야 한다. 그리고 이유와 근거는 주장보다 문제의 소지나 다툼의 여지가 적어야만 주장에 대한 이견과 불신을 해소하고 정당화에 성공할 수 있다. 이에 완전히 진리인 이유와 근거를 제시하지는 못하더라도 누구에게나 보편적으로 받아들여질 수 있을 정도로 진리에 가까운 이유와 근거를 제시하여야 한다. 뿐만 아니라 주장을 지지하기에 양질의 이유와 근거를 충분하게 제시하여야 주장은 입증될 수 있다. 주장을 지지하기에 충분하다는 것은 단순히 양적 충분성만을 뜻하지 않는다. 논증자의 외부 세계에 존재하는 근거가 정확성과 객관성을 확보하면서 이유를 뒷받침하기에 가장 전형적이고 대표적인 근거여야 한다. 질적인 조건도 충분히 만족해야 한다. 한편 이유와 근거가 주장을 지지하는 과정에서 지나친 비약, 논리적 모순이나 오류가 없어야 한다.

셋째, 논증은 주장의 '수용 가능성을 높여 상대를 이성적으로 설득하는' 것을 목적으로 한다는 점에 비추어, 논증 평가에서 고려해야 할 준거는 '논증 맥락에의 수용 가능성'이다. 이는 '논증 맥락에의 적절성'에 대한 평가라고 할 수 있다. 논증은 옳고 그름에 대한 판단이 각 개인이나 집단에 따라 달라질 수 있다는 전제로부터 출발하는 소통 행위이다. 이에 논증을 할 때는 논증 참여자들이 속한 공동체의 다수로부터 진리임 직한 것으

....

25 이는 비형식 논리학에서 '수용 가능성'이라고 표현되는 준거이다. 수용 가능성은 이유와 근거가 진리이거나 진리임 직한 것일 때 나타나는 효과로, 그 효과를 보이기 위해서는 이유와 근거가 진리이거나 보편적으로 인정되는 진리임 직한 것이어야 하므로, 이유나 근거가 갖추어야 할 속성을 표현하기에는 '보편성'이 더 적절하겠다.

26 논증 평가 준거로 널리 언급되는 '신뢰성', '공정성'은 이유 및 근거가 갖추어야 할 질적 충분성이라 할 수 있다. 다만 '신뢰성'은 근거 자체가 갖는 속성이라기보다 객관적이며 믿을 만한 출처로부터 확보된 근거일 때 수용자가 보이는 반응이라는 점에서 '객관성'으로 표현하는 것이 적절하다. '공정성'은 본고에서 제안한 '보편성'과 의미 속성이 일부 겹치기도 하나, 이유나 근거를 의도적으로 왜곡하거나 편협되지 않은 관점에 초점화되어 있다.

로 인정되는 명제들 바탕으로 아직 수용되지 못한 주장을 뒷받침하여 상대를 설득해야 하는데, 진리임 직한 것으로 받아들여지는 것은 상대가 처한 상황 맥락과 사회·문화적 맥락에 따라 달라질 수 있다. 그러므로 논증은 상대가 처한 상황 맥락과 사회·문화적 맥락에 알맞아야 한다. '논증 맥락에의 수용 가능성' 준거에 대한 세부 평가 기준은 논증에 대한 수사학적 관점의 논의를 참고하여 '청자에의 수용 가능성'과 '사회·문화적 맥락에의 수용 가능성'으로 설정할 수 있다. 이는 비형식 논리학을 기반으로 제시한 '논증의 정당화 가능성' 준거에 대한 세부 기준인 '보편성'에 더하여 논증 행위가 전개되는 맥락을 보다 적극적으로 고려하여 설득의 성공 가능성을 높이려는 노력이라 할 수 있다. 뿐만 아니라 비형식 논리학에서 제시한 '관련성' 기준이 담화 내부의 명제적 관련성, 즉 결론과 전제의 관련성에만 국한된다는 한계를 해소하기 위한 노력이라 할 수 있다.

넷째, 논증은 '합리성을 추구하려는 언어 행위'라는 목적에 비추어, 논증 평가에서 고려해야 할 준거는 '논증적 소통 방식의 합리성'이다. 이는 '논증적 소통 방식의 적절성'에 대한 평가라고 할 수 있다. 논증적 소통은 단순히 타자를 설득하거나 승패를 결정짓기 위함이 아니다. 논증의 궁극적 목적은 이유와 근거를 바탕으로 서로의 주장을 비판적으로 검토하며 문제의 본질을 성찰하고 보다 합리적인 의사 결정을 내리거나 합리적인 대안을 모색하는 데 있다. 이에 논증 메시지의 형식적 요건을 충족하고 주장을 타당하게 지지할 수 있도록 논증을 구성하는 것도 중요하지만 논증적 소통 방법에서도 합리성을 추구해야 한다. 이를 위해서는 van Eemeren & Grootendorst(1992)의 비판적 토의 규칙, Walton(1996)의 논증 규칙을 참고하여, '관련성', '협력성', '수긍성', '명확성'을 세부 평가 기준으로 설정할 수 있다. 이는 논증을 합리성을 탐구하고 성찰하는 행위로 이해하고 실천할 때 고려해야 할 규범이 될 수 있다.

관련성은 단위 논증들이 연쇄적으로 얽히면서 확장된 전체의 논증이 핵심적인 논제와 밀접한 관련을 맺고 있는지, 국지적인 개별 논증들은 상위 논증을 증명하거나 상위 논증에 합리적인 의구심을 제기하는 데 기여하는지를 점검함으로써 평가할 수 있다. 협력성은 논증의 참여자들은 접점을 형성하기 위해 적극적이고 협력적으로 참여함으로써 상대의 관점에 건전한 회의를 제기하거나, 상대방의 질문이나 반론 제기를 방해하지 않았는지를 점검함으로써 평가할 수 있다. 수긍성은 반론을 제기하는 과정에서 옳다고 인정할 만한 점에 대해서 인정하며 좀 더 합리적인 것으로 합의를 도출할 수 있도록 하는지, 말꼬리 잡기식 논쟁으로 논의를 답보 상태에 빠트리지는 않는지를 점검함으로써 평가할 수 있다. 명확성은 서로가 주고받는 메시지를 정확하게 이해하는 데 필요한 정보를 제공하고 모호하거나 애매하거나 중의적이지 않도록 분명하게 표현하며 소통하는지를 점검함으로써 평가할 수 있다.

논증에 기반한 소통 행위의 적절성을 평가할 때 [표 5-6]에 제시된 논증 평가의 준거와 세부 기준들을 한꺼번에 고려해야 하는 것은 아니다. 어떠한 목적에서 시도한 논증인지를 고려하여 평가 준거와 기준을 선별하여 활용할 수 있다. 지금까지의 국어 교육에서는 주로 '주장의 정당성 입증' 목적을 중심으로 '논증의 정당화 가능성'을 평가해 왔다. 하지만 논증을 '이성적 설득' 목적을 추구하는 상호작용 과정으로 볼 때 '논증 맥락에의 수용 가능성'을 추가하여 평가할 수 있을 것이며, 합리성을 추구하는 대화 행위나 합리성을 탐구하는 대화·성찰 행위로 논증을 시도했다면 '논증적 소통 방식의 합리성'을 보다 주목하여 평가할 수 있을 것이다.

한편 대상 학습자의 발달 수준에 따라 논증 평가 준거와 세부 기준을 위계화하여 제시할 수도 있다. 논증 평가에 대한 교육 내용의 위계화를 위한 기초 연구가 뒷받침되어야 하겠지만, 가설 차원에서 [표 5-7]과 같은 안

[표 5-7] 논증 평가 준거 및 세부 기준에 대한 학습 시기(안)

평가 준거	세부 기준	학습 가능 시기			
		초등학교 저학년군	초등학교 고학년군	중학교	고등학교
논증 메시지 구성 요소의 구비	주장 제시	○	○	○	○
	이유 제시	○	○	○	○
	근거 제시		○	○	○
논증의 정당화 가능성	관련성	○	○	○	○
	보편성	○	○	○	○
	충분성		○	○	○
	논리성			○	○
논증 맥락에의 수용 가능성	청자에의 적절성			○	○
	사회·문화적 맥락에의 적절성			○	○
논증적 소통 방식의 합리성	관련성				○
	협력성				○
	수용성				○
	명확성				○

을 고려할 수 있다.

　'논증 메시지 구성 요소의 구비' 준거 중 '주장 제시', '이유 제시'는 초등학교 저학년에서, '근거 제시'는 초등학교 고학년 이상에서 가르칠 수 있다. '논증의 정당화 가능성' 준거 중 '관련성', '보편성'은 초등 저학년에서, '충분성'은 초등 고학년에서부터, '논리성'은 중학교 이상에서부터 가르칠 수 있다. '논증 메시지 구성 요소의 구비', '논증의 정당화 가능성' 준거는 초등학교에서부터, '논증 맥락에의 수용 가능성'은 중학교 이

상에서부터, '논증적 소통 방식의 합리성'은 고등학교에서부터 가르칠 수 있다.[27]

27 '논증적 소통 방식의 합리성' 준거는 합리성을 탐구하는 대화 행위나 성찰 행위로서 논증적 상호 교섭을 시도할 때 고려할 수 있는 요소로, 학습자의 발달 수준에 따라 중학교에서도 활용할 수 있다. 다만, 논증이라는 소통 양식이 추구하는 일차적 목적인 설득 중심 논증에 대한 이해도가 확보되어야 한다는 점을 고려하여 고등학교에서부터 학습하는 것으로 설정해 보았다.

4. 논증 교육을 위한 연구 동향 및 향후 과제

국어 교육학 차원의 논증 교육 연구는 주로 화법 영역의 토론 교육, 작문 영역의 논설문 교육을 중심으로 전개되어 왔다. 최근 10년간 전개된 대다수 연구들의 관심사는 학습자들이 생산한 논증 텍스트나 담화의 논증 구조를 분석하거나 논증 도식을 분석하는 데 집중되어 있었다(권대호, 2014; 김서윤, 2016; 김현미, 2014; 민병곤, 2004; 서영진, 2012a; 장성민, 2015; 장지혜, 2019 등). 이들 연구는 학습자들이 논증에 대해 공식적이고 체계적으로 교육을 받았다고 가정하지 않고 현재적 발달 수준 상태에서 산출한 논증의 결과물을 분석하고 그 실태를 보고하는 형식을 취한다. 물론 학습자의 현재적 발달 수준에 대한 진단은 논증 교육 내용 설계를 위한 하나의 기준점이 된다는 점에서 유용한 기초 자료가 된다. 하지만 그와 같은 결과에 영향을 미친 직간접적인 논증 교육 내용을 분석하고, 향후 보다 나은 논증 능력을 갖출 수 있도록 논증 교육 내용 요소를 어떻게 정교화해야 하는가에 대한 논의도 필요하다. 특히 국가 수준 교육과정 차원에서 전국 단위로 일관된 표준의 교육 내용을 제시하기 위해서는 초·중등 학습자를 위한 논증 교육 내용을 타당화하는 연구가 축적되어야 한다. 학습자의 발달 수준에 적절하게 논증 교육 내용을 위계화하는 연구도 필요하다.

한편 이전까지의 논증 교육은 결과로서의 논증에 주목했지만, 서서히 과정으로서의 논증으로 무게 중심이 이동하고 있다. 최근에는 한 걸음 더 나아가 논증의 대화적, 변증법적 속성을 더욱 강화하고 있다. Ferreti & Lewis(2013: 115)는 논증을 논쟁의 여지가 있는 사안에 대해 서로 다른 의견을 지닌 이들의 대화적 활동으로 규정하기도 한다. 이제 논증 교육은 더 이상 논리적 증명 관계를 구축하고 있는 명제들의 집합에 대한 교육이 아닌, 합리성을 탐구하는 사회적 소통 과정을 위한 교육이어야 한다는 논의들이 축적되고 있다. 또한 기존의 논증 교육 연구가 설득적 논증에 편중되어 있다는 문제 인식을 바탕으로 합리성을 탐구하는 논증, 성찰적 논증에 주목하는 연구들도 시도되고 있다. 예를 들어 유상희·서수현(2017)은 지식을 탐구하기 위한 도구로서 논증의 속성에 주목하고 미국의 CCSS에서 범교과 학습의 도구로 논증적 글쓰기가 구현되는 양상을 살펴보았다. 장지혜(2019)는 논증의 탐구적 속성을 실현하기 위한 장르로 가치 논제 글쓰기에 주목하였으며, 장성민(2021)은 성찰적 논증을 위한 교수·학습 방향을 탐색하였다. 한국 고등학생들이 논증의 대화적 속성에 대한 이해가 부족하여 일면적 추론과 확증 편향 양상을 보이고 있으며, 사안에 대해 다양한 입장을 취하거나 이를 통합하여 자신의 관점을 정리하는 데 어려움을 겪고 있다고 보고되는 만큼(임지원, 2019), 논증 교육의 패러다임의 이동 또는 확장을 시도할 필요가 있다. 또한 탐구적 논증을 위한 교육 자원을 구체화하는 연구가 필요하다.

1) 논증 능력 발달에 대한 연구 필요

논증 교육의 목표는 학습자의 발달 단계를 고려하여 학교급이나 학년군에 따라 적절한 수준으로 구체화할 필요가 있다. 이를 위해서는 학습자의 논증 능력 발달에 대한 기초 정보가 필요하다. 독일의 중등 교육과정에서는 학습자들의 논증 능력을 다섯 단계로 분류하였다(Vinçon, 2001: 11; 국세라, 2015: 153-157 재인용).

[표 5-8] 독일 중등 교육과정에서 제시한 논증 능력 발달 단계

단계	논증 능력
1단계	교사에 의해 논증이 주도되고, 독립적이지 못한 단계이다. 1단계의 논증은 학습자에 의해 독자적으로 제시되는 것이 아니라 교사의 지시로 인해 제시된다. 학습자는 근거를 사용하여 자신의 입장을 제시하지만, 자신이 제시한 근거를 구체적으로 설명하기 위한 지식이 부족하다. 논증은 복잡하지 않은 형태이며 설득력이 높지 않다. 상대방의 논증을 이해하지 못하거나, 상호적이지 않은 일방적인 논증을 구사한다.
2단계	상대방의 입장을 고려한 논증을 전개한다. 그러나 설득력이 크지는 않다. 근거에서 주장으로 나아가는 과정을 이해하기 위한 적절한 지식이 부족하다.
3단계	학습자는 상호적이고 협동적으로 상대방의 입장을 고려한 논증을 펼친다. 설득력이 있고 납득이 가능한 근거를 제시하지만, 근거는 자신의 경험에 한정되어 있다.
4단계	여러 가지 논증의 요소를 구사할 수 있으며 논리적인 인과 관계를 바탕으로 최종적인 결론을 내리고 상대방의 논증을 요약할 수 있다.
5단계	상대방의 논증에 동의하기, 상대방의 논증을 반박하기, 상대방의 논증과 자신의 논증을 연관시키기 등의 논증 전략을 유연하게 구사할 수 있다. 이를 토대로 설득력이 강한 최종적인 결론에 이르게 된다. 상호 소통을 기반으로 한 협력적인 논증을 한다.

1단계는 논증의 기본적인 구성 요소를 구사할 수 있는 단계이다. Toulmin의 논증 구성 요소 중 근거, 추론 규칙, 주장을 갖춘 논증을 구사할 수 있다. 즉 근거를 토대로 추론 규칙에 따라 주장을 도출해 낸다. 내용적으로는 부족하고 상대방을 고려하지 못하는 일방적인 논증이다. 상대방을 고려하지 못한다는 것은 이차적 논증 구성 요소에 해당하는 반론을 하지 못한다는 것이다.

2단계 학습자는 상대방의 입장을 고려한 논증을 전개한다. 상대방의 입장을 고려한 논증이란 논증 구성 요소 중 반론과 연관되는 개념이다. 즉 2단계 학습자의 논증에는 논증의 필수적인 구성 요소에 더해 반론을 제시할 수 있는 능력이 추가적으로 나타난다. 그러나 근거에서 주장으로 이행하기 위한 적절한 지식이 부족하고 설득력이 부족하다.

3단계 학습자는 2단계 학습자가 보이는 능력 특성에 더해서 소위 논

증 도식을 사용하여 설득력 있는 논증을 구사하기 시작한다. 다만 이때 제시하는 근거의 내용은 학습자 자신의 경험에 한정되어 있고, 주장은 근거를 전체적으로 포괄하지는 못한다.

4단계 학습자는 논증의 필수 구성 요소인 근거, 추론 규칙, 주장, 반론, 보강을 갖춘 논증을 전개하고, Kienpointner(1992)의 논증 도식 중 인과 관계 도식을 사용할 수 있다.

5단계 학습자는 상대방의 논증과의 관계 속에서 자신의 논증을 전개하는 상호 소통을 기반으로 유연한 논증 능력을 지닌다. Toulmin의 논증 구성 요소를 유연하게 사용함과 동시에 논리적 인과 관계가 있는 논증을 전개할 수 있다.

독일의 경우를 참조하여, 한국도 학습자들의 논증 능력을 진단하고 발달 단계를 위계화하는 구체적 지표를 마련해야 한다. 이를 통해 학습자의 현재적 발달 수준과 목표로 해야 하는 발달 수준을 고려한 논증 교육 내용을 설계해야 한다.

2) 교육용 논증 도식 타당화 연구 필요

Govier(1988)는 논증을 가르치는 가장 효과적인 방법은 논증의 유형으로 접근하는 방식이라고 보았다(김희정·박은진, 2008: 49-60 재인용). 활용 범위가 넓고 전이 가능성이 높은 논증 유형을 학습하고 그것을 새로운 논증 상황에 적용해 보는 방법이 효과적이라는 것이다.

그렇다고 텍스트의 논증이 연역 논증인지 귀납 논증인지를 파악하는 것이 중요하다는 것은 아니다. 그 대안으로 논증 도식으로 눈을 돌려 볼 필요가 있다. 국어 교육학 내에서 논증 도식에 대한 연구는 어느 정도

축적되어 있지만(권대호, 2014; 권회경, 2008; 김서윤, 2016; 김현미 2014; 민병곤, 2004; 서영진 2012a, 2012b; 장성민, 2015; 장지혜, 2019; 진영란, 2005 등), 각 연구에서 이론적 근거로 선택하거나 연구의 결과로 제안한 논증 도식은 상이하여, 공식적 교육과정에서 한 가지를 선택하는 것이 쉽지는 않다. 국어 교육학 연구에서 지금까지 논증 도식을 분석한 기존 연구들은 Perelman & Olbrechts-Tyteca(1958)의 논증 도식이나 Kienpointner(1992)의 논증 도식을 재구성 없이 그대로 분석 기준으로 활용하거나, Perelman & Olbrechts-Tyteca(1958)나 Kienpointner(1992)의 논증 도식을 중심으로 하되 학습자가 생산한 논증 도식의 특성을 고려하여 일부 재구성하거나, 성인 화자가 생산한 논증 도식을 귀납적으로 유형화하여 논증 도식을 새롭게 제안하는 등 논증 도식을 다양하게 제시하고 있다.

학습자들이 생산한 설득 목적의 텍스트나 토론 담화에서 논증 도식을 분석할 때 일부 논증 도식 활용 과정에서 문제적 양상을 발견했다면 이를 교정할 수 있는 교육적 처치가 제공되어야 하는데, 기존 선행 연구들은 학습자들의 텍스트에서 어떤 논증 도식이 많이 활용되고 있는지 오류가 없는지 등 논증 도식 사용 실태 보고에 집중하느라 논증 도식 교육 내용의 타당화 및 체계화까지는 나아가지 못하고 있다. 문제적 양상을 교정하기 위해서는, 가장 대표적이며 전형적인 논증 도식을 본격적으로 가르치고, 좋은 논증을 생산하고 상대방이 시도하는 논증을 평가할 때 고려해야 할 유의점으로서 논증 도식별 비판적 점검 기준을 가르치고, 그것의 효과성을 검정하는 기초 연구가 탄탄하게 축적되어야 한다.

한편 논증 도식을 이유나 근거가 주장을 뒷받침하는 관습적인 방식 또는 주장을 정당화하는 관습적인 방식이라고 할 때, 관습적 방식은 가설 연역적으로 수립되어 강요되는 것이 아니다. 반복되는 상황에 대한 수사학적 반응이 오랜 시간 동안 축적되면서 그 효용 가치를 인정받아 즐겨 사용되는 것이고, 자연스럽게 하나의 유형으로 굳어지는 것이다. 즉 가장 전형적이고 관습적인 논증 도식을 가르치기 위해서는 기왕의 논증적 소통에서 발견 가능한 주장과 이유의 관계 유형을 귀납적으로 추출하는 연구가 필요하다. 특히나 그것이 관습적으로 사용되는 것이라고 한다면 의사소통 참여자들이 소속된 담화 공동체마다 차이가 있을 수 있으므로, 한국 사회에서 관습적으로 사용되는 논증 도식에 대한 기초 연구도 필요하다.

논증 연구의 관점이 논리학·수사학적 관점을 넘어 화용·대화론적 관점으로 이동하고, 탐구적 관점, 성찰적 관점으로 나아가고 있는 상황에서, 수사학 기반의 논증 도식에 주목하는 것이 시의성이 떨어진다고 할 수도 있다. 하지만 합리성을 탐구하고 성찰하기 위해서는, 탐구와 성찰을 촉진하는 논증이 필요하고 논증에 대한 비판적 이해가 필요하다. 논증 도식은 논증을 효과적으로 생산하는 도구이자 평가하는 도구로서 합리성을 추구하는 대화와 합리성을 탐구하는 성찰 행위를 지원해 준다. 이에 학습자를 위한 학습용 논증 도식을 엄선하여 가르친다면 논증적 상호 교섭을 원활히 수행할 수 있을 것이다.

3) 탐구적·성찰적 논증에 대한 관심 제고

국어 교육 현장에서 전개되는 논증 교육의 대표적인 모습은 사안에 대한 자신의 입장이나 주장을 뒷받침하는 이유나 근거를 마련하고, 상대방의 주장을 비판적으로 분석하는 것이다. 국내에서 널리 알려진 Toulmin(1958)이나 Williams & Colomb(2008)의 논증 구조 모형을 기반으로 논증 메시지를 구성하는 요소들을 생성·조직하고 표현하거나, 비형식 논리학에서 제공하는 논증 평가 기준을 바탕으로 논증의 관련성, 신뢰성, 충분성 등을 비판적으로 평가해 보는 활동을 수행한다.

하지만 위와 같은 접근 방식을 취할 때, 논증의 본래적 취지라 할 수 있는, 관점의 다양성 존중, 사안에 대한 이해의 지평 확장, 합리적 의사 결정을 위한 다면적 탐구의 중요성은 다소 간과되는 듯하다. 논증 교육의 목적은 논박의 달인을 양성하거나 반대를 위한 반대론자를 양성하는 것이 아니다. 그럼에도 불구하고 자신의 주장을 정당화하고 설득의 대상으로서 상대방을 변화시키려는 데 몰두하면, 타인의 생각이나 목소리를 외면하거나 자신과 다른 입장을 의도적으로 회피하게 될 수도 있다. 결국 설득적 논증을 시도하는 사람은 자신의 입장만을 강화하는 일면적 추론에 머물게 된다.

탐구적·성찰적 논증을 시도하는 사람은 자신의 입장과 상이한 관점을 배격해야 할 대상으로 간주하는 것이 아니라 한 단계 성숙한 결론에 도달하기 위해 통합해야 할 대상으로 비판적으로 수용한다. 논증이 범교과적 학습 도구로 각광받는 것은, 논증이 일면적 추론과 확증 편향을 지양하고 양면적 추론을 촉진하기 때문이다(장성민, 2021: 81). 자신의 입장을 뒷받침하는 논증뿐만 아니라 반론을 비롯한 다양한 입장을 두루 검토하고, 변증법적 탐구를 거쳐 기존의 입장을 넘어선 새로운 대안을 제안하는 통합적 결론을 도출하는 것은 급변하는 불확실성의 세계를 살아가기 위해 필수적인 능력이다. 이에 논증 교육도 대립과 경쟁을 조장하는 설득적 논증보다 협력과 통합을 유도하는 성찰적 논증에 대한 관심을 제고할 필요가 있다. 이 관점은 민주 시민이 갖춰야 할 기본 소양으로서 다양성 존중과 포용에 대한 시대적 요청에도 부응할 수 있을 것이다.

참고문헌

교육과학기술부(2007a). 고등학교 교육과정 해설: 국어. 서울: 교육과학기술부.

교육과학기술부(2007b). 중학교 교육과정 해설: 국어. 서울: 교육과학기술부.

교육과학기술부(2007c). 초등학교 교육과정 해설: 국어. 서울: 교육과학기술부.

교육과학기술부(2012). 국어과 교육과정(교육과학기술부 고시 제2012-14호[별책5]).
　　　서울: 교육과학기술부.

교육부(1997a). 고등학교 국어과 교육과정 해설서. 서울: 교육부.

교육부(1997b). 중학교 교육과정 해설서: 국어, 도덕, 사회. 서울: 교육부.

교육부(1997c). 초등학교 교육과정 해설서(Ⅲ): 국어, 도덕, 사회. 서울: 교육부.

교육부(2015). 국어과 교육과정(교육부 고시 제2015-74[별책 5]). 세종: 교육부.

교육부(2017a). 초등학교 국어 5-1 ㈏ 교과서. 서울: ㈜미래엔.

교육부(2017b). 초등학교 국어 5-2 ㈏ 교과서. 서울: ㈜미래엔.

교육부(2017c). 초등학교 국어 6-1 ㈎ 교과서. 서울: ㈜미래엔.

교육부(2017d). 초등학교 국어 6-2 ㈎ 교과서. 서울: ㈜미래엔.

국세라(2015). 논증 교육의 내용 및 방법 연구: 독일 김나지움 7~10학년 'Deutsch'
　　　교과서 분석을 바탕으로. 한국외국어대학교 박사학위 논문.

권대호(2014). 토론 담화의 논증 구성과 쟁론 수행에 관한 연구. 한양대학교 박사학위
　　　논문.

권회경(2008). 토론에서 논증 도식 사용에 따른 비판적 의문과 반박 제기 양상에 관한
　　　연구: 초등학ry 6학년 소집단 토론을 중심으로. 경인교육대학교 석사학위 논문.

김동환, 박정하, 이상욱, 신장우, 안은희, 주영민, 박진호(2019). 고등학교 국어 교과서.
　　　서울: 교학사.

김서윤(2016). 고등학생 필자의 논증 도식 사용 양상과 시사점. 새국어교육, 109, 93-126.

김서윤(2019). 〈과정록(過庭錄)〉의 문답 장면을 통해 본 비판적 이해의 준거와 원리.
　　　새국어교육, 119, 123-153.

김주환(2012). 고등『국어』교과서의 토론교육 내용 분석: 2007 개정 국어과 교육과정에
　　　따른 16종 교과서를 중심으로. 새국어교육, 93, 215-244

김지현(2012). 토론 단원 교수·학습의 비판적 연구. 부산대학교 석사학위논문.

김진수, 이경옥, 박채형, 이경숙, 박현숙, 박수진, 강양희, 박상희, 정대승, 김봉규, 오경준,
　　　강송연(2018). 중학교 국어 1-2 교과서. 서울: 비상교육.

김진수, 이경옥, 이현욱, 이경숙, 박현숙, 강양희, 류문숙, 박상희, 정대승, 김봉규, 오경준, 강송연(2020). 중학교 국어 3-2 교과서. 서울: 비상교육.

김현미(2014). 초·중학생의 설득적 글에 반영된 논증 구조 및 논증 도식 연구. 한양대학교 박사학위 논문.

김희정, 박은진(2008). 비판적 사고를 위한 논리. 서울: 아카넷.

남미영, 허철구, 공규택, 박미영, 백덕현, 양연규, 임성규, 정태기, 정형근, 최주옥, 황재진(2020). 중학교 국어 3-2.서울: 교학사.

노미숙, 주진택, 안수진, 김호태, 신해연, 황희종, 소정섭, 장선영, 강명미, 류신형, 노수경(2018). 중학교 국어 1-2 교과서. 서울: 천재교육.

류수열, 전명재, 이동민, 최동진, 정지영, 강호정, 박용진, 나미나, 박인규, 박수현(2018). 중학교 국어 1-1 교과서. 서울: 금성출판사.

류수열, 전명재, 이동민, 최동진, 정지영, 강호정, 나미나, 박인규, 박수현, 김민선(2019). 중학교 국어 2-1 교과서. 서울: 금성출판사.

류수열, 전명재, 이동민, 최동진, 정지영, 강호정, 나미나, 박인규, 박수현, 김민선(2020). 중학교 국어 3-2 교과서. 서울: 금성출판사.

민병곤(2004). 논증 교육의 내용 연구: 6, 8, 10학년 학습자의 작문 및 토론 분석을 바탕으로. 서울대학교 박사학위 논문.

민현식, 유성호, 이은희, 민병곤, 홍근희, 김혜정, 박기범, 박재현, 서명희, 김철희, 김형수, 이지은, 정글(2018). 고등학교 국어 교과서. 서울: 좋은책신사고.

박영목, 정호웅, 이승환, 성난주, 안숙숙, 임지은, 남영민, 예가현, 배재성, 이정분, 전보영(2018). 중학교 국어 1-1 교과서. 서울: 천재교육.

박영목, 정호웅, 이승환, 성난주, 안순숙, 임지은, 남영민, 예가현, 배재성, 이정분, 전보영(2020). 중학교 국어 3-1 교과서. 서울: 천재교육.

박영목, 정호웅, 천경록, 양기식, 전은주, 조선희, 김수학, 박의용, 서우종, 이세영, 이혜진, 하고운(2018). 고등학교 국어 교과서. 서울: 천재교육.

박종훈(2013). 토론 교육의 내용 설정 방향. 국어교육연구, 52, 115-146.

서영진(2012a). 상호 교섭적 논증 교육의 내용 구성 연구. 부산대학교 박사학위 논문.

서영진(2012b). TV 토론 담화 분석을 통한 논증 도식 유형화. 국어교육학연구, 43, 285-321.

서영진(2014). 교과서 토론 담화 텍스트의 적합성 분석: 논증 구성 및 상호교섭 양상을 중심으로. 국어교육학연구, 49(2), 295-351.

서영진(2022a). 국어 교과서 논증 교육 내용의 타당성 고찰: 중학교 국어 교과서의 '논증 방법 파악하며 읽기' 단원을 중심으로. 청람어문교육, 88, 41-80.

서영진(2022b). 국어과 논증 교육에서 '논증 평가하기'를 위한 준거의 재구조화. 국어교육연구, 50, 399-444.

송지언(2015). 작문 교과서의 논설문 수록 양상과 개선 방안. 국어교육, 150, 295-328.

신유식, 정미선, 김영찬, 전경원, 윤인희, 박선주, 김정희, 이은화, 나단비(2020). 중학교 국어 3-1. 서울: ㈜미래엔

신유식, 정미선, 김영찬, 전경원, 윤인희, 박선주, 김정희, 이은화, 나단비(2020). 중학교 국어 3-2. 서울: ㈜미래엔.

신유식, 정미선, 이필규, 김영찬, 전경원, 윤인희, 박선주, 김정희, 이은화, 나단비(2018). 중학교 국어 1-1 교과서. 서울: ㈜미래엔.

양경희, 최영인, 길호현, 박재현(2018). 설득적 의사소통의 교육 내용 개선 방향: 내용 생성 및 조직을 중심으로. 국어교육연구, 68, 89-118.

양경희, 박재현(2016). 설득 관련 용어의 교육적 재개념화와 교육 내용 체계화 방안: 논증 요소를 중심으로. 우리말교육현장연구, 10(2), 97-124.

원진숙(1995). 논술 평가 기준 설정 연구. 한국어학, 2, 287-315.

유상희, 서수현(2017). 지식 탐구의 도구로서 논증적 글쓰기에 대한 고찰: CCSS 범교과 문식성 영역을 중심으로. 작문연구, 32, 83-116.

이도영, 강경일, 강애라, 김미영, 김수란, 김영석, 김중수, 김태은, 박승환, 양은희, 오윤주, 이진경, 한명숙(2020). 중학교 국어 3-2 교과서. 서울: 창비.

이도영, 강경일, 강애라, 김미영, 김수란, 김영석, 김외곤, 김태은, 박승환, 양은희, 오윤주, 이지영, 이진경, 한명숙(2018). 중학교 국어 1-2 교과서. 서울: 창비.

이두원(2008). 토론자의 디베이트 능력과 수행평가 모델 연구: 아카데미식 정책 디베이트를 중심으로. 커뮤니케이션학 연구, 16(3), 83-103.

이삼형, 김창원, 정재찬, 최홍원, 김근수, 이정원, 김서경, 오요한(2018). 중학교 국어 1-2 교과서. 서울: 지학사.

이은영, 권정아, 박성희, 허단비, 이민희, 이은정(2018). 중학교 국어 1-2 교과서. 서울: 동아출판사.

이정옥(2008). 토론의 전략: 합리적 의사소통을 위한 토론. 서울: 문학과 지성사.

이창덕, 임칠성, 심영택, 원진숙, 박재현(2017). 화법 교육론. 서울: 역락.

임지원(2019). 논증적 글쓰기에서 반론 통합 교수학습 방안 연구. 서울대학교 석사학위 논문.

장성민(2013). 경험적 논거를 활용한 설득적 글쓰기 교육 내용 연구. 서울대학교

석사학위 논문.

장성민(2015). 고등학생의 자료 통합적 글쓰기에서 분량에 따른 능숙한 필자와 미숙한 필자의 논증 양상 비교. 국어교육학연구, 50(3), 193-233.

장성민(2021). 다양성 존중을 위한 논증 교육의 패러다임 탐색: 설득적 논증으로부터 성찰적 논증으로의 전환. 국어교육, 172, 77-113.

장지혜(2019). 탐구적 쓰기로서 가치 논제 글쓰기의 특성 고찰: 고등학생 필자의 논증 양상 분석을 중심으로. 국어교육, 167, 89-119.

정혜승(2012). 국어 교과서의 문제와 개선 방향: 국어 교과서의 기능을 중심으로. 한국어문교육, 11, 1-28.

진영란(2005). 6학년 논증 텍스트에 나타난 논증 도식 양상 연구. 한국교원대학교 석사학위 논문.

홍기찬(2008). 텍스트 유형 분류와 논증 텍스트: 개정 국어과 교육 과정을 중심으로. 청람어문교육, 37, 115-142.

Ferreti, R. P. & Lewis, W. E.(2013). Best practices in teaching argumentative writing. In S. Graham, C. A. MacArthur, & J. Fitzgerald(Eds.). *Best practices in writing instruction*. 113-140. NY: Guilford.

Govier, T.(1988). Ways of Teaching Reasoning Directly. The Frist British Conference on Informal Logic and Critical Thinking.

Inch, E. S. & Warnick, B.(2010). *Critical thinking and communication: the use of reason in argument*. Boston, MA: Allyn & Bacon.(출판사 Pearson)

Kienpointner, M.(1992). How to classify arguments, In F.H. van Eemeren, R. Grootendorst, J. A. Blair & C. A. Willard(eds). *Argumentation illuminated*. 178-188. Amsterdam : Amsterdam University Press,

Perelman. C. & Olbrechts-Tyteca. L.(1958). *The new rhetoric: A tratise on argumentation*. Notre Dame: University of Norte Dame Press.

Tindale, C. W. (1994). Contextual Relevance in Argumentation, In R. H. Johnson & J. A. Blair(Eds.). *New Essays in Informal Logic*. 67-81. Windsor, ON: Informal Logic.

Toulmin, S. E.(1958). *The use of argument*. Cambridge: Cambridge University Press.

van Eemeren, F. H & Grootendorst, R.(1992). *Argumentation, communication, and fallacies. A Pragma-dialectical perspective*. NJ: Lawrence Erlbaum Associates.

Walton, D. N.(1996). *Argumentation schemes for presumptive reasoning*. Mahwah, NJ: Lawrence Erlbaum Associates.

Williams, J. M. & Colomb, G. G.(2007). 윤영삼 역(2008). *The craft of argument*. 논증의 탄생. 서울 : 홍문관.

찾아보기